年度主题　**读书让生活更加多彩　阅读让城市更有温度**

2020 年度深圳市宣传文化事业发展
专项基金资助项目

★ ★ ★

主　　编：尹昌龙

副 主 编：丘　干

统　　筹：杨　红　关　婷

编　　辑：严诗喆　叶　特　余晓霓　雷月秋

尹昌龙　主编

深圳全民阅读发展报告 2021

SHENZHEN QUANMIN YUEDU
FAZHAN BAOGAO 2021

深圳市全民阅读研究与推广中心

图书在版编目（CIP）数据

深圳全民阅读发展报告. 2021 / 尹昌龙主编. — 深圳：海天出版社，2021.4
ISBN 978-7-5507-3151-6

Ⅰ．①深… Ⅱ．①尹… Ⅲ．①读书活动－研究报告－深圳－2021 Ⅳ．①G252.17

中国版本图书馆CIP数据核字(2021)第061455号

深圳全民阅读发展报告2021
SHENZHEN QUANMIN YUEDU FAZHAN BAOGAO 2021

出 品 人	聂雄前
特约策划	深圳市全民阅读研究与推广中心
责任编辑	朱丽伟
责任校对	叶　果
责任技编	郑　欢
装帧设计	知行格致

出版发行	海天出版社
地　　址	深圳市彩田南路海天综合大厦　（518033）
网　　址	www.htph.com.cn
订购电话	0755-83460239（邮购、团购）
设计制作	深圳市知行格致文化传播有限公司　Tel：0755-83464427
印　　刷	深圳市华信图文印务有限公司
开　　本	787mm×1092mm　1/16
印　　张	22.75
字　　数	302千
版　　次	2021年4月第1版
印　　次	2021年4月第1次
定　　价	86.00元

海天版图书版权所有，侵权必究。
海天版图书凡有印装质量问题，请随时向承印厂调换。

目 录

特 稿

全民阅读与城市文明 …………………………………… 邬书林 3
全民阅读与学习型城市建设 …………………………… 王京生 9
大力建设书香社会　提升城市文化软实力 …………… 王 强 24

总报告

2020年深圳全民阅读发展报告 ………………… 杨立青　熊德昌 33

阅读综合研究

2020年深圳阅读指数研究结果报告 …………… 深圳大学课题组 67
深圳"七化建设"推动全民阅读向纵深发展　实现书香社会建设先行示范
　　………………………… 深圳全民阅读指导委员会办公室 87
阅读让城市更有温度
　　——深圳全民阅读40年历程回顾 …………………… 谢晨星 90

深圳全民阅读推广模式研究报告

……………………………深圳市全民阅读研究与推广中心　99

"深圳读书月"研究

读书让生活更加多彩　阅读让城市更有温度

——第二十一届深圳读书月总体开展情况与主要特色亮点

……………………………深圳读书月组委会办公室　115

全面小康　书香芬芳

——2020南国书香节暨第二届深圳书展总结

……………………………南国书香节暨深圳书展组委会办公室　122

激情阅读　生机涌动　观念高地　知识之城

——第二十一届深圳读书月主宾出版社活动回顾

……………………………中信出版集团　132

"图书馆之城"研究

公共图书馆：城市文化温度与高度的重要标志……………张岩　137

从探索实践到先行示范
——"图书馆之城"的深圳模式 …………… 张岩 王洋 141
2021年深圳"图书馆之城"阅读报告
………………… 深圳图书情报学会 深圳图书馆 157
当前我国公共图书馆儿童阅读推广人培育体系建设现状
——以深圳公共图书馆实践为中心 …………… 赵艺超 186

数字阅读研究

打开黑箱：中文阅读脑的认知机制 ………… 张晗 卢映澄 203
后疫情时代青年群体数字阅读行为研究 ……………… 雷月秋 216

阅读活动研究

书香促履职　读书凝共识
——深圳市政协"书香政协"第一期委员读书活动总结
…………………………… 政协深圳市委员会办公厅 235
书香党建　共融共促
——从深圳出版集团的实践探讨党建对全民阅读的作用 曹宇 242

书香战疫，深圳民间阅读组织在行动
　　——深圳市阅读联合会 2020 年工作总结暨 2021 年工作计划
　　………………………………………… 深圳市阅读联合会　251
深港共读　双城同感
　　——打造大湾区人文交流基地………… 唐建元　郑喻心　262

阅读空间研究

智能化阅读空间与智慧书城建设
　　——以深圳书城中心城改造中的智能化实践为例…… 尹昌龙　273
试论大型城市的社区阅读空间建设………………… 丘干　关婷　287
深圳书城中心城再出发　续写阅读新篇章………………… 杨茜　296

附　录

2020 年深圳全民阅读大事记
　　………………………… 深圳市全民阅读研究与推广中心　307
后记 ………………………………………………………………353

特 稿

深圳全民阅读
发展报告
2021

全民阅读与城市文明

邬书林

全民阅读，作为关乎国民素质提高、文化繁荣发展、社会文明进步的一件大事，近年来受到以习近平同志为核心的党中央的高度重视。2019年，习近平总书记考察调研读者出版集团时，发表了关于"提倡多读书，建设书香社会"的重要讲话；2020年，中共中央宣传部印发《关于促进全民阅读工作的意见》，进一步强调在全社会大力提倡多读书、读好书，建设书香社会、书香中国；2021年，国务院政府工作报告提出"创新实施文化惠民工程，倡导全民阅读"，连续第8年将全民阅读工作纳入其中。可以说，全民阅读已成为国家战略和社会共识。

深圳是全国全民阅读活动开展最早、效果最好、影响力最大的代表性城市，书香建设始终走在全国前列。当前，深圳踏上推进"双区"建设、实施综合改革试点的新征程，被赋予"城市文明典范"的战略定位，正加快建设区域创新中心、文化中心城市和彰显国家文化软实力的现代文明之城，在此背景下，更加需要进一步发挥全民阅读的典范效应与驱动作用。文化深圳，从阅读开始；文明典范，以阅读先行。全民阅读，可以为深圳持续先行、创新引领提供强大的精神动力与文化支撑。

一、总结经验推动深圳全民阅读有更大的进展

（一）深圳是中国率先提出并开展"全民阅读"的城市。阅读有着悠久历史，是人类社会的优良传统。联合国 1995 年设立世界读书日。1996 年，深圳就将市民阅读列入重点文化工作，率先兴建全国首座大型书城，同步举办第七届全国书市，对全市强烈的阅读需求与巨大的购书热情进行持续引导，积极营造读书向学的城市氛围。以此为起点，2000 年，深圳进一步开全国之先河，创办大型群众性读书文化活动"深圳读书月"，率先通过规模化、系统化的主题活动倡导多读书、读好书的社会风气，迄今"深圳读书月"已是全国持续时间最长的阅读活动，成为全国全民阅读的"起因"和"品牌"。在全国全民阅读方兴未艾的阶段，深圳走过了先行探索、大声疾呼的艰辛历程。2006 年原国家新闻出版总署总结深圳经验，把全民阅读纳入部门重点工作，为此后全民阅读逐渐上升为国家战略打下良好基础。

（二）深圳为全国推进"全民阅读"贡献了宝贵经验。深圳在全民阅读领域的一系列"创举"，对全国具有很强的示范意义与推广价值。深圳，不仅孕育了全国第一座大型书城、第一个读书节庆，还催生了全国阅读推广领域第一部条例形式的城市法规、第一家阅读联合组织、第一个专事于全民阅读理论研究及成果推广的研究机构，在各个层面打造着全民阅读的"深圳样本"。特别是深圳全民阅读发展过程中探索形成的运作机制，"政府倡导，专家指导，社会参与，企业运作，媒体支持"的二十字经验谈，成为全国各地开展全民阅读工作的重要参照。中央相关部委对深圳全民阅读工作给予高度肯定，于 2009 年和 2019 年两次在深圳组织召开全国全民阅读经验交流会，用深圳案例、深圳经验推进全国

全民阅读蓬勃开展。

（三）深圳打造了彰显国家文化软实力的国际阅读名片。深圳在全民阅读方面所做的种种努力，受到了国际社会的广泛关注与高度赞誉。2013年，联合国教科文组织授予深圳"全球全民阅读典范城市"称号，深圳成为迄今全球唯一获此殊荣的城市。时任联合国教科文组织总干事伊琳娜·博科娃称赞，深圳推广全民阅读已经为世界树立了一个范例。在联合国教科文组织的支持下，深圳先后举办了"图书和知识产权深圳会议""全球图书会议：数字图书和未来科技"等国际会议，面向全球发出了关于阅读的深圳宣言。此外，深圳还与柏林、爱丁堡、维也纳等国际友城展开了"阅读双城记"的文化交流，发起了国际城际阅读联盟。由此，全民阅读成为深圳在全球文化版图中展现城市风貌、讲好中国故事的重要名片，为推动中国文化走向世界架起了新的桥梁。

二、与时俱进推动全民阅读进一步提升水平

（一）树立"多读书，建设书香社会"的价值观念。全民阅读，是现代文明城市的显著标志。市民阅读能力和阅读水平的高低，很大程度上决定着一座城市的基本素质、创造能力和发展潜力。深圳作为被中央寄予厚望的"城市文明典范"，人均图书阅读量远超全国平均水平，城市阅读指数在第十六次全国国民阅读调查报告中高居榜首，但相较国际一流城市的阅读指数还存在差距。深入开展全民阅读，进一步倡导"读书为荣 读书为乐""阅读筑梦 阅读圆梦""让城市因热爱读书而受人尊重"等生活方式和城市风尚，进一步培育"多读书，建设书香社会"的价值观念，有助

于深圳弘扬开放多元、兼容并蓄的城市文化和敢闯敢试、敢为人先、埋头苦干的特区精神，将为全面推进城市精神文明建设添上浓重一笔。

（二）构建实现市民文化权利的公共文化服务体系。 实现全民阅读，是推进公共文化服务创新发展的重要切口，离不开普惠性、高质量、可持续的城市公共文化服务体系。深圳率先建设"图书馆之城"，大力推进"一区一书城，一街道一书吧"建设，为实现全民阅读、市民文化权利创造了良好条件。面对人民群众日益增长的精神文化需求，深圳进一步将全民阅读纳入城市公共文化服务体系，科学规划、合理布局、整合资源、优化服务，力争形成书无处不在、阅读无处不在的现代文化服务环境，让文明典范之城每一处角落的公共阅读文化需求都能得到满足，在完善公共文化基础设施与服务体系上做出先行表率。

（三）发展更具竞争力和可持续性的现代文化产业。 全民阅读，本身即代表了庞大的市场需求，拥有产业化发展的新前景。深圳坚持科技引领与创意引领，以"阅读+""文化+"模式大力发展数字文化产业和创意文化产业，实现多元业态的跨界融合，赋予全民阅读更多内涵与活力。特别是在数字阅读领域，深圳四度获评全国十大数字阅读城市，数字阅读普及率名列前茅，数字阅读产品的市场占有率全国领先，并且内驱力强劲，形成可持续发展的良性循环。随着全民阅读向纵深发展，深圳进一步发挥高新技术优势和创意设计优势，抢占阅读文化产业发展高地，率先构建与全民阅读公共事业相辅相成、互相促进的现代文化产业。

三、弘扬传统用好信息技术把全民阅读引向深入

（一）不断深化对读书重要意义的认识。要深刻理解"为什么要读书"的问题。中华民族曾领读书之先，是世界上最善于读书的民族之一，有过无数关于"为什么要读书"的深刻论述。宋代朱熹从哲学层面对读书做了精准的探索，认为读书的本质是把圣人已有的经验变成自己的知识，在世界文明史上留下了浓墨重彩的一笔。朱熹关于读书要明理、明德、明志的"三明"观点，至今仍有现实意义。国外关于"为什么要读书"的论述也有很多，如俄国文豪赫尔岑关于读书的箴言："书是和人类一起成长起来的，一切震撼智慧的学说、一切打动心灵的热情都在书里结晶成形，书本中记述了人类生活宏大规模的自由，记述了叫作世界史的宏伟自传。"人们在深刻理解了读书的意义后，便会形成一种有助于推动实践发展的社会共识：读好书，就是站在"巨人的肩膀"上传承文明，将前人的成果内化为自己的知识，再去创新。这也是关于理论与实践关系的深刻阐释。

（二）将优秀传统与现代文明紧密融合。宋代大儒张载曾说，"为天地立心，为生民立命，为往圣继绝学，为万世开太平"。之所以有如此高的境界，是因为范仲淹、欧阳修两位大家为他种下了很好的读书种子。也正是因为文脉传承，宋代创造了中华文明新的高峰。迈步走向新时代，深圳踏上推进"双区"建设、实施综合改革试点的新征程，应当通过全民阅读的深入开展，更好地传承中国和世界的优秀文化，在源远流长的文化传承中获取知识、获取信心，追求真理、追求创新。只有优秀传统与现代文明紧密结合，才能为实现中华民族伟大复兴积蓄充足的资源与充分的动力。在这个维度，我们可以把当下轰轰烈烈开展的"全民阅读"更好地引向纵深。

（三）将纸质阅读与数字阅读紧密融合。 信息时代，科技发展突飞猛进，要重点厘清纸本图书和各式各样的电子书之间的关系，并在此基础上提升全民阅读水准，推动阅读水平与阅读效率更进一步提高。要跟踪世界的最新研究成果，知道在什么情况下，在什么年龄段读什么样的书；了解在什么条件下，应当通过精心加工的电子资源来快速地掌握知识本领。一方面，纸本阅读仍有很强的不可替代性。研究表明，以获取新知识为目的的阅读行为，经历反复琢磨反复品味的过程后，知识获取率比"刷屏"要高 30%，这也是为什么全世界教科书都以纸本为载体。一位出版界的专家曾经说过，出版业是很有韧性的，虽然经历过电影、电视、广播以及现在的互联网等各种各样的冲击，纸本图书有阶段性下降，但是现在又稳定回升，总体上仍然有着不可抗拒的力量。另外一方面，信息技术的飞速发展便于人们快速了解最新动态，一个完全不进行电子阅读、不看提炼加工过的知识信息的人，将大大落后于世界。所以在未来，要与时俱进地用好新技术，同时坚守获取知识的科学规律，将阅读向纵深推进。

邬书林，中国出版协会常务副理事长

全民阅读与学习型城市建设

王京生

在建党 100 周年之际，回首中华民族的复兴伟业，特别是改革开放所取得的伟大成就，可谓波澜壮阔，气象万千。无论是中国经济的迅速腾飞，中国社会的焕然一新，还是中国精神的继承与塑造，我们都在创造着辉煌。一个民族能够浴火重生，原因是多方面的，但是我们绝不能忽视一个民族的学习能力、阅读能力对个人幸福、民族素质、创新能力、可持续发展的基础性作用。

学习是中华民族的优良传统，自古以来，围绕"学习"和"读书"，先贤为后人留下了大量宝贵的精神财富。至圣先师孔子《论语》开篇即以"学"立论。"学而时习之，不亦说乎"横空出世，绝非偶然，纵观全书无处不闪耀着以学为乐、以学为志、以学为本的智慧之光，更是其贯彻一生的信条。围绕"劝学"，荀子曰"学不可以已"，颜真卿诗言"黑发不知勤学早，白首方悔读书迟"，司马光在《资治通鉴》生动记叙了孙权劝吕蒙学习的故事，见证了"吴下阿蒙"因读书而让人"刮目相看"的转变。

"学如逆水行舟，不进则退"（《增广贤文》），在古人"劝学""劝读"的永恒主题中，"终身学习"是题中应有之义，这在当前应对知识经济挑战、实现社会主义现代化、推动中华民族伟大复兴的进程中具有不可估量的现实意义。2020年，全面建成小康社会是中华民族伟大复兴征程上的重要里程碑，在推进复兴伟业的新征程上，要实现真正的复兴，建设学习型社会是重中之重。

自改革开放以来，中国经济腾飞、城市高速发展，创新已成为推动社会主义精神文明建设、提升国家文化软实力和城市竞争力的核心，是可持续发展的要素和关键。习近平总书记强调，坚持把创新作为引领发展的第一动力。创新从何而来？置身瞬息万变的二十一世纪，创新必须从紧跟时代脉搏的"终身学习"意识、自觉、能力和习惯中来。学习的途径和方法很多，但其中最基础、最重要的一项，便是读书。

全民阅读是国家文化治理的基础性、战略性工作。立足于国家推动全民阅读纵深发展和建设书香社会的战略要求，通过全民阅读推进建设"人人皆学、处处能学、时时可学"的学习型社会，是建设学习型城市和推动城市文明典范建设的有效路径。

一、学习型城市的内涵及其重要性

1972年，联合国教科文组织在《学会生存》报告中明确提出"向学习化社会前进"。由此，"学习化社会"作为一种全新的理念，受到国际社会的广泛重视。基于这一理念，"学习型城市""学习型社区""学习型乡镇"等概念陆续衍生。在学者诺曼·朗沃斯（Norman Longworth）看来，建设"学习型城市"旨在创造"更具整体性、包容性的终身学习世界"：以服务城市建设为策略、方法和目的，一面将"终身学习"作为核心理念、融入包括"财富创造、领导力发展、文化发展、安全、卫生、交通"

等在内的城市未来发展规划蓝图中；另一面，则以城市（或地区、社区为单位）建设为依托，建立、完善一套更具普适性、系统性的"终身学习战略"。①

美国著名战略管理学家迈克尔·波特（Michael E.Porter）指出：当竞争越来越国际化时，真正的竞争力通常取决于地方。随着全球经济一体化进程加快，世界各国都市经济联系更为紧密，城市在国家和区域发展中的中心地位和"引擎"作用日益凸显，国际化城市竞争愈受关注。现阶段，城市竞争已然从拼经济、拼管理进入拼文化的新阶段，文化、文明、精神正在逐渐成为城市未来发展的决定性力量，"学习"成为城市可持续发展的关键词。

城市是学习最好的实体。联合国教科文组织终身学习研究所称，当前全球已有1000多城市将学习放在城市发展的战略优先位置。"一个不善于学习的民族，必将是一个没有希望的民族；一个不善于学习的城市，必将是一个没有前途的城市""学习力是一个城市最本质的竞争力，是最活跃的创造力，是最可贵的生命力"。②英国伦敦、日本大阪、韩国南扬州市、巴西索罗卡巴市、芬兰艾斯堡市、墨西哥城等城市持续探索可持续学习型城市建设，为各国建设学习型城市提供了有益的路径参考。

"学习型城市"是以学习型组织系统来建设、经营的城市主体及其治理模式。学习型组织③是学习型城市的本质、基础和参照，为城市建设带

---

① 诺曼·朗沃斯.学习型城市、学习型地区、学习型社区：终身学习与地方政府[M].欧阳忠明，马颂歌，陈晓燕，译.北京：中国人民大学出版社，2016：182.
② 周海洋.关于构建学习型城市的思考.[J].社科新视野，2008（4）.
③ "学习型组织"就是不断学习与创新的组织：组织内部的每一个体具有"终身学习"的自觉并以此为乐；通过终身学习不断适应变化发展的外部世界，由此形成持续创新的自觉和能力；通过个体、群体和组织三大层次的学习，形成创新的合力，让组织发展成一个自我驱动、调节、完善且充满生机活力的生态体系。

来以学习为导向、以创新为展望的运营模式和管理方法。这种系统、模式在城市运营中可具体表现为各行为主体（政府、企业、组织、机构等）以学习和知识互动为基础所构建、形成的关系网络和文化生态。其特征为全民终身学习和持续创新，为城市竞争力提升、国家现代化加速、民族复兴伟业推进奠定基础、打通要道。

立足当前持续变化的国内外局势与环境，建设学习型城市的重要性主要体现在三个方面：

第一，学习增进人的幸福感。"古之学者为己"，读书最原初的功效在于"自得"，包括汲取知识、获得技能、修身养性、充实提升，等等。读书、学习带来的幸福感，是文人墨客笔下不可或缺的创作素材。"读书破万卷，下笔如有神"，对于诗圣杜甫而言，读书的幸福感体现在下笔时的游刃有余、厚积薄发。"半亩方塘一鉴开，天光云影共徘徊"，对于理学家朱熹来说，读书的幸福感体现在心境如明镜般澄澈透亮、灵感如泉涌般生生不息。读书、学习的乐趣与幸福感，只有身在其中，方可体会。全民阅读推广和学习型城市建设有助于调动个人在阅读、学习方面的积极性，获得满足、充实和幸福感，进一步加强阅读与学习的自觉性，并推动学习型城市建设。

第二，学习力决定创新力。学习力是指将知识资源转化为知识资本的能力，主要体现在对知识的融会贯通、学以致用和推陈出新。学习的目的在于应用，凭借所学知识在不同情境下应时而动、随机应变，正是创新的根本途径与发生机制。创新不会凭空产生，而必须建立在知识的积累、技能的熟练之上。温故知新，厚积薄发，熟能生巧，这些四字成语皆表明学习能力与态度对创新能力与效果的决定作用。对个人而言，将学习力转化为创新力，是生存的必备技能，是不断适应环境变迁的根本途径。对城市、对国家而言，将学习力转化为创新力，是不断适应国内外局势变迁的必要手段和必经之路。因此，建设学习型城市，能够调动个人、城市、国家的积极性，持续将学习力转化为创新力，在国内外的资源、环境及各方面竞争中增强适应性，提升竞争力，实现可持续发展。

第三，学习为可持续发展提供源源不绝的动力。"逆水行舟，不进则退"，这一古训时刻警醒后人必须以"终身学习"、持续创新来推动个人、城市、国家的可持续发展。"坚持把创新作为引领发展的第一动力"，创新以学习为基础，创新力取决于学习力的高效转化，从"学习—创新—发展"的作用机制来看，读书、学习正是不断创新、推动可持续发展的"源头活水"和长效动力。建设学习型城市，提醒公民未雨绸缪、有备无患、志存高远、开拓视野，以终身学习为根本方法和途径，为个人、城市、国家的长远、可持续发展注入源源不断的活力。

随着我国学习型城市建设逐步推进，上海、杭州、深圳等城市纷纷提出了建设学习型城市的目标与措施，并积极投入学习型城市建设的国际潮流之中。在学习型城市建设过程中，深圳凭借"全民阅读推广"方面的突出成就，在全国乃至世界范围树立了典范。深圳最早实现中国"每1.5万人拥有一个社区图书馆"的目标，自2000年始，持续打造"深圳读书月"等阅读文化品牌活动，并于2013年获"全球全民阅读典范城市"荣誉。2016年，《深圳经济特区全民阅读促进条例》率先将市民的阅读权利纳入法律保障。当前，深圳人均购书量已连续29年位列全国城市之首。

二、全民阅读是学习型城市建设的基础和根本

读书、学习并非学童的专利，也不只是生命早期的事情，离开学校的成年人也有读书、学习的权利和需要。世界之大，个人即便穷尽一生，也不可能认识其中之万一，而生活环境的千变万化更是从未停息，因此，终身学习、持续创新实为人类出于求生本能、适应环境变迁而必须采取的行动和举措。

书籍是人类智慧的结晶，学习不能离开读书这一基本途径。提倡全民阅读和终身学习，推动学习型城市建设，顺应了人类社会的发展规律，是个人、民族与国家实现"以创新引领可持续发展"的前提和基础。建设学习型城市，全民阅读是基础的基础，根本的根本。

（一）全民阅读提升市民的文化自觉、文明素养和个人幸福感

"为天地立心，为生民立命，为往圣继绝学，为万世开太平"，张载此言凝练概括出中国古代读书人的志向和胸襟。立志在前，为读书指明方向。远大志向的起点在于"格物、致知、诚意、正心、修身"（《礼记·大学》），而阅读正是抵达此境的首要之途。

"志"与"趣"往往相辅相成，是传统阅读精神的重要组成部分。[1]"世人所难得者唯趣，趣如山中之色、水中之味、花中之光、女中之态，虽善说者不能下一语，唯会心者知之。"（袁宏道语）[2] 阅读或学问的趣味必须自己去体会，大约是"如人饮水，冷暖自知"的道理。

---

[1] 王余光，汪琴. 中国阅读通史·理论卷 [M]. 合肥：安徽教育出版社，2017：325-327.
[2] 郭绍禹. 中国历代文论选（中册）[M] // 王余光，汪琴. 中国阅读通史·理论卷. 北京：中华书局，1981：337.

城市阅读大有陶渊明笔下"结庐在人境，而无车马喧""闹中取静"的意味。以城市为单元的全民阅读，能够集众人读书、学习之合力，为城市营造书香氛围、积淀文化底蕴。全民阅读推广促进阅读传统的创新转化，有助于塑造城市精神、提升公民幸福感。

置身现代都市，普通民众即便未如先贤志存高远，亦不及圣哲"发愤忘食，乐以忘忧"治学精神之万一，但依然可能在阅读中实现梁启超所主张的"生活于趣味"。从审美维度来解读，"趣味"作为生命情调和体悟能力的衡量标准，取决于后天的培养和陶冶，而阅读便是陶冶文化与生活品位的必要手段。高质量的阅读是放慢脚步、审视自我、重拾本心的宝贵时机，为快节奏的都市生活留下喘息的空间和小憩的余地。只有为心灵留下空间，才有产生趣味的余地，也才能从日常生活中领略幸福。

城市阅读推广，除了在"量"上鼓励民众多阅读外，更应采取有效途径、从"质"上引导民众读好书、好读书。"知之者不如好之者，好之者不如乐之者"，对阅读如此，对学习更如此。在全社会营造以阅读为乐的好学、乐学氛围，定能从不同领域、层面凝聚力量、资源和智慧，更能有效推动学习型城市建设的全面展开与落实，促进城市文明程度和文化软实力的提升。

（二）全民阅读优化公共文化服务体系，活跃城市文化生态，更新文化驱动机制，释放城市创新活力

2021年是"十四五"规划的开局之年。《中华人民共和国国民经济和社会发展第十四个五年规划和2035年远景目标纲要》指出，应"完善公共文化服务体系""深入推进全民阅读，建设'书香中国'"。全民阅读是终身学习观念普及的基础性工作，在城市建设的各个方面皆有可为之处。

一方面，全民阅读与城市建设、发展规划相结合，有助于推广和运作的系统化。二十多年来，深圳以读书月为契机，在全市范围构建、完善公共文化服务体系，优化城市文化生活的日常运作。"图书馆之城""一区一书城，一街道一书吧"提供基础设施的"硬件"保障，深圳读书月、深圳市民文化大讲堂、深圳社会科学普及周、中国（深圳）国际文化产业博览交易会等知名品牌活动形成系统的运作方式并持续创新，全面提高民众阅读、学习、工作、生活的便捷度和丰富性。

另一方面，在城市运作、建设与规划的各个方面考虑引入阅读推广理念和课题，有助于推动建成学习型城市。

政府和社会各界持续更新全民阅读推广的工具、平台和机制，不断改造、完善读书、学习与创新的大环境，有助于提升市民的创新自觉，充分激发个人的创造灵感，调动全民创造潜力与积极性。当前，"学习"和"创新"作为时代的召唤和使命，需要每一公民"从我做起"，贡献力量。

文化服务提供、文化生态和学习型城市建设更需要人的能动性发挥。深圳图书馆门前排队的长龙，深圳书城席地而坐全神贯注的读者，阅读者形成了城市最美的一道风景。全民阅读是以大众为主体的公共文化服务，旨在将每一位市民纳入其中，由此丰富、活跃了整个城市的文化生态。

阅读的全民动员是关乎中国社会各界、各行各业的大事。以全民阅读为契机，以学习型城市为导向，完善公共文化服务体系，让政府与社会各界各司其职，将学习、教育、工作、社会和生活融为一体，全面推动文化创新、制度创新、实践创新、理论创新以及各方面创新，为民族复兴注入文化活力和创新驱动力。

（三）全民阅读助力市民终身学习，保障市民文化权利，推动人与社会的可持续发展

"终身学习"的实质，是以人为本、可持续发展在文化层面的突出体现，强调个人发展的可持续。全民阅读推广与学习型城市建设，有助于将个人的可持续发展提升至城市乃至国家建设层面。

当前，深入推进全民阅读，应首先体现在"终身学习"这一价值理念的提倡、普及与落实中。只有个人自发地阅读，主动向书本求教，才能更为有效地增值自我，也才更有可能培养自己的创新意识、能力和习惯。由全民阅读所带来、所营造的新型文化生态打破了所谓"精英与大众"的二元关系藩篱。读书、学习、创新不只是"知识精英"或"知识分子"的职责所在，还与普罗大众、与每一位公民息息相关。从这层意义上说，阅读与终身学习作为公民的文化权利、作为国家社会可持续发展的基础和根本，再怎么强调也不为过，必须坚决采取措施并予以保障。

从首届读书月开始，深圳就将阅读作为实现市民文化权利的基础加以推动，致力于为每个人提供阅读空间、资源和机会，切实保障市民在读书、学习层面的文化权利。2015 年 12 月 24 日，《深圳经济特区全民阅读促进条例》获深圳市人大常委会议通过，并于 2016 年 4 月 1 日起实施，是国内通过特区立法来保障全民阅读推广落实的先例，具有标杆意义。阅读立法，并非对市民的强迫，而是对公民阅读权利的保障，是对政府行为的要求、约束和监督，旨在督促政府为保障、推广、落实公民的阅读权利出钱出力，将全民阅读纳入各级政府的工作规划当中。

"问渠哪得清如许？为有源头活水来。"全民阅读、终身学习与人和国家的可持续发展息息相关：提倡全民阅读，普及阅读习惯，推动终身学习，培养创新自觉，是个人、城市、国家可持续发展的源头活水和坚实基

础。全民阅读助力市民的终身学习和可持续发展,是促进学习型城市建设、推动国家可持续发展的必由之路。

三、学习型城市阅读发展的对策和建议

(一)形成常态化的运作模式

全民阅读不可能一蹴而就,这是一项需要集全民、全社会、各行各业之力,持之以恒、共同建设的大型文化工程项目,要形成常态化、系统化的运作模式。

图书馆、出版发行、传媒机构要充分发挥社会文化功能,组成阅读推广的主力军,为市民群众营建良好的阅读空间、提供学习的充电站。

学校是学习和教育的主要阵地,要引导学生拓宽阅读面、知识面。中小学校除了依据课程标准、完成教学任务外,还应鼓励、引导学生接触教辅书籍之外的优质读物,有助于学生活学活用。

对于孩童而言,父母往往是第一任老师,阅读习惯的培养必须从家庭开始。在网络便捷、信息爆炸的时代,如何让孩子在接触泥沙俱下的网络信息之前学会有效甄别可用信息、进行高效且深入的学习和思考,是家庭阅读的重要使命和必修功课。

此外,企业文化建设应以阅读推广和继续教育学习为重要抓手,鼓励员工坚持阅读、终身学习、锐意创新,引领企业紧贴时代脉搏、提升市场竞争力。

(二)建设以阅读为核心的城市公共学习空间

传统图书馆和实体书店的空间建设理念以图书的藏阅为导向,较少

关注对人、对"阅读"行为的服务。当前，推动城市阅读需要"以人民为中心"，以提供优质学习资源和学习服务、营造阅读学习环境为出发点与落脚点，对以公共图书馆、实体书店为代表的城市公共空间进行建设、改造。

深圳创新的"深圳书城模式"通过书城文化综合体建设，形成以书业为核心、以书城为阵地的新型文化商业业态；深圳图书馆以"经典阅读空间"为设计理念、建成"南书房"，精选配置中外人文类经典书籍，并策划系列文化活动。以阅读为核心的城市公共空间不仅提供一个图书汇聚的空间，更是一个创意迸发、思想交流的空间，从而构建一个开放性、大众化的学习空间。

（三）做好媒体融合时代的复合阅读服务

"书屏并重，电子书和纸质书依旧是主要的阅读形式"。[①]一方面，新兴媒介高速发展，数字阅读已经成为国民阅读的主要方式；另一方面，纸质阅读并未因此而消亡，是区别于数字阅读的渠道选择。阅读服务提供者应重视读者多载体、多媒介、多渠道阅读的习惯和需要，做好纸质书与数字资源、线上与线下渠道的互补、协同与融合工作，推动公共文化服务体系的转型升级和优化完善。

与此同时，线上阅读在学习型城市建设方面的不足也显而易见，比如：学习氛围的淡薄，互动交流的不足，参与感、现场感的缺位，等等。相对应的调整、优化策略如：发展"有声读物、社交媒体平台、知识服务

---

① 张志强，尹召凯. 以读攻"毒"：疫情背景下的阅读调查分析 [J]. 编辑之友，2020（6）：28—33.

平台等新的产品形态""重视知识服务和社交阅读""在场景化、平台化、沉浸式方向上作出更大创新",等等。① 以全民阅读作为学习型城市建设的重要方法和途径,在应时而动、助推阅读数字化升级的同时,还应趋利避害,更应重视不同阅读、学习媒介之间的优势互补。

四、疫情下的全民阅读与学习型城市建设

(一)文化战"疫",以"读"攻"毒"

自新冠肺炎肆虐以来,人们的生活方式发生了翻天覆地的变化。受疫情影响而遭重创的行业不在少数,比如餐饮、旅游、外贸等。有的行业虽同样受影响,却必须予以保障,如教育行业。受教育是公民的基本权利,阅读作为受教育或学习的基本途径,同样应予以保障。

阅读,只需一人一书,不论何时何地,条件极易满足。在我国疫情高发时期,武汉"方舱医院"一名患者的照片受到社会广泛关注:一名戴口罩的男子半卧病床,手捧一本厚重的"砖头书"——弗朗西斯·福山《政治秩序的起源:从前人类时代到法国大革命》,聚精会神地阅读。在这场没有硝烟的恶战中,神情自若的阅读者颇有"大山崩于前而面不改色"的从容气度,阅读的力量由此可见。

阅读是疫情之下的心灵救赎。2020年10月,在法国第二次"封城"期间,所有售卖"非必需物品"的商店——包括书店,都需要暂停营业。

---

① 张志强,尹召凯. 以读攻"毒":疫情背景下的阅读调查分析 [J]. 编辑之友,2020(6):28—33.

书店工会及相关组织联合提出抗议,认为"在疫情期间阻止人们看书是一种文化耻辱"。[①]法国编辑联盟主席文森特·蒙塔涅(Vincent Montagne)说:"愈发严峻的疫情,一次又一次的封锁,让我们感到前所未有的压力和孤独。此时,书籍能够让我们学会反思,从这段糟糕的经历中获得心灵的救赎。"

阅读是文化战"疫"的重要途径。法国新闻记者和文学评论家弗朗索瓦·布斯内尔(Franois Busnel)认为,关闭书店意味着政府正剥夺人们与病毒作思想斗争的最佳武器——书籍或阅读。他表示:"这个国家有数以百万计的读者,从第一次全国封城就能看出,法国人民在封锁期想读书并且需要读书。"在中国,有研究显示,疫情期间,读者阅读时间增加,阅读满意度有所提升。[②]有学者提出,公共图书馆可以组建包括心理学、图书馆学、文学、网站技术等专业人员在内的阅读疗法队伍,为读者提供网络阅读治疗服务。[③]

疫情之下,全民阅读推广有着超乎寻常的必要性和深意。首先,阅读是一种自我增值的行为,疫情中的阅读彰显了一种无所畏惧、迎难而上的生命力量。其次,阅读是一种心灵救赎的行动,现实越是让人不安,阅读就愈发为人所需。再次,每一次阅读都是一次自省的时机,在人类文明高速发展的今天,疫情带来的"中断",与其说打乱、破坏了原有的生活秩序,不如说或许到了该停一停、想一想的静读、内省时刻。最后,疫情下的全民阅读对个人、社会、地方、国家、乃至全人类而言,都是一门重要

[①] 法国书商联盟主席安妮·玛特尔(Anne Martelle)接受采访时发言。
[②] 张志强,尹召凯. 以读攻"毒":疫情背景下的阅读调查分析 [J]. 编辑之友,2020(6):28—33.
[③] 傅宝珍. 后疫情时代公共图书馆网络阅读疗法探讨 [J]. 图书馆研究与工作,2021(1):58-62.

的功课:即便身体不自由(被隔离、戴口罩、保持安全距离等),现实不尽如人意,但人类的大脑或精神世界就像"小宇宙",各种各样的思想、情感皆能在其中畅游、翱翔。

疫情下的全民阅读是人类文明的一次自省时机。坚持阅读、学习与思考,是我们面临困境仍能保持清醒、坚定意志、获得智慧的重要途径,是对抗难关的精神支柱和武器。

(二)终身学习,化危为机

2020年4月,由北京教科院终身学习与可持续发展教育研究所、上海终身教育研究院联合发起、组织的首期终身教育研究云论坛召开。与会学者指出,在抗击疫情期间,"全民学习、全面学习真实地发生了扩大与拓展,每个人都实质性地投入学习,并实现程度不一的发展;终身教育系统实质性参与到社会治理、城乡社区发展中,维护全体市民的健康,促进市民的学习,甚至提供了以终身教育应对疫情的城市治理方案。"[1]

"通过终身学习解决城市问题"(《墨西哥声明》)是建设学习型城市的题中应有之义,而全民阅读又是终身学习、建设学习型城市重要途径。突如其来的疫情挑战,迫使全民聚焦于诸如此类的学习议题:安全、卫生与健康,生态文明建设与可持续发展,日常生活的数字化,等等。以生态文明为例,全民阅读和终身学习有助于持续培养每一个体的生态素养,同时监督城市规划、布局以"可持续发展"为导向来实施、调整、优化和完善。[2] 疫情面前,人人平等,每一个人都需要重新学习如何生存与生活,

---

[1] 李家成,史枫.疫情下的终身教育研究:反思与展望[J].终身教育研究,2020(3):84-85.
[2] 沈欣忆,苑大勇,史枫.新冠肺炎疫情背景下国际学习型城市联盟的教育应对策略及未来展望[J].教育与职业,2021(2):66-72.

如何与他人、与社会、与自然共处。阅读与学习，直接关系到每一个体的生存与权益。全民阅读、全民学习、终身学习，正被世人切实、努力地践行着。

这场疫情为全人类带来了危机，它彻底揭示了人性的弱点及其可能带来的灾难。如果说，疫情下的全民阅读是人类自省的时机，那么，疫情下的学习型城市建设则是世人亡羊补牢、自我救赎的机会。如果每个人都从自己做起，从阅读做起，怀揣终身学习的理念与谦逊，"诚意，正心，修身，齐家"，再为城市建设、国家治理、世界和平持续贡献力量，那么人类社会的危机终有迎刃而解的一天。

不论人类社会如何发展，生存挑战是永不缺位的。挑战来源于未知和局限，应对挑战的最佳办法离不开终身学习和持续创新。立足于此，推动全民阅读与学习型城市建设，依旧是以创新引领、驱动发展的重要抓手和根本途径，在国家发展进程中具有承前启后、继往开来的历史意义。"盖文章，经国之大业，不朽之盛事也"。阅读是实现中华民族伟大复兴最基础、最重要的战略。一个崇尚读书和学习的民族是有希望的民族，必将永远巍然屹立在世界东方。

王京生，国务院参事，深圳读书月组委会总顾问

大力建设书香社会　提升城市文化软实力

王强

从先行先试到先行示范，深圳春潮澎湃的发展历程，不仅创造了举世瞩目的经济成就，而且孕育了日益繁盛的文化风貌。习近平总书记在深圳经济特区建立 40 周年庆祝大会上强调，经济特区在物质文明建设和精神文明建设上都要交出优异答卷。深圳深入贯彻落实习近平总书记重要讲话精神，增强"四个意识"，坚定"四个自信"，做到"两个维护"，按照省委"1+1+9"工作部署和市委"1+10+10"工作安排，围绕深圳先行示范区建设"城市文明典范"战略定位，以全民阅读为抓手，聚焦聚力建设书香社会，为加快建设区域文化中心城市和彰显国家文化软实力的现代文明之城提供不竭的精神动力。

一、以"多读书，建设书香社会"为目标要求，率先打造全民阅读城市样本

全民阅读，是深圳"春天的故事"里浓墨重彩的篇章之一。作为全国较早开展全民阅读的城市之一，20 余年来，深圳以保障市民文化权益为使命，把全民阅读写入城市发展战略、植入城市文化基因，推动城市文化

面貌发生翻天覆地的变化，成为中央相关部委两次组织召开全国全民阅读工作经验交流会的城市，被联合国教科文组织授予"全球全民阅读典范城市"称号，率先构建起具有全球影响力的全民阅读城市样本，为深圳生机盎然的文化画卷增添了熠熠生辉的一笔。

（一）打造公共阅读服务的城市样本。深圳以法治建设为保障，以阵地建设为依托，将全民阅读纳入城市公共文化服务体系，打造了理论依据与实践支撑相结合的公共阅读服务城市样本。在法治建设方面，深圳积极推进阅读立法工作，2016年正式实施的《深圳经济特区全民阅读促进条例》是全国阅读推广领域第一部运用经济特区立法权制定的法规，系统梳理了政府、社会、市民在全民阅读推广方面的关系，把城市公共阅读服务上升到法律层面。在阵地建设方面，深圳持续推动"图书馆之城"与"一区一书城，一街道一书吧"双线并进，通过市区图书馆与基层图书馆、大书城与小书吧的结构性互补，搭建起兼具规模效益和渗透作用的公共阅读服务空间。迄今，深圳坐拥7座超大型书城，710座公共图书馆以及700余家各类实体书店，实现了"十分钟文化服务圈"的网格化布局。

（二）打造阅读品牌活动的城市样本。深圳以读书月为标杆，以特色阅读活动为矩阵，将全民阅读作为城市文化菜单的重要内容，打造了亮点鲜明、全年精彩的品牌阅读活动城市样本。一方面，每年11月举办的深圳读书月是全国持续时间最长的阅读品牌活动，自2000年创办至今累计开展活动9000余项，吸引参与者1.7亿人次，培育出深圳读书论坛、年度十大好书、经典诗文朗诵会等经典品牌，成为深圳市民乃至全国读者的阅读文化嘉年华。读书月开创了读书文化节庆的深圳模式，被领导专家盛赞为全国全民阅读的"起因"与"品牌"，被表彰为"全国全民阅读优秀项目"。深圳读书月探索形成的"政府倡导、专家指导、企业运作、社会参与、媒体支持"运作机制,为全国全民阅读活动发挥了示范作用。2020 年,读书月与第二届深圳书展创新联动,实现展会图书销售 2018.6 万元,再次刷新深圳读书月的文化热度。另一方面,贯穿全年的特色阅读活动遍地开花,深圳各区(新区、深汕特别合作区)结合自身特色打造与都市生活、海洋文化、自然资源、诗词朗诵、劳动者文学相结合的精品阅读项目,形成全民阅读"一区一品牌"的品牌矩阵与"天天有精彩"的活动规模。目前,深圳平均每天组织开展约 54 项阅读文化活动。

（三）**打造社会阅读参与的城市样本**。深圳大力推动社会各界广泛参与全民阅读,让阅读成为市民精神文化生活常态,打造了资源共享、百花齐放的社会阅读参与城市样本。深圳较早培育聚合社会阅读力量,率先成立全国第一家阅读联合组织"深圳市阅读联合会",整合全市阅读资源、凝聚 120 余家会员单位力量,覆盖学校、企业、图书馆、实体书店、阅读组织、新闻媒体、研究机构,联合实施"全球全民阅读典范城市推广计划""阅读推广人下基层"等项目,推动全民阅读活动常态化及阅读推广工作制度化、专业化,让阅读成为城市文化生活的主流风尚。三叶草、彩虹花、南都读书俱乐部、爱阅公益基金会等一批民间阅读组织快速成长壮大,成为全民阅读推广的重要力量。在全市"一盘棋"的基础上,社会各界共享资源、通力合作、共同推广,形成常年开展全民阅读工作的载体与机制,为全国各地联合会、促进会建设提供了有益的经验。

二、以"城市文明典范"为战略定位，积极引领全民阅读向纵深发展

当前，我国进入全面建设社会主义现代化国家、向第二个百年奋斗目标进军的新发展阶段，建成文化强国的目标已提上日程。党中央、国务院赋予深圳先行示范区建设"城市文明典范"的战略定位，寄望深圳率先塑造展现社会主义文化繁荣兴盛的现代城市文明。全民阅读是现代城市文明的显著标志，是社会主义文化繁荣兴盛的源头活水。积极引领全民阅读纵深发展，是深圳站在"城市文明典范"更高目标上推进文化建设的题中应有之义。

（一）从氛围营造向质量提升纵深发展。深圳在第十六次全国国民阅读调查报告中位列城市排行榜榜首，20年"高贵的坚持"，营造了书香满城的浓郁氛围，培育了"让城市因热爱读书而受人尊重"的精神观念，深圳全民阅读逐步进入由营造氛围向质量提升转变的发展新阶段。深圳以供给侧结构性改革为引领，率先成立国内首个专事于全民阅读理论研究及成果推广的事业单位——"深圳市全民阅读研究与推广中心"，组建了具有业界影响力的专家智库与研究员队伍，率先开展全民阅读评价指标体系和全民阅读指数制定工作，以学术视野、理论研究、科学分析为驱动，引领全民阅读对标国际一流水平，进一步满足市民更高层次、更高品质的阅读需求。

（二）从浅水探路向深水变革纵深发展。"互联网+"时代，人们的阅读方式与阅读习惯发生了较大改变，全民阅读需要在纸质媒介与数字媒介两端发力。作为高新技术城市和互联网普及程度最高的城市，深圳在数字阅读领域优势明显，近年来积极研发数字阅读平台，打造出QQ阅读、懒

人听书、深圳文献港、深圳书城 App 等一系列应用活跃的用户终端产品，并广泛开展手机阅读、扫码听书、线上互动等数字阅读推广普及活动，实现了高达 98.6% 的成年居民数字化阅读方式接触率，四度被评为"中国十佳数字阅读城市"，对全国数字阅读的创新发展起到了重要的推动作用。面对新一轮科技革命与产业变革，深圳顺应趋势，率先将 5G、云计算、大数据、物联网、区块链、人工智能等现代信息技术运用到全民阅读工作中，通过 VR 图书、智能书城、无人值守书店、人脸识别荐书系统等阅读文化项目的开发应用，以及网络文学、有声图书等数字文化产业的转型升级，引领全民阅读走向"深水变革"，为推进深圳文化事业与文化产业的高质量发展打开突破口。

（三）从小城故事向大国叙事纵深发展。"全球全民阅读典范城市"是深圳对外交流的闪亮名片，是深圳文化从"小城故事"升级到"大国叙事"，在全球文化版图上讲好深圳故事、中国故事的重要载体。立足大湾区，深圳积极联动粤港澳资源，组织开展"共读半小时""深港两地联展""深港澳中小学生读书随笔大赛"等阅读文化活动，深入推动图书版权引进输出和出版物进出口业务，为湾区民众推进交流、建构认同搭建起互动平台；着眼国际化，以全民阅读为桥梁，与联合国教科文组织、国际阅读友城展开深入交流与密切合作，组织举办全球图书会议、国际阅读双城记等活动，通过阅读加强世界各国文明的交流互鉴，让阅读成为对外文化交流的新方式新路径，在阅读中展现了深圳风采与中国形象，为推动深圳代表国家参与世界文化交流对话创造更多可能。

三、以新时代深圳文化软实力跃升行动为指引，创新推进全民阅读先行示范

新时代，新担当；新征程，新作为。立足实际，对照目标，面向未来，深圳积极谋划实施"新时代文化软实力跃升行动"，以推进全民阅读为重点，争创更多走在全国乃至全球前列的阅读文化实绩，进一步巩固深圳在全民阅读领域的领先地位，彰显与深圳建设先行示范区目标要求相匹配的城市文化风采。

（一）推进阅读典范城市先锋引领。深化阅读典范城市内涵，进一步促进阅读与教育、民生等社会基础体系有机结合，推动全民阅读精细化、常态化、长效化，形成以阅读为显著特征的城市人文精神。丰富阅读典范城市外延，以高端的阅读资源、重磅的品牌项目、开放的文化形象，进一步擦亮"全球全民阅读典范城市"名片，开拓粤港澳互动与国际交流活动，扩大在全国乃至全球的知名度与影响力。构建阅读典范城市标准，进一步开展书香社会城市指标体系研究工作，发布业界公认、社会信赖的城市阅读指数。

（二）推进公共阅读服务提质增效。进一步建设高质量的公共阅读服务阵地，大力推进"图书馆之城"和"一区一书城，一街道一书吧"建设，积极打造深圳书城湾区城等国际一流的阅读文化地标，持续优化党群服务中心等基层站点的阅读文化服务功能，推动形成更高水平的"十分钟文化服务圈"。进一步建设高质量的公共阅读服务体系，完善设施设备，丰富活动内容，优化服务项目，切实满足市民读者日益增长的精神文化需求。建设以科技引领为特色的阅读动力机制，打造以现代化、智能化、个性化为基础的公共阅读场景，形成彰显深圳创新意识与科技特

色的服务标杆。

（三）推进阅读文化产业高质量发展。深化文化体制改革，推动阅读文化产业增加值稳步增长、质量持续提升，成为在全国具有先锋地位的现代文化产业门类。强化科技创新支撑，大力发展以"阅读+科技"为特征的数字文化产业，开发数字阅读内容，搭建数字阅读平台，拓展数字阅读市场，形成产业链上下游集聚的数字阅读产业高地。强化创意设计，大力发展以"阅读+设计"为特征的创意文化产业，充分发挥"设计之都"与"全球全民阅读典范城市"的叠加效应，积极推进阅读IP的开发与转化，创新探索阅读场景的设计与打造，形成具有深圳特色的阅读文创产业链。

百尺竿头，更进一步；书香满城，蓄势待发。在庆祝中国共产党百年华诞的重大时刻，在"两个一百年"奋斗目标历史交汇的关键节点，深圳将按照党中央决策部署及省委工作部署，进一步推动全民阅读创新发展，大力建设书香社会，提升城市文化软实力，率先塑造展现社会主义文化繁荣兴盛的现代城市文明，为建设中国特色社会主义先行示范区贡献源自书香的力量。

王强，中共深圳市委常委、宣传部部长

总报告

深圳全民阅读
发展报告
2021

2020年深圳全民阅读发展报告

杨立青 熊德昌

2020年是中国历史上极不平凡的一年。我们既经历了新冠肺炎的突然暴发，也迎来了深圳经济特区建立40周年。在这一年里，习近平总书记出席深圳经济特区建立40周年庆祝大会并发表重要讲话，强调深圳要坚持"两手抓、两手都要硬"，在物质文明建设和精神文明建设上都要交出优异答卷，为深圳推进文化建设和全民阅读工作指明了方向。在这一年里，深圳全面贯彻习近平总书记重要讲话和"倡导全民阅读，建设书香社会"重要指示精神，深入落实《深圳经济特区全民阅读促进条例》，一手抓阵地建设，一手抓服务创新，不断提升全民阅读的社会影响和服务覆盖面，进一步打造全民阅读的"深圳模式"，较好地满足了市民精神文化生活新期待，为深圳加快建设中国特色社会主义先行示范区作出了积极贡献。

一、2020年深圳全民阅读工作回顾

2020年，深圳以庆祝经济特区建立40周年为契机，在全面回顾40年开展全民阅读取得辉煌成绩的基础上，进一步明确未来发展方向，不断

夯实全民阅读基础，加大服务创新力度，并在建立长效机制、拓展活动影响、深化区域合作等方面取得了新突破，实现了新跨越。

（一）围绕经济特区建立40周年的主题，精心策划丰富多彩的全民阅读活动

深圳全民阅读是随着经济特区的发展而不断成长壮大的。经济特区建立40年来，历届深圳市委、市政府高度重视包括全民阅读在内的文化建设工作，较早建成了深圳书城、深圳图书馆等重大文化设施，培育了深圳读书月等阅读推广活动品牌，出台了全民阅读专项条例，形成了浓郁的书香城市氛围，深圳也因阅读而成为受人尊重的城市，并荣获"全球全民阅读典范城市"称号，全民阅读经验受到全国瞩目。

2020年，深圳以庆祝经济特区建立40周年为契机，策划举办了系列主题全民阅读活动，回顾经济特区发展的辉煌成就，推动其在更高起点上更好开展全民阅读活动，更好地为经济特区发展提供精神动力和智力支持。

第二十一届"深圳读书月"作为庆祝深圳经济特区建立40周年系列活动中重要的群众性精神文化活动，紧扣主题主线，以阅读的微观视角生动展现经济特区"四十载波澜壮阔"的发展历程，吹响"新征程催人奋进"的时代号角。"庆祝深圳经济特区建立40周年"主题书展在六大书城同时举办，围绕"学习习近平新时代中国特色社会主义思想"和"庆祝深圳经济特区建立40周年"主题组织展销《习近平谈治国理政》（第三卷）、《在深圳经济特区建立40周年庆祝大会上的讲话》等近300种主题出版物，掀起新一轮学习庆祝热潮。主题图书《为什么是深圳》获评读书月"年度十大好书"之年度特别致敬图书，在深圳书展上大受欢迎，引起

广泛共鸣。"'阅读让城市更有温度'特区40年历程回顾展"首次全面梳理特区阅读文化的发展成就与精彩瞬间，展出历届书市、书展门票、"全民阅读典范城市"证书等珍贵实物，吸引众多市民驻足观展。"40年，奋斗在特区"则通过知识分享和真人秀的创新形式，邀请马立安、胡野秋、张梁、孙霄、王诺诺等在不同领域与特区共同成长的奋斗者代表，以个人化的叙述带领读者从不同角度认识深圳，了解城市改革发展的生动脉络。各区各系统也紧扣主题主线，组织开展了共读分享、征文演讲、知识竞答等形式多样的庆祝活动，营造了浓郁的庆祝氛围。

深圳图书馆策划举办"从文献看深圳——深圳经济特区建立40周年地方文献展""筑迹——基建工程兵拓荒记忆照片展""特区40周年·深圳知多少"线上答题活动、《深圳文献·深圳人著作目录》（文学卷）新书发布暨"深圳文学四十年"研讨会、"阅读·深圳"经典诗文朗诵会、"深圳记忆"文化之旅、"鹏程礼赞"大型原创诗书画巡回展、主题图书展等系列主题活动，以高品质的文化活动献礼特区40年。其中，"从文献看深圳——深圳经济特区建立40周年地方文献展"分为寻根、崛起、融合、风物、示范等5个部分，以实体文献+图文展板+多媒体播放的形式，通过110幅展板、280余幅图片、3.5万文字和现场展出的80余册/件珍贵文献，勾勒出深圳从6700多年前发展至今的脉络，并创新推出"VR看展"，展出2个月参观读者8万人次，随后还在光明区、佛山市等地巡展。《深圳文献·深圳人著作目录》（文学卷）收录949位深圳著作人的3615部文学作品，以著作目录的形式汇集深圳文学累累硕果，系统反映特区40年文学成就，是"深圳学派"建设的重要成果展示。

（二）积极应对疫情影响，用阅读的力量温暖城市

面对突如其来的新冠肺炎疫情，深圳广大市民经历了极度恐慌、茫然无措的心路历程，中小学停课，公共场所停业，给市民的生活带来诸多困难与不便。全市图书馆、书店也经历了一段时间的闭馆停业。在宅家生活中，广大市民也慢慢在阅读中找到慰藉和精神力量。为满足宅家市民和广大青少年的阅读需求，全市全民阅读服务机构创新工作思路，积极开展"以读攻毒"系列活动，让阅读慰藉人们恐惧紧张的心灵，从阅读中汲取知识的力量点亮精神灯塔，也让大家足不出户畅游书海。

根据疫情防控情况，公共图书馆在落实防控措施后有序恢复开放，最大限度地满足读者的文化需求。深圳图书馆完善"图书馆之城"到馆预约系统，方便读者实名预约进馆。采取动态管理模式，科学控制在馆人数规模。会同全国公共图书馆制作《共战"疫"不孤"读"》抖音视频表达祝福与关切，为武汉加油。与深圳晚报社联合发布安心家书，向为抗疫作出突出贡献的深圳援鄂医护人员和深圳一线医护工作者赠送"安心读书卡"。全方位宣传普及防疫知识，提供精准抗疫舆情信息服务，征集资料保存"深圳记疫"。精心策划推出健康专栏、系列数字资源推介专题、线上"新型冠状病毒防疫安全"公益课、心理"抗疫"系列公益直播课程等活动，提升市民健康信息素养。官方微博、微信、抖音等新媒体平台服务不间断及时发布消息，解答读者疑问，举办线上活动。联合社会各界力量在疫情特殊时期开展主题为"深圳记疫·人间有爱"的文献资料征集，征集文献与文艺作品3000余件。

深圳图书馆积极拓展线上服务助力市民宅家阅读，通过微博、微信、抖音等新媒体平台为读者不间断地提供优质服务和丰富的数字资源。暂停到馆服务期间新媒体服务图文阅读量达1051.2万人次，粉丝总数突破

120万人,其中微博粉丝数46万人,位列全国公共图书馆微博粉丝数第2位,仅次于国家图书馆。发布的长微博《宅在家里怎么"天天向上"?不急,深图海量数字资源满足您!全免费!》阅读量达16.6万人次,创单条原创长微博阅读数新纪录。2020年3月,基于微信小程序端建立的"数字阅读馆"开通,整合QQ阅读、云图有声数字图书馆、哪吒看书、龙源期刊网、爱迪科森网上报告厅等9家数据库,集成"深图视听""深图记忆""深图书单"等本地资源,数字资源总量超30余万种,其中电子图书近8万册,期刊3万期,各类听书资源近19万集,截至12月底访问量达143.2万人次,资源总访问量达790.4万篇次。深圳市阅读联合会还在疫情防控形势较为严峻的时期,组织会员开展一系列线上阅读活动,倡导以"读"攻毒,引领市民读者获取知识力量,积蓄前行动力。

深圳书城、简阅书吧等实体书店依托短视频平台、直播平台、微信公众号等新媒体平台打造直播荐书、线上讲座、社群运营等文化菜单。深圳晚报社联合喜马拉雅开展"众志成城 圳在声援——深圳市民抗击疫情全民朗读行动",用声音引发广泛共鸣,传递共克时艰的情感和力量。三叶草故事家族推出"共读:书香少年 知识战疫"线上科普系列讲座,科学讲解病毒知识。深圳读书会聚焦心理健康教育,推出"战'疫'不焦虑指南"系列公益直播分享,帮助读者缓解疫情带来的负面情绪和压力。

(三)创新举办第二届深圳书展,掀起深圳阅读新热潮

在成功举办首届"南国书香节暨深圳书展"的基础上,深圳积极筹办第二届深圳书展,着力打造新的全民阅读品牌。经周密策划,2020南国书香节暨第二届深圳书展克服疫情不利影响,于2020年11月27日至12月6日成功举办,为深圳市民读者带来持续10天的图书盛宴。通过图书

展销和配套文化活动，掀起又一次全民阅读热潮。据统计，主分会场共吸引 48 万余人次参与，图书销售交易笔数超过 10 万单，码洋 2018.6 万元。在疫情影响、电商冲击等多重不利条件下逆市上扬，成为当年全国时间最长、模式最新、销量最高的城市书展，充分展示了深圳市民购书、读书的热情。

本届书展以"全面小康 书香芬芳"为主题，设有深圳书城中心城及外广场 1 个主会场和 5 大书城、3 个书吧分会场，通过"1+5+3"布局推动公共文化事业区域均衡化发展。书展期间，主分会场集中展销全国 500 家优质出版机构约 20 万种精品图书，联动开展 100 余项阅读文化活动。全城关注、全民参与，再次展示了深圳实体书业领跑全国的实力与韧劲。书展期间亮相名家近 30 位，共开展活动 50 余场，刘震云、蒋方舟、李文儒、阎晶明、黄灯、沈石溪、曹文轩、伍美珍等亮相书展，中信出版社还邀请知名作家、医生、设计师、音乐人和教育工作者进校园、企业和社区，为市民奉献了精彩的暖秋阅读盛会。

本届书展创造性地采用室内与户外相结合的形式，在疫情防控常态化条件下为读者打造全新的文化生活方式。书展将深圳书城中心城 5000 余平方米的乐园广场搭建成书香弥漫的露天盛会，邀请 68 家优质出版发行机构"出摊"展销近 20 万册精品图书，辅以琳琅满目的文创精品、趣味十足的互动游戏、读书品茗的休闲区域，以及音乐会、电影放映、名家分享等精彩纷呈的公共文化活动，营造了全新的、开放的美好生活方式体验空间，成为亲子家庭周末出行的热门目的地，展现了先行示范区的文化品位。书展还首次将开放时间延长至晚上 10 点，更有 24 小时书吧为市民读者彻夜服务，不但为市民读者提供了丰富温馨的文化夜生活，而且对实体书业参与"夜间经济"新模式进行了积极的探索。中信出版集团负责人表示，晚上9点之后仍有不少读者在书展现场读书选书，温馨的景象让所有出版人深受感动，也备感振奋。

国内各大主流媒体持续报道，新华社、《人民日报》《光明日报》纷纷围绕"读书月进入'书展时间'"展开专题报道，中国新闻社刊登《这个排名，深圳又位列全国榜首》文章，盛赞深圳充满活力的阅读文化生态，《晶报》发表社论《深圳书展用阅读与文字搭建了一个巨大的"场"》。全市投入近4000个户外移动终端高频传播书展资讯，开发主题条漫、大V直播、名家VLOG、互动H5等产品，运用市民喜闻乐见的新媒体形式和渠道扩大宣传，全网阅读量突破1.96亿人次，使书展成为重要的城市话题。

（四）积极拓展全民阅读阵地，城市阅读空间更加丰富多彩

全民阅读阵地建设是全民阅读服务的物质基础，是开展全民阅读活动的重要载体。2020年，深圳不断拓展全民阅读阵地范围，统筹推进全民阅读阵地建设，加快推进"一区一书城，一街道一书吧"建设和"图书馆之城"建设，进一步完善和优化了城市阅读空间。

高标准规划建设湾区书城，概念设计获市主要领导肯定。深圳书城光明城、大鹏城完成立项，盐田城、坪山数字出版总部基地以及深汕书城等项目前期工作稳步推进。公共书吧加快布局，新建开业南头古城、市人才公园等10家书吧，全市书吧达50家。深圳书城中心城北区经过升级改造，以全新面貌于2020年10月28日重新开业。新增特色文艺建筑书海梯田、光之塔、书墙等配套设施，成为市民文化休闲新打卡点。改造后的中心城作为国内首个AI智慧书城，新增智能机器人、听书瀑布屏、智慧大数据、儿童多媒体互动等AI科技体验设备。其中，书海梯田成为中心城美丽的

景观，读者可在错落有致的梯田上看书休息，从不同高度俯瞰书城。在书海梯田还设立了深圳市首个听书瀑布屏，点一下屏幕上的书可在线听书，也可通过扫码将选定的书"装"进手机里，边走边听。经过全新改造，中心城科技感和体验感更强，阅读空间更加舒适、时尚。

加快推进基层综合性文化服务中心建设，夯实基层阅读服务基础。全市除坪山区4个新成立的街道外74个街道均已建成综合性文化服务中心，全市街道、社区两级综合性文化服务中心覆盖率分别达95%、100%。各区公共图书馆总分馆体系架构基本建成，宝安、盐田、龙岗等区在全国率先实现总分馆人财物垂直管理。各区区级图书馆全部建成图书馆理事会，法人治理结构进一步完善，决策水平和服务效能稳步提升。深圳第二图书馆正式开工兴建，深圳图书馆"南书房"完成升级改造。新采购30台自助图书馆陆续提供服务，完成13个服务点的优化调整。

创新建设高品质文化生活空间，积极推进基层综合性文化服务中心与旅游中心融合发展试点、"粤书吧"建设试点工作，全市6家书吧被列入全省首批"粤书吧"试点名单；盐田区以文旅融合理念创新打造"灯塔图书馆"，成为市民"网红打卡点"；罗湖区悠·图书馆品牌影响力不断扩大；坪山区近年创设的多家"城市书房"成为城区文化亮点；龙华区吸引社会力量共建共享20所"城市书房"；光明区布点51台"书香亭"自助图书机；大鹏新区联合网红民宿精心打造"书香民宿"为市民打造高品质文化生活空间。

各大书城创新经营思路，使用腾讯看点直播等新媒体，开展阅读ING、对话大家等直播荐书和文化交流活动，促进线上线下融合发展。在全国大书城排名中，深圳书城中心城、南山城、罗湖城分别位列第三、第五和第七，其中南山城、罗湖城排名较去年均有提升。首次组织实施了深圳"实体书店赋能计划",开展深圳特色书店巡礼,展现"书店之都"风采。发起"40年40家深圳最美书店"评选,参与人次超30万。举办"深爱书店·圳在赋能"转型升级经验交流会,共吸引100多位实体书店的从业者、行业专家到会参与。实施实体书店扶持计划,16家书店(书城)获得2183万元资助,帮助书店克服困难稳步发展。

(五)精心策划深圳读书月活动,进一步激发全社会阅读热情

读书月作为城市的重要文化名片,也是一年一度的"文化盛宴"和城市的"文化闹钟"。读书月举办20年来,一直坚持服务创新、内容创新和方式创新,内容日益丰富,影响力不断提升,成为全城瞩目的文化盛典。

本届读书月立足建设"城市文明典范"的战略定位,围绕"读书让生活更加多彩,阅读让城市更有温度"年度主题,加强统筹策划,注重质量提升,在新形势下做好常态化疫情防控工作进一步发挥阅读关怀个人成长、推动城市发展的温暖作用,彰显"全球全民阅读典范城市"的示范效应,展现了特区建立40年来因热爱读书而受人尊重的城市精神。

本届读书月站在新十年的新起点上,大力实施品牌提升计划,通过资源整合与统筹策划巩固经典品牌、扶持各区精品,促成了深圳读书月与深圳书展两大市级阅读品牌的首次联动,推出了"特别推荐:金秋阅读菜单"的品牌矩阵,建构了"一周一主题""一区一品牌"的创新架构。共开展各类阅读活动290项,丰富多彩的阅读文化活动以各种方式吸引1000余万人次参与。读书月期间,深圳再次面向市民发放10万张、价值400万元的"惠读书"文惠券,以"真金白银"落实文化惠民,引发"抢券"购书热潮,广受市民好评。

本届读书月结合各区实际和发展特色,打造与都市生活、海洋文化、

自然资源、诗词朗诵、劳动者文学等相结合的精品阅读项目，邀请各区承办单位"一把手"分享推荐，形成了鲜明的阅读亮点，形成了"一区一品牌"特色。首次走进深汕特别合作区，策划开展的"飞跃深汕：朗诵之星，闪亮未来"朗诵大赛吸引了全区四镇25所学校师生踊跃参与，在合作区建设热土上扬起阵阵书香，真正实现了"10+1"区书香满城的全面覆盖。本届读书月还首设"一周一主题"板块，通过设立社区、青年、校园、企业等四大"读书周"主题，深入基层单位、走进基层群体，有针对性地开展阅读文化活动。上千场基层阅读活动均可在创新推出的"深圳读书月"微信小程序上浏览查询，大大提升了活动参与率。小程序上线以来，浏览量突破118万，培育活跃用户近11万人。通过资讯阅读、活动查询、直播互动、打卡积分等多元功能，开辟了全新的、永不落幕的线上参与平台。

本届读书月十分重视品牌提升和品牌引领。"年度十大好书""年度十大童书"评选突出阅读品位引领，邀请来自全国各地的权威评委坐镇，受到出版界广泛关注，获奖信息第一时间被各类图书电商网站列为"热搜"，被称为国内最公平、最具影响力的选书活动，被誉为全国书业风向标。强化在细分领域的阅读引领作用，打造多层次、立体化风向标。连续6年举办的"晨星杯"中国原创科幻大赛，已成为全国科幻圈最具影响力的顶级赛事之一。第三届"全国十大劳动者文学好书榜"已由小规模活动成长为受到全国关注的重点项目，与深圳这座改革开放的前沿城市相得益彰。"自然博物图书奖""自然童书奖"等主题图书评选，在全国率先倡导自然阅读、博物阅读，成为专业领域的重大奖项。主宾出版社中信出版集团围绕"我所看到的未来"年度观念，邀请尤瓦尔·赫拉利、悉达多·穆克吉、苏世民、吴军、薄世宁等16位嘉宾展开4场5G跨国连线和

9场沉浸式演讲，吸引近3000万网友在线观看。此外，施瓦布、马未都、樊登等名家也以短视频的形式为读书月鼓与呼。

（六）策划举办系列全民阅读活动，进一步彰显"全球全民阅读典范城市"的风采

尽管受疫情影响，大型活动举办受限，深圳还是创新思路，通过线上线下结合的形式举办系列阅读主题活动，传递阅读温暖，激发阅读热情。

第五届"共读半小时"活动首次联动湖北，粤鄂澳近150家图书馆、超过430个共读点，用共同的阅读活动，传递文字蕴涵的理性与大爱，以优秀文化凝聚共识、积聚力量，传递对抗击疫情主战场的湖北人民的祝福和关爱。活动以"我愿"为主题，以"自发自主，一人阅读，不限形式，读出精彩"为口号，开启"1+4+N"多会场阅读模式，首次引入"AR"技术，实现线上共读，并通过新华社、网易云、今日头条等新媒体进行直播，在线观看人次超过53万，各类新闻媒体报道230余篇次。第四届"阅在深秋"公共读书活动围绕"知识服务""分众阅读""特色馆藏""公共空间""深圳记忆"等关键词开展活动，举办时长较上年翻了一倍，参与人数再创新高，吸引近140万人次参与，读特App直播观看近4万人次，新浪官方微博相关博文阅读总数达125万。深圳图书馆、福田区图书馆"绘本嘉年华（深圳·福田）"项目分别荣获中国图书馆学会颁发的"阅读推广星级单位""阅读推广优秀项目"称号。

成功举办2020年粤港澳"4·23世界读书日""阅读，伴我成长"创作比赛，联动开展全国"图书馆故事"短视频作品征集活动、"签·约世界"2020年青少年书签设计交流活动、第十届"书香岭南·悦读生活"摄影作品征集、第二届全国"图书馆杯"主题图像创意设计征集活动等，

深化大湾区全民阅读合作。策划举办2020"南书房家庭经典阅读书目"发布及推介、少儿"阅经典"系列活动、"王牌讲书人"线上活动等。策划举办"深圳学人·南书房夜话""人文讲坛·儒家/道家文化研习社"等活动。

实施"全民阅读典范城市推广计划","抗击疫情全民朗读""青工读写素养提升计划""阅读推广人下基层"等39个项目吸引了约180万人次参与。深圳书城中心城创新策划重磅文化活动"名家私人书单",聘请文化学者、知名作家、媒体人担任"选书顾问",为读者开具更多高品质、高水准、个性化的"私人书单",进一步建构名家与读者深度交流的路径,提升读书品位与文化氛围。深圳书城南山城创新开展"轻松学会发明创新"系列科普讲座,以发明知识科普、创新方法讲解、创意灵感启发为主要内容,通过宣扬科普阅读提高广大群众特别是青少年的科学文化素质,形成爱科学、学科学、用科学的良好氛围,促进全民科学素质的提升。本来书店策划举办的"深港共读,双城同感"深港青年阅读交流活动,首次推动深圳出版、深圳选书在香港20余家实体书店设立专柜大规模展销,并组织两地作家学者与市民读者围绕共读人物金庸、张爱玲展开分享交流,吸引6000余人次线下参与、上万名读者线上观看。时间行者文化书店创新打造"阅行深圳"城市文化公益导览活动,结合深圳主题读物与深圳文化地标策划设计多条主题导览线路,并配套多语种服务,为游客、来深建设者及深圳市民更直观、更深入地了解深圳文化搭建桥梁。

(七)加强未成年人阅读服务,全力提升未成年人和弱势群体阅读服务水平

未成年人阅读关乎城市的未来,是社会各界关注的重点领域,也一直

是深圳全民阅读推广的重点。2020年，深圳根据不同年龄段的未成年人的特点，有针对性地开展阅读推广计划。

深入实施中小学图书馆"常青藤"行动计划，新增前海小学、宝安区崛起双语实验学校、洪湖小学等加盟，已有146所学校加盟"常青藤"项目。积极开展基层业务辅导，支持中小学学校图书馆升级改造项目。开展阅读推广人/作家进校园活动，邀请刘耀辉、伍美珍、葛竞、庄海燕、郭翔、谢倩霓等作家及阅读推广人前往学校开展阅读推广活动，参与活动师生达15000人次，受到广大学校师生欢迎。采用线上结合线下的方式举办公益讲座，邀请国内著名阅读推广人、儿童文学专家、省特级教师、专科医生、心理学家等名家为广大家长普及家庭教育、儿童心理、科学育儿等知识，内容涵盖了亲子关系、儿童阅读、儿童情绪管理、青春期教育、小升初、多动症、自闭症等多个主题，受到广泛好评。

深入开展"亲蓓蕾"早期阅读培养计划，推出"红姐姐讲故事""智慧宝宝手工""卡通乐园""放飞梦想小舞台""Fun Party"等系列幼儿阅读活动。继续开展亲子共读经典公益大讲堂，秉承"经典生活化，生活经典化"的理念，组织孩子和父母一起参与，每周一次、每次两小时，通过持续3年的共同学习，让孩子在爱与鼓励的互动中变换多种形式诵读经典。继续开展"喜阅365亲子共读推广活动"，更新和补充了共读推广内容，增加了0至3岁读物、专供家长学习如何指导儿童阅读和亲子教育类的书籍，并在每周六下午举办"梧桐树下"故事屋活动。策划举办名著新编短剧大赛，推动中小学生经典阅读和戏剧普及。积极组织"梅、兰、竹、菊、荷"国学社、国艺团活动，弘扬文学、国乐、棋弈、书画、舞蹈、茶艺插画等传统国学与国艺。继续开展"少图义教——名师讲堂"主题活动，邀请更多优秀教师参与，通过视频讲述故事的方式分享推荐图书。

加强特殊群体阅读关爱，推进实现文化权利公平。进一步关爱帮扶弱势阅读群体，组织开展贯穿全年的阅读关爱活动。彩虹花公益小书房"梦想书包"为流动儿童家庭提供书籍及儿童阅读指导，为10所来深建设者子女聚集学校投放书籍近两万册，受益流动儿童家庭超过1万户。爱阅公益基金会"阅芽计划"上线"爱阅公益"小程序，发放"阅芽包"35201个，5年来累计发放"阅芽包"13万多个，受益家庭超10万户。幸福慈善基金会"悦读童年"童书共读公益项目服务龙岗区29所来深建设者子女聚集学校，5年来共送出优质童书超两万册，阅读课程460场。深圳少年儿童图书馆和市群众文化学会等发起援建隆麻村图书馆，助力广西都安瑶族自治县隆麻村精准扶贫。深圳少年儿童图书馆等援建的广东紫金县凤安镇佛岭小学图书馆正式对外开放，启用了"人人阅共享图书系统"，并为当地孩子举办了读书会活动。

（八）加快推进阅读载体创新，为市民提供全民阅读信息和优质数字阅读资源

疫情产生了新的阅读需求，催生了众多新业态，对全民阅读工作也提出了新要求。2020年，深圳因势利导，加强阅读载体创新，较好地满足了市民的阅读需求。

读书月期间，深圳创新推出"深圳读书月"微信小程序，打造集新闻资讯、书目推荐、预约报名、活动打卡、直播互动、票券申领等多元功能于一体的线上平台。读者可通过小程序按时间、按区域查询读书月活动，亦可智能查询当前距离最近的活动情况。读者每日登录、浏览分享、参与投票、观看直播、打卡活动均可累积"阅读积分"，兑换"阅读好礼"，

用小程序记载每一次阅读行为。联合喜马拉雅、腾讯看点、新浪深圳等知名互联网企业策划开展新阅读活动，提升数字阅读的覆盖面与吸引力。传统品牌活动"经典诗文朗诵会"首次采用5G传输技术，向多个分会场的读者奉上视听盛宴。读书月经典品牌活动"赠书献爱心"也创新探索线上参与模式，联合腾讯看点共同发起"阅过山川，益起读书"公益活动，鼓励读者累积数字阅读时长，为贫困地区与困难群体换捐纸质图书，在纸质阅读与数字阅读的交互联动中推动全民阅读全面持续深入开展。为适应消费场景向线上转移的趋势，深圳书城推出"深圳书城VIP"小程序，通过汇聚品牌文化资源，整合线上线下业务，进一步创新商业模式，培育新的经济增长点，推动书城由图书供应商向知识服务商转型。

深圳图书馆发布"深图视听"读者活动库，整合该馆优质讲座资源，并面向馆员开展"我来荐书"短视频活动，与抖音平台、"创客云课"等项目结合，不断丰富视频内容。启动"云上图书馆·码上阅读"进社区活动，全市110余台城市街区自助图书馆率先开通扫码阅读电子图书功能，市民持手机扫码即可免费阅读数字资源。联合喜马拉雅、海恒智能跨界合作，推出"王牌讲书人"线上讲书活动，吸引5400余位读者关注。推出"深图网络公开课"线上艺术名师课系列活动，包括弹钢琴、吹葫芦丝、跳恰恰舞、学工笔画、弹古琴等艺术类视频资源，丰富市民文化休闲生活。深圳少年儿童图书馆开通"读联体"数字阅读平台，面向青少年儿童群体，提供有声绘本、国学经典、益智启蒙、历史名著等方面的视频、音频资源近百万册（集），满足青少年儿童的阅读学习需求。开展"'真是没想到'奇趣科学知识大展览""悦享动漫，快乐阅读"等读者线上活动。

（九）加快推进精品出版和数字出版转型，丰富本土全民阅读内容

2020年，深圳积极实施精品出版计划，支持本土出版社提高原创出版能力，深入打造青春读物类、地理人文类等主流产品线，推出了一批有较大影响的精品图书。

海天出版社围绕深圳经济特区建立40周年的主题，从政治、经济、文化、社会、生态文明建设等五个方面策划了《为什么是深圳》《向深圳学习》《深圳先行示范丛书》《深圳》《鹏城飞歌》《深圳，深圳》等28套47种主题出版物。《为什么是深圳》入选中宣部2020年主题出版重点出版物选题，这是该社选题首次入选，实现了海天入选主题出版重点出版物的"零突破"，发行量超过5万册。《中国汉字美学史》获第三十三届全国城市出版社优秀图书一等奖，《李诚全集》《造就中国人：阅读与国民教育》《寒门之暖》《笨蛋，问题在战略》获第三十三届全国城市出版社优秀图书二等奖，《为什么是深圳》荣获第二十一届深圳读书月2020"年度十大好书"年度特别致敬图书。

深圳报业集团出版社围绕"我们深圳"的主题策划推出系列主题好、文本好、质量较高的纪实作品，出版了《袁庚传奇：庆祝深圳经济特区建立40周年纪念版》《城中村：消失中的城市》《光影之城：电影中的深圳》《园岭叙事：深圳社区记忆》《深圳已然是故乡：街巷志》《钢琴城事：但昭义和他的弟子们》《漂洋过海来深圳》等有一定影响的深圳原创精品，策划出版的《深圳大事记1978—2020》成功入选广东省委宣传部主题出版项目。

（十）深入开展全民阅读研究，为未来发展提供决策依据

进入新时代，广大群众的精神文化生活需求不断增长，城市发展定位对全民阅读也提出了新要求。2020年又是"十三五"和《深圳文化创新发展2020（实施方案）》的收官之年，需要加强对全民阅读开展情况进行系统梳理和回顾，在分析发展形势的基础上擘画未来发展蓝图。

深入开展全民阅读理论研究，发布《2020年深圳阅读指数研究报告》，报告显示深圳阅读指数近3年稳步提升，整体阅读环境日臻完善，居民阅读习惯不断养成和强化，图书阅读率、报纸阅读率、期刊阅读率及数字化阅读率远高于全国水平，阅读者数量也持续增长。随着阅读环境和阅读氛围的日趋成熟，居民阅读认知、阅读行为和阅读习惯的不断强化，阅读文化开始悄然形成并滋养和汇入深圳的城市文化精神。编著出版《深圳全民阅读发展报告2020》蓝皮书，汇集2019年深圳全民阅读领域的推广成果、先进经验、发展研判等，从特稿、总报告、阅读综合研究、"深圳读书月"研究、数字阅读研究、图书馆研究、阅读平台研究和阅读空间研究等8个板块探讨阅读研究与实践，成为了解深圳全民阅读的窗口和必读书。

科学编制《深圳读书月发展规划（2021—2030）》。根据建设中国特色社会主义先行示范区的要求和建设城市文明典范的定位，深圳读书月组委会办公室组织专家开展规划研究，起草了规划草案，在阐明规划制定背景的基础上，提出了读书月发展的指导思想和基本原则，明确了未来10年读书月的发展目标和发展路径。规划将在征求各方意见后正式发布，将引领深圳读书月高质量发展。

发布《2020年深圳"图书馆之城"阅读报告》之后，通过大数据分析，从服务使用情况和读者性别、年龄、阅读喜好等角度，多方位揭示深

圳市民的阅读习惯和特点，展示深圳人的各项阅读之最。完成《深圳市"图书馆之城"统一服务平台少儿阅读数据分析报告》，对全市3至13岁少儿读者在2019年全年的借阅数据进行挖掘和分析。发布《2019年度"图书馆之城"事业发展报告》，涵盖全市650家公共图书馆的事实数据，展示深圳"图书馆之城"事业发展历程。完成《深圳图书馆"十四五"发展规划（2021—2025）》研究编制工作。通过"十三五"评估、对标分析和用户调研完成发展现状研究，通过城市发展环境、文化发展环境和行业发展环境扫描完成发展图景描绘，在此基础上形成规划草案并经理事会审议通过。深圳少年儿童图书馆建立青少年阅读大数据分析平台——阅读榜，通过收集青少年阅读大数据，建立数据分析模型，分析并掌握青少年的阅读现状、阅读兴趣和阅读能力，以深入分析深圳地区少年儿童阅读指数。召开首届深圳"图书馆之城"统一服务平台未成年人服务研讨会暨"少儿智慧银行"总结会，总结6年来"少儿智慧银行"项目的工作成果，分享全市各馆未成年人服务情况及经验，共同探讨未成年人服务发展路径。

2020年，深圳全民阅读工作稳步推进，在一些方面还取得了突破性进展，较好地满足了市民的文化需求。但我们也应清醒地看到，深圳全民阅读工作与建设中国特色社会主义先行示范区的定位和市民对精神文化生活新期待相比，还存在一定的差距与不足，需要下大力气通过加大投入和工作创新不断加以解决。

一是全民阅读发展不平衡、不充分的问题仍未得到有效解决。原特区内外公共服务供给不平衡的现象仍很明显，全民阅读服务的质量和水平还有待提升，发展不够充分，全社会参与全民阅读的潜力释放不够，发展中还存在一些短板，全民阅读服务的效率还有待提升。

二是全民阅读政策保障还存在薄弱环节。全民阅读作为一项公益事业，需要政府持续有效地投入，需要随着城市发展和市民文化需求水平提升不断提高服务供给水平。目前，全民阅读工作虽具备了基本的保障条件，但持续投入的长效机制还未建立，基层服务保障还存在薄弱环节，一些筹划多年的项目建设如"全民阅读基金"还未切实落实。

三是全民阅读服务的效能有待提升。随着社会经济发展和信息技术快速迭代，市民阅读需求也呈现多样化、多层次发展变化的趋势。特别是进入新发展阶段后，高质量发展成为全民阅读发展的主题，全民阅读服务也需从"有没有"向"好不好"转变。需要根据市民阅读需求变化，及时调整服务内容和方式，提升服务的精细化、精准性和有效性。

四是全民阅读的统筹协调机制需进一步完善。全民阅读作为重要的精神文明创建活动，涉及党委、政府多个部门，需全社会动员、参与。目前，市全民阅读指导委员会的统筹协调作用未得到有效发挥，齐抓共管、分工协作的工作机制还需进一步完善，各部门、单位之间沟通协调机制还不够顺畅。

五是全社会参与全民阅读的积极性还需进一步激发。深圳社会组织发达，社会力量参与全民阅读服务的积极性较高，需进一步引导社会力量参与全民阅读建设，搭建社会力量有序参与全民阅读的平台，更好地集聚全社会资源，进一步打造"政府倡导、社会参与、企业运作、媒体支持"的"深圳模式"。

六是对全民阅读前瞻性和理论性问题研究不够充分。当前，经济社会迅速发展，人们休闲方式不断变化，市民阅读的内容和方式也发生了较大变化。同时，作为中国特色社会主义先行示范区，要形成城市文明典范的示范作用，需加快构建与城市发展水平相匹配的全民阅读服务供给能力。目前，这方面的研究成果不多，研究水平不高，不能适应形势的发展需求。

二、2021年深圳全民阅读展望

2021年是中国共产党成立100周年，也是我国"十四五"规划全面实施的开局之年。对于深圳而言，"十四五"时期是深圳率先塑造展现社会主义文化繁荣兴盛的现代城市文明、加快建设区域文化中心城市和彰显国家文化软实力的现代文明之城的第一个五年，随着粤港澳大湾区和社会主义先行示范区建设的全面铺开和纵深推进，深圳文化发展也将迎来新的起点，围绕《中共中央 国务院关于支持深圳建设中国特色社会主义先行示范区的意见》《粤港澳大湾区发展规划纲要》《深圳建设中国特色社会主义先行示范区综合改革试点实施方案（2020—2025）》《深圳市建设中国特色社会主义先行示范区的行动方案（2020—2025）》《深圳加快建设区域文化中心城市和彰显国家文化软实力的现代文明之城实施方案》的贯彻落实，深圳的全民阅读工作将以打造城市文明典范、构建高水平的公共文化服务体系为新目标和新使命，不断因应日趋多元化、个性化、高端化的城市阅读文化需求，进一步完善阅读基础设施网络建设，深化探索全民阅读模式创新，丰富全民阅读活动内容，完善阅读文化公共服务体系，以长效机制提升全民阅读效能，为建设先行示范区提供良好的阅读文化环境，以优异成绩为中国共产党成立100周年致意献礼。

（一）以庆祝中国共产党成立100周年为契机，全面促进全民阅读工作

作为100年来中国革命和国家建设的领导中坚力量，中国共产党自1921年成立以来，在艰苦卓绝、筚路蓝缕的百年征途中，引领中国从一个积贫积弱、任人宰割的落后国家，到中华人民共和国的成立和国家主权的完全独立自主，再到改革开放后一跃而成为当今世界第二大经济体的转变，实现了综合国力的历史性跨越，为中华民族的伟大复兴奠定了坚实的基础。当此之际，党和国家将迎来一个纪念党的百年历史、庆祝党的百年华诞的热潮。作为改革开放后成立的经济特区和新兴城市，深圳40年来取得了惊人的经济社会发展成果，不仅成为中国改革开放的一面旗帜，更是印证了党和国家改革开放国策的正确和伟大。时至今日，深圳经济特区在新的时代起点上将肩负起新的历史使命，这就是建设"中国特色社会主义先行示范区"的中央要求，需要深圳在未来推动经济、政治、社会、文化、生态五位一体的全面发展，在如上领域为中国特色社会主义建设探索新路径，积累新经验，为未来国家发展作出新的示范性贡献。其中，作为深圳文化的重要组成部分和体现，阅读文化已成为深圳的一张名片，"全球全民阅读典范城市"称号的获得，既是国际层面对深圳全民阅读工作的高度认可，也是深圳代表国家获得的城市荣光。2021年，深圳全民阅读将围绕庆祝中国共产党成立100周年的核心主题，进一步创新工作机制，扩大在国内外的影响力，推动全民阅读再上新台阶。

一方面，在党和国家发展进入一个新阶段和新起点的历史节点，依托建设中国特色社会主义先行示范区和粤港澳大湾区的良好平台，借助全面实施"十四五"规划的时机，深圳在推动经济社会更好发展的同时，始终重视文化建设，深入推动全民阅读发展，建设学习型城市和书香社会，积

极学习借鉴国内外先进城市的阅读文化经验，结合大湾区规划和先行示范区建设的要求，统筹谋划未来5至10年包括"图书馆之城"建设在内的全民阅读发展规划，高起点描绘全民阅读先行示范的全新蓝图，指引全民阅读的发展方向。另一方面，要精心进行主题组织策划，积极开展向中国共产党成立100周年致意献礼活动。全民阅读是深圳40年来城市文化发展成就的重要体现，在庆祝中国共产党成立100周年的过程中，要以全民阅读成果展示、探索党建书吧等方式，围绕相关主题举办系列重大出版阅读活动，营造良好的社会阅读氛围，激发广大市民投身国家和城市建设的热情。立足于实现"两个一百年"奋斗目标，实施中国共产党成立100周年主题出版计划和原创精品图书扶持计划，策划举办系列展示宣讲，特别是在4月23日"世界读书日"暨深圳未成年人读书日、6月1日"国际儿童节"、7月1日的建党日、9月9日"国家图书馆日"等重要时间节点，精心组织策划开展相关主题演讲、经典诵读、读书征文、知识竞赛等丰富多彩的阅读活动，引导广大市民多读书、读好书。完善深圳市全民阅读指导委员会工作机制，增强其统筹协调功能，研究制定《深圳市书香社会建设测评体系》，推动高质量书香社会建设工作，扩大全民阅读的影响，营造良好的书香社会氛围。

（二）进一步完善公共阅读空间网络，提升"图书馆之城"建设和服务水平

2021年，深圳市文化广电旅游体育局将加强与市司法局、深圳市人大的沟通协调，加快推进《深圳经济特区公共图书馆条例（试行）》修订进程，为进一步完善深圳的公共阅读空间网络、提升"图书馆之城"建设和服务水平奠定新的法治根基。编制出台《深圳"图书馆之城"建设规划

（2021—2025）》，为全面达成"图书馆之城"未来五年发展目标提供强有力的抓手。以实施《深圳市加快推进重大文体设施建设规划》为契机，加快推进深圳第二图书馆建设，2021年在完成该馆专业设备中立库、分拣、调阅等系统设备功能招标需求修改，配合工务署实施招标采购；推进该馆信息化工程功能设计和申报；推动该馆开办费的编制工作，稳步推动该馆建设不断取得新进展。支持新设立行政区和新区建设区级图书馆，推进基层图书馆建设改造和资源整合，合理规划建设街道、社区图书馆；稳定城市街区自助图书馆规模，进一步优化布局，完善功能，继续开展自助图书馆管理创新与志愿服务工作，切实提高利用率；推动图书馆服务创新，加强特色资源建设总体布局与协作协调，积极建设各类特色图书馆，在目前146所学校加盟的基础上，继续实施"常青藤"馆校合作计划，完善图书馆服务网络。

深化图书馆事业发展的体制机制创新，加快区级图书馆总分馆制建设，全面推进区级图书馆总分馆人财物垂直管理，完成"十四五"时期重点项目实施方案——"城市图书馆一体化""垂直型总分馆模式""基层图书馆提升工程"，为全国公共图书馆事业发展规划编制提供研究支撑，力争实行图书馆总分馆垂直管理的区达到4个以上。在全市381家公共图书馆、235台城市街区自助图书馆和67台书香亭实现"图书馆之城"统一服务的基础上，加强图书馆馆藏文献资源建设，加快推进资源更新，完善全市公共图书馆数字资源协调采购与合理利用机制，发挥存量文献效能。针对东部地区17个城市基层图书馆发展现状和问题进行深入调研、梳理分析，提出未来基层图书馆发展策略，搭建以融合发展、创新发展为特征的社区阅读中心建设试点。以"图书馆之城"云平台建设为契机，构建多元化、高科技化的图书馆服务平台；加强大数据技术应用开发，完善"图书馆之城"数据分析平台,全面推进图书馆服务数据可视化。加强读者数据分析研究,及时跟进阅读需求变化,推进图书馆管理与服务向智能化、个性化方向发展。

(三)直面实体书店的困境和书城模式面临的挑战,探索书城、书店、书吧的书业经营与公共服务新形式

作为全国实体书店的一大创举,深圳的书城模式是突破传统书业经营模式,将书业、文化、商业、设计、创意、展览等在书城空间进行融合,充分发挥平台聚合效应,形成体验式书城业态和书业跨界融合的商业模式。放眼全国乃至全球,深圳的书城无论是数量、规模,还是运营方式,都是非常引人注目的。但与此同时,由于数字阅读对纸质图书市场份额的挤压之势不可逆转,线上渠道分蚀带来实体书店销售下滑之势不可逆转,而商业地产纷纷在文化转向上持续探索,其带来的高效化、时尚化、品质化体验,提高消费者期望值,书城过去所具有的强文化属性的差异化竞争优势受到挑战。在2021年,一方面要进一步完善"一区一书城,一街道一书吧"的空间布局,另一方面要改变新建书城、书吧尚未形成有效盈利模式、企业普遍处于亏损状态的局面。加快推进书城书吧建设,推动湾区书城早日立项建设,高标准规划湾区书城及民俗馆项目,打造"人文湾区"新地标。积极推动光明书城、大鹏书城尽快明确投资运营模式,科学规划盐田书城、坪山数字出版总部基地和深汕书城的建设定位,争取陆续明确选址意向。加快公共书吧建设,在各街道、公园、高校等布局街道书店、社区书吧,争取2021年新增书吧3至5家,落地智能书栈5个。深度挖掘书城平台价值,开拓书城+会展、书城+博物馆等多元发展模式,提升产品和服务附加值。构建"智慧书城""智慧书业",促进资源共享

和业务协同，打造全流程数字化、智能化运营的智慧书业和智慧书城样板。顺应消费升级趋势，着力推动空间场景数字化的研发与运用，构建消费新模式、数字化新体验。持续完善掌上书城平台，深耕垂直产业领域，尝试跨界合作创新，发展特色电商业务，构建数字化产业生态。与出版社加强战略合作，建立名家资源库，探索成立"全国新书首发中心"，打造全国书业风向标。

与作为国有文化企业的书城相类似，民营实体书店同样受到因数字阅读对纸质图书市场份额的挤压和线上渠道分蚀带来实体书店销售下滑的深刻影响，其经营的举步维艰已引起全社会的广泛关注。由于实体书店不仅关系到企业本身的经营盈亏，更是关系到城市文化生态的好坏，要推动实体书店创新发展，就要探索出台深圳实体书店发展扶持办法，继续开展"实体书店赋能计划"，为实体书店提供相应支持，帮助书店应对经营成本上升、盈利水平下降甚至持续亏损、走向倒闭的不利态势。通过持续举行最美书店评选，加强对入选书店的宣传推广力度，引导实体书店立足自身发展实际，突出发展特色，向特色化、精品化、专业化、高端化方向发展，打造社区文化生活中心和城市文化符号。鼓励和支持民营实体书店策划各类全民阅读推广活动，举办讲座、论坛、读书交流等活动，形成书业经营和公共服务的新模式。

（四）推陈出新，继往开来，创新举办第二十二届深圳读书月

深圳读书月开展20年来，有效激发了深圳市民的阅读热情，引领了全国全民阅读风潮，为学习型城市建设和深圳经济社会发展提供了有力支持。正因为这一高贵的坚持，让这座年轻的城市因阅读而受人尊重，崇尚读书、热爱读书成为当今深圳人的新风尚。进入新时代，《中共中央 国务

院关于支持深圳建设中国特色社会主义先行示范区的意见》明确了深圳建设城市文明典范的战略定位，要求深圳加快建设区域文化中心城市和彰显国家文化软实力的现代文明之城，成为新时代举旗帜、聚民心、育新人、兴文化、展形象的引领者。在此背景下，应贯彻落实中央关于深圳建设中国特色社会主义先行示范区的要求与中宣部《关于促进全民阅读工作的意见》，正式发布实施《深圳读书月发展规划（2021—2030）》，进一步提升读书月的影响力，打造引领全国、对标国际、先行示范的城市文化名片，而举办第二十二届深圳读书月将是迈出中长期发展重要的第一步。

第二十二届深圳读书月应提前做好策划工作，紧扣时代和年度主题，贴近市民阅读需求变化，突出活动质量和实效，大力营造文化氛围，调动广泛参与。深入实施读书月品牌提升计划，加强宣传阅读领域的"深圳观念"，不断创新活动策划思路，积极探索活动召集人机制，实现品牌跨界联合，发挥"全球全民阅读典范城市"示范作用，为我国全民阅读促进工作提供"深圳方案"，打造全民阅读的"深圳样本"，努力将读书月构建成国际一流的城市读书文化品牌。构建线上线下融合的阅读"平台"，以读书月为平台强化阅读科技赋能，丰富数字阅读产品的内容、载体和形式，大力推广优质电子书、有声读物、多媒体阅读、可视化阅读产品，通过"深圳读书月"微信小程序等线上平台提升活动知晓度和参与率，推动深圳读书月突破时空界限，打造永不落幕的深圳读书月。

（五）全力办好第三届深圳书展，形塑城市书展新势力

一个好的书展是一个城市文化内涵的重要体现，许多知名城市都有自己知名的书展，国内如北京国际图书博览会、香港书展、上海书展、羊城书展（南国书香节），国外如法兰克福书展、伦敦书展、纽约书展、波隆

纳书展等，均已成为各自城市的文化品牌。作为深圳书展的承办者，深圳出版集团应充分利用深圳会展业快速发展带来的机遇，以书城为平台，以文化为纽带，积极承接广告策展业务，延伸展会服务链条，增强业务盈利能力。立足文化创意及文化消费业态，致力于将深圳书展打造为集专业会展、创意市集、市民嘉年华为一体的阅读狂欢节，通过商业化运作的方式，拉动销售增长，带旺书展人气，提升文化符号价值，扩大品牌市场影响力。2020年，在新冠肺炎疫情影响下，第二届深圳书展通过节展结合、室内与户外结合，创新探索夜间经济等方式，实现各类新书发布、名家分享活动与温馨阅读夜、读书论坛、经典诗文朗诵会等读书月品牌活动同步开展，提升了深圳书展的影响力，积累了在非常时期办展的宝贵经验。

2021年，尽管新冠肺炎疫情尚未完全消除，深圳书展依然有可能延续上一届的办展时间和办展方式。但出于加强书展的品牌培育计划，第三届深圳书展应固定办展时间、办展形式，有助于受众形成品牌记忆。此外，要提前开展统筹策划，除了在展陈方式上继续充分利用展销空间规划"美学生活馆""阅读绽放区""书画艺术展""创意书生活"等文创区域，引入茶艺、花艺、瓷艺等生活精品，提供多元化全景式的文化消费体验之外，还要进一步强化书展选品能力，结合大数据分析督促相关出版单位组织精品读物参展，通过"年度十大好书""深圳书城选书"等榜单，以及论坛讲座、评书荐书、名家签售等群众喜闻乐见的形式，将书展打造为连接读书人、写书人、出书人、评书人的全民阅读盛会，树立全国书业风向标，将一年一度的深圳书展打造为"全国新书首发中心"。与此相应，在平台建设上，深圳书展除了要积极引进全国优质出版资源，加强市场营销，促进图书展示与销售有机统一，进一步扩大图书销量，还应积极搭建版权交易平台，努力使其成为中国重要的图书版权交易中心之一。

进一步提供智能化服务,以大数据为依托办出便捷高效、体验良好的智慧书展。借助大数据 AI 中台实现各业务子系统数据的互联互通,形成精准触达、顾客分层、精细化营运的信息系统,实时掌握分析人流情况、热点区域与展销效果,为书展现场的人员分布、图书调配与重点宣导提供强有力的智能化支撑,形成更加科学高效的书展组织体系。推出"深圳书展"小程序,搭建集资讯阅览、图书查询、书单推荐、在线购书、直播互动等多元功能于一体的线上平台。通过小程序,市民读者足不出户便可选购图书、参与活动,随时随地共享云上书展。而在线下,通过自助查书、自助购书等自助化系统建设,进一步提升线下服务的智能化水平,为读者创造更便捷的逛展体验。

(六)以校园、家庭阅读为中心,发挥社会阅读组织的作用,夯实全民阅读的社会根基

在校园阅读方面,继续实施深圳市中小学图书馆"常青藤"行动计划,在已有的 146 所学校基础上,进一步推动全市更多中小学加盟该项目,争取更多资源投入,促进藏书较少、基础较弱的学校图书馆升级改造。依托遍布全市的公共图书馆服务网络,进一步发挥"图书馆阅读推广联盟"作用,积极开展基层业务辅导,开展更多阅读推广人/作家进校园活动,激发学生阅读兴趣。鼓励学生课外多阅读、勤阅读,通过多种形式的校园文学写作赛事,实现读写的相互促进、相得益彰。倡导老师阅读,启动"教师阅读工程",配备教师阅读推广人,提高教师群体的阅读专业素养与指导水平。

在家庭阅读方面,以亲子阅读为重点,开展"亲蓓蕾"早期阅读培养计划,含"红姐姐讲故事""智慧宝宝手工""卡通乐园""放飞梦想小舞

台""Fun Party"等系列幼儿阶段性阅读活动；开展2021"我最喜爱的童书"阅读推广等，通过以评促阅方式，推动少儿阅读，评选并推荐优秀的中文少儿图书，促进中文少儿图书的创作、出版和阅读推广。探索未成年人分龄分级阅读推广机制，培养少年儿童的阅读能力、理解能力和表达能力，让孩子们从幼儿开始就学会阅读、爱上阅读。开展名著名家说书模仿秀、名著新编短剧大赛、科普阅读我最牛等赛事，向少年儿童传播经典名著，推动中小学的经典阅读和戏剧普及。邀请国内著名阅读推广人、儿童文学专家、省特级教师、专科医生、心理学家等专家给广大家长普及家庭教育、儿童心理、科学育儿等知识，开展系列家庭教育讲座。

在校园、家庭之外，推动全民阅读进社区、进机关、进企业、进军营活动，开展"书香家庭""书香企业""书香机关"的创建，使阅读活动更加深入基层、深入群众。关注并满足老人、残障人士和劳务工等特殊群体的阅读需求，有针对性地举办全民阅读活动。大力发展"青工书屋"和劳务工图书馆，优化24小时街区图书馆在工业区的布局。针对来深建设者开展丰富多彩的阅读主题活动，办好来深青工文体节，在来深建设者中倡导读书学习与提升知识素养、追求心灵和谐、实现人生价值相结合。

要实现上述目标，必须充分发挥社会阅读组织的作用。支持成立各类阅读推广组织，积极推动设立"深圳市全民阅读公益基金"，加大阅读推广组织开展全民阅读服务的资助力度，促进阅读组织的健康发展。发挥深圳市阅读联合会沟通政府和民间的桥梁纽带作用，培育和聚合民间阅读力量，为全市各类民间阅读组织发展搭建平台。公共文化场馆、中小学校等公益机构应创造条件为社会组织开展阅读推广和公益阅读服务提供便利，为阅读组织发展创造有利条件。

（七）加强图书报刊出版、新媒体内容生产，推动数字化转型

实施"深圳出版物质量提升计划"，推出一批高质量的主题出版物和精品出版物，对原创现实题材图书、儿童读物、有声读物的重点选题出版进行扶持。依托海天出版社、深圳报业集团出版社，扎实推进主题出版和精品出版，全面提升两社的市场竞争力与品牌影响力。立足于实现"两个一百年"奋斗目标、实现中华民族伟大复兴的中国梦，重点推出《潮卷南海——深圳风雨一百年》《大地上的英雄》《拓荒群英谱》《虎胆神枪刘黑仔》等建党100周年主题出版物，策划出版《海外藏中国古籍插图艺术研究》《中国荷文化史》《一座城的高贵坚持》以及"我们深圳""走读自然""传统文化""深圳本土作家作品"等系列图书，聚焦产品的差异化竞争，集中资源打造具有深圳特色的国家级图书项目和畅销书项目，形成拳头产品系列，力争获得国家大奖。创新出版工作机制，推进海天成立教育分社，整合教材教辅相关资源，促进业务扩张发展。强化编辑队伍建设，实施名家精品工程，做优国产品牌童书，构建精品图书体系，提升本版图书竞争力。积极争取中央、广东省下放数字出版省级管理权限，做好承接省级管理权限下放准备。启动组建混改制数字出版集团的可行性研究。研究制定《深圳市数字出版发展计划（2021—2025）》及相关配套政策，推动传统出版资源数字化和创新发展，促进传统出版和新兴出版在内容、平台、渠道、机制等方面的深度融合，实现从传统图书出版机构向内容知识服务商转型。开展国家级数字出版基地（园区）论证工作，吸纳孵化优质数字出版项目，促进数字产业化和产业数字化。

对标国内外先进城市的新闻出版与公共阅读水平，关注和重视深圳本土出版创作的差距和短板，促进深圳完善本土创作出版扶持引导机制，奖励和扶持优秀的内容生产企业和创作人才。探索筹建中国网络文学大数据

中心。开发电子书、电子刊及优质数字阅读产品、数字阅读资源，打造更具有市场号召力的新媒体，形成本土报纸、期刊、图书等出版主体创新内容生产、激励和保障机制，提高出版原创能力，为广大市民读者提供更多更好的本土原创出版产品。

（八）开展更多对外阅读交流与合作，打造对外文化名片

加强区域联动，促进粤港澳大湾区阅读推广领域的交流合作，汇聚优质资源，发挥协同规模效应。继续实现广东图书馆学会未成年人图书馆服务专业委员会、深圳市阅读推广人协会、福田区图书馆的良好合作，开展2021广东省阅读推广人培训。开展第二十二届深圳读书月"湾区行"，推动"湾区共读"，进一步促进粤港澳大湾区阅读文化合作。组织在深外国人士开展阅读活动。开展与青岛、杭州等城市的城际阅读文化交流。加强与国内兄弟省市的联动，举办第六届"共读半小时"。加强包括联合国教科文组织在内的国际机构合作，拓展与国际先进阅读城市、友好城市、出版之都、文学之都的交流，联合国际知名读书活动品牌，举办"阅读双城记"活动，将阅读文化交流合作打造成为深圳对外文化的一张亮丽名片。

杨立青，深圳市社科院文化所研究员

熊德昌，深圳市文化广电旅游体育局文化产业发展处处长

阅读综合研究

2020年深圳阅读指数研究结果报告

深圳大学课题组

为持续性观测深圳城市阅读建设与推进工作，洞察读者阅读习惯和需求的变化，深圳第七次发布年度城市阅读指数，即《2020年深圳阅读指数研究结果报告》。

2020年深圳阅读指数为95.33。其中，全民阅读基本建设统计数据为72.1分，居民阅读行为调查数据为23.23分。

一、深圳阅读指数的指标体系

2020年，本课题继续沿用2019年适应数字化阅读修订的指标模型并进行历时性数据对比。深圳阅读指数由3个一级指标、22个二级指标和51项具体测评内容组成。基于对阅读概念的界定，并充分参照国家和其他省市相关研究和测评指标的成果，本课题将第一项一级指标和第二项一级指标界定为阅读条件，将第三项一级指标界定为阅读行为。整套指标体系如表3-1所示：

表 3-1 深圳阅读指数指标体系及权重

一级指标	一级指标权重值	二级指标代码	二级指标权重值	测评内容	测评内容权重值
Ⅰ-1 阅读设施与资源	24%	A1	12.0%	公共图书馆数量	2.0%
				千人阅览座位数	1.0%
				有效读者证量	3.0%
				人均拥有公共图书馆藏书册数	3.0%
				馆藏电子图书（含有声图书）种类	3.0%
		A2	6.0%	全市实体书店、书吧数量	3.0%
				实体书店年购书人次	2.0%
				实体书店年进出人数	1.0%
		A3	1.0%	深圳地区报纸销售量	1.0%
		A4	1.0%	深圳地区期刊销售量	1.0%
		A5	4.0%	深圳图书销售量	4.0%
Ⅰ-2 阅读支持与保障	19%	A6	2.0%	阅读机构组织数量	2.0%
		A7	3.0%	阅读活动的形态种数	3.0%
		A8	5.0%	阅读活动的场次数量	5.0%
		A9	5.0%	财政性资金投入金额	2.0%
				社会资金投入金额	2.0%
				投入社会资金的机构数量	1.0%
		A10	2.0%	阅读推广人数量	2.0%
		A11	2.0%	报业集团阅读类宣传报道所占百分比	1.0%
				广播电视媒体年阅读报道时长	1.0%
Ⅰ-3 阅读行为与活动	57%	A12	8.0%	公共图书馆进馆人次	3.0%
				公共图书馆外借册次	3.0%
				公共图书馆网站点击数	2.0%
		A13	9.0%	数字图书人均月浏览量	3.0%
				数字阅读渗透率	3.0%
				数字阅读月均访问用户数	3.0%
		A14	6.5%	平均每天阅读各类信息时长	1.5%
				平均每天图书阅读时长	2.0%
				平均每天报纸阅读时长	0.5%
				平均每天期刊阅读时长	0.5%
				平均每天数字化阅读时长	2.0%
		A15	4.5%	每周图书阅读率	1.5%
				每周报纸阅读率	1.0%
				每周期刊阅读率	1.0%
				每周数字化阅读率	1.0%

续表

一级指标	一级指标权重值	二级指标代码	二级指标权重值	测评内容	测评内容权重值
Ⅰ-3 阅读行为与活动	57%	A16	7.0%	每年阅读报刊数	1.0%
				人均每月在读数字阅读图书本数（本）	2.0%
				每年阅读纸质图书数量	2.0%
				每年电子图书阅读量	2.0%
		A17	2.0%	阅读内容广度：人文、科技、技能、教育等	2.0%
		A18	2.0%	阅读活动参与类别	1.0%
				阅读活动参与率	1.0%
		A19	5.0%	有藏书家庭百分比	2.0%
				家庭平均纸质书藏书量	2.0%
				家庭平均电子书藏书量	1.0%
		A20	5.0%	平均每月的阅读消费	2.0%
				年度图书购买量	2.0%
				数字阅读人均月消费额	1.0%
		A21	4.0%	阅读资源满意度	2.0%
				阅读设施与环境满意度	2.0%
		A22	4.0%	阅读重要性认知	4.0%

二、深圳阅读指数调查结果

（一）2020年深圳阅读指数

2020年深圳阅读指数（A）= 95.33，其中

全民阅读基本建设统计数据（B）= 72.1

居民阅读行为调查数据（C）= 23.23

（二）2020年深圳阅读指数基本面情况

2020年深圳阅读指数比2019年减少了5.33。其中，全民阅读基本建设得分比2019年（77.88）减少了5.78。

表 3-2 "全民阅读基本建设统计数据（B）"各项测评内容得分

指标项	指标代码	指标权重值（F）	测评内容	测评内容权重值	2019年测评得分	2020年测评得分
Ⅱ-1 图书馆	A1	12.0%	公共图书馆数量	2.0%	2.06	2.11
			千人阅览座位数	1.0%	0.89	0.99
			有效读者证量	3.0%	3.55	3.14
			人均拥有公共图书馆藏书册数	3.0%	3.06	3.08
			馆藏电子图书（含有声图书）种类	3.0%	3.58	3.75
Ⅱ-2 实体书店	A2	6.0%	全市实体书店、书吧数量	3.0%	3.31	3.35
			实体书店年购书人次	2.0%	2.10	1.50
			实体书店年进出人数	1.0%	0.95	0.91
Ⅱ-3 报纸销售量	A3	1.0%	深圳地区报纸销售量	1.0%	0.57	0.65
Ⅱ-4 期刊销售量	A4	1.0%	深圳地区期刊销售量	1.0%	0.46	0.71
Ⅱ-5 图书销售量	A5	4.0%	深圳图书销售量	4.0%	4.17	4.22
Ⅱ-6 阅读活动组织	A6	2.0%	阅读机构组织数量	2.0%	1.91	1.24
Ⅱ-7 阅读活动项目	A7	3.0%	阅读活动的形态种数	3.0%	3.00	3.00
Ⅱ-8 阅读活动场次	A8	5.0%	阅读活动的场次数量	5.0%	6.75	5.99
Ⅱ-9 资金保障	A9	5.0%	财政性资金投入金额	2.0%	3.70	3.22
			社会资金投入金额	2.0%	2.84	4.25
			投入社会资金的机构数量	1.0%	0.88	0.75
Ⅱ-10 阅读推广人	A10	2.0%	阅读推广人数量	2.0%	4.84	4.19
Ⅱ-11 媒体支持	A11	2.0%	报业集团阅读类宣传报道所占百分比	1.0%	1.06	1.04
			广播电视媒体年阅读报道时长	1.0%	1.05	1.00
Ⅱ-12 图书馆阅读	A12	8.0%	公共图书馆进馆人次	3.0%	3.25	3.74
			公共图书馆外借册次	3.0%	3.42	3.63
			公共图书馆网站点击数	2.0%	2.09	1.71
Ⅱ-13 数字阅读量	A13	9.0%	数字图书人均月浏览量	3.0%	7.13	3.10
			数字阅读渗透率	3.0%	3.30	5.19
			数字阅读月均访问用户数	3.0%	7.96	5.64
全民阅读基本建设统计数据（B）得分				60%	77.88	72.10

居民阅读行为调查结果为 23.23，比 2019 年（22.78）增加 0.45，各指标具体得分见表 3-3。

表 3-3 "居民阅读行为调查数据（C）"各项测评内容得分

指标项	指标代码	指标权重值（F）	测评内容	测评内容权重值	2019 年测评得分	2020 年测评得分
Ⅱ-14 阅读时长	A14	6.5%	平均每天阅读各类信息时长	1.5%	1.33	1.23
			平均每天图书阅读时长	2.0%	1.35	1.23
			平均每天报纸阅读时长	0.5%	0.18	0.19
			平均每天期刊阅读时长	0.5%	0.06	0.16
			平均每天数字化阅读时长	2.0%	1.37	1.27
Ⅱ-15 阅读率	A15	4.5%	每周图书阅读率	1.5%	1.05	1.16
			每周报纸阅读率	1.0%	0.35	0.54
			每周期刊阅读率	1.0%	0.33	0.55
			每周数字化阅读率	1.0%	0.99	0.99
Ⅱ-16 阅读量	A16	7.0%	每年阅读报刊数	1.0%	0.02	0.04
			人均每月在读数字阅读图书本数（本）	2.0%	0.07	0.06
			每年阅读纸质图书数量	2.0%	0.12	0.18
			每年电子图书阅读量	2.0%	0.15	0.24
Ⅱ-17 阅读内容广度	A17	2.0%	阅读内容广度：人文、科技、技能、教育等	2.0%	0.06	0.06
Ⅱ-18 阅读活动参与度	A18	2.0%	阅读活动参与类别	1.0%	0.01	0.02
			阅读活动参与率	1.0%	0.44	0.48
Ⅱ-19 家庭藏书量	A19	5.0%	有藏书家庭百分比	2.0%	1.45	1.61
			家庭平均纸质书藏书量	2.0%	0.61	0.63
			家庭平均电子书藏书量	1.0%	0.17	0.27
Ⅱ-20 阅读消费	A20	5.0%	平均每月的阅读消费为多少元	2.0%	4.54	4.33
			年度图书购买量	2.0%	0.16	0.21
			数字阅读人均月消费额	1.0%	0.06	0.05
Ⅱ-21 阅读条件满意度	A21	4.0%	阅读资源满意度	2.0%	1.98	1.95
			阅读设施与环境满意度	2.0%	1.98	1.94
Ⅱ-22 阅读认知	A22	4.0%	阅读重要性认知	4.0%	3.95	3.84
居民阅读行为调查数据（C）得分				40%	22.78	23.23

(三) 2020年深圳全民阅读基本建设情况

深圳全民阅读基本建设部分有26个测评内容，相比2019年，其主要变化有三种情况：

一是测评值和实际统计值均表现为上升的指标有12项。增幅显著的前五项指标依次为："社会资金投入金额""数字阅读渗透率""公共图书馆进馆人次""深圳地区期刊销售量""公共图书馆外借册次"。这些测评项不仅实际数量在增加，而且增加的速率超过上年。

二是测评值下降但实际统计值上升，主要有"财政性资金投入金额""阅读活动的场次数量""数字图书人均月浏览量""数字阅读月均访问用户数"等四项。这些测评项的实际数量在增加，相比上年，本年度的增幅略降。

以上两类都属于有增加的测评项，从这些增量数据可以看出2020年深圳城市阅读基本建设方面的几个特点：第一，重视阅读推广人的培育，促进阅读推广；第二，政府和社会资金对城市阅读的投入一直在持续稳定增加；第三，市民对公共阅读设施的利用在增强，城市阅读活动的不断发展，以及数字阅读的持续发展和深化。

三是测评值和实际值均下滑的测评项，主要是"阅读机构组织数量""实体书店购书人次""实体书店年进出人数""有效读者证量""公共图书馆网站点击数"等。

此外，与上年持平的测评项为"阅读活动的形态种数"。

1. 测评数据中显著提升的项目

（1）Ⅱ-9 资金保障

二级指标"Ⅱ-9资金保障"包括"财政性资金投入金额""社会资金投入金额""投入社会资金的机构数量"三个测评内容，所占权重为

5.0%。历年数据显示，财政性资金和社会资金的投入连年增加。2020年该项测评得分为8.22，相比2019年（7.42）有显著的增加。表3-4是两项投入历年的状况。

表3-4 "Ⅱ-9资金保障"两类资金投入的历年统计值

测评内容	测评内容权重值	2013年	2014年	2015年	2016年	2017年	2018年	2019年
财政性资金投入额度/万元	2.0%	605	1120	1140	1205	1200	2184.5	2558
社会资金投入金额/万元	2.0%	1045.17	1515.9	1258.13	1659.55	1843.65	2325.12	4121.3

爱阅公益基金会、深圳出版集团等2019年度投入大量资金，多年来用于开展早期阅读项目推广、资助全国范围内乡村儿童阅读推广，以及公益阅读活动等。

（2）Ⅱ-12图书馆阅读

二级指标"Ⅱ-12图书馆阅读"占权重8.0%，2020年该测评指标得分9.08，比2019年（8.76）增加0.32。在"公共图书馆进馆人次""公共图书馆外借册次"和"公共图书馆网站点击数"三个测评内容中，前两项测评内容有较明显的增加。历年调查结果如表3-5所示：

表3-5 "Ⅱ-12图书馆阅读"测评内容历年统计值

测评内容	测评内容权重值	2013年	2014年	2015年	2016年	2017年	2018年	2019年
公共图书馆进馆人次/万人	3.0%	2427.6	2506.3	2614.8	2728.5	2826.5	2953.8	3535.5

续表

测评内容	测评内容权重值	2013年	2014年	2015年	2016年	2017年	2018年	2019年
公共图书馆外借册次/万册	3.0%	971.3	1001.7	1112.1	1228.5	1272.8	1369.7	1556.1
公共图书馆网站点击数/万次	2.0%	2441.9	2428.2	2053.2	2155.6	2029.5	2207.3	1816.2

深圳市公共图书馆的进馆人次和外借册次多年来一直在增加，市民对图书馆的需求和粘性较高，公共图书馆的影响力不断上升。

（3）Ⅱ-1 图书馆

二级指标"Ⅱ-1 图书馆"得分 13.07，虽然较 2019 年（13.14）减少 0.07，但该指标项包含的 5 个测评内容中，除"有效读者证量"数值下降外，其余 4 项的测评值和实际值都有不同程度的增加。

表 3-6 "Ⅱ-1 图书馆"各项测评内容历年统计值

测评内容	测评内容权重值	2013年	2014年	2015年	2016年	2017年	2018年	2019年
公共图书馆数量/个	2.0%	633	625	620	627	638	650	673
千人阅览座位数/个	1.0%	3.41	3.99	3.38	3.2	3.05	2.91	3.04
有效读者证数量/万个	3.0%	144.99	162.95	186	208	231.22	246.72	238.67
人均拥有公共图书馆藏书册数/册	3.0%	2.32	2.34	2.35	2.31	2.37	2.39	2.43
馆藏电子图书（含有声图书）种类/万册	3.0%	488.55	583.04	576.27	743.06	781.02	845.32	972.73

在阅读电子化的趋势下，图书馆加大了电子图书的购买量；公共图书馆数量、千人阅览座位数、人均拥有公共图书馆藏书册数稳定增加；有效读者证量在总体上升的趋势中略有回落。

（4）Ⅱ-13 数字阅读量

二级指标"Ⅱ-13 数字阅读量"是 2017 年为适应阅读变化而增加的指标，指标包含"数字图书人均月浏览量""数字阅读渗透率""数字阅读月均访问用户数"三个测评项，所占权重为 9.0%。这是近几年增速较快的指标项。统计值如表 3-7 所示：

表 3-7 "Ⅱ-13 数字阅读量"各项测评内容历年统计值

测评内容	测评内容权重值	2016 年	2017 年	2018 年	2019 年
数字图书人均月浏览量/点击次数	3.0%	82.75	183.13	435.41	449.46
数字阅读渗透率/%	3.0%	27.55	39.95	43.98	76.07
数字阅读月均访问用户数/万	3.0%	158.13	197.32	523.70	985.23

三项测评内容的数量增加很快，反映出数字阅读发展的快速和人群规模的不断扩大。

2. 测评数据中有所下降的项目

（1）Ⅱ-2 实体书店

二级指标"实体书店"包括"全市实体书店、书吧数量""实体书店年购书人次""实体书店年进出人数"三个测评项。2020 年得分 5.76，比 2019 年（6.36）减少 0.61。具体调查数据如表 3-8 所示：

表 3-8 "Ⅱ-2 实体书店"各项测评内容历年统计值

测评内容	测评内容权重值	2013年	2014年	2015年	2016年	2017年	2018年	2019年
全市实体书店、书吧数量/个	3.0%	95	154	158	162	173	182	193
实体书店年购书人次/万人次	2.0%	269.60	257.05	246.70	250.88	233.31	256.17	185.68
实体书店年进出人数/万人	1.0%	1017	1032	1032	1170.03	1095.87	1045.54	990.15

"实体书店年进出人数"连续几年呈缓慢下滑趋势，但书店仍有其为数众多的顾客和爱好者。从表 3-8 可以看出，"实体书店年购书人次"每年起伏不定，2020 年则大幅减少，相比 2019 年减少 70.49 万人次。数字阅读的兴盛和电子书的易得性会在一定程度上降低人们购买纸质书籍的意愿。

问卷调查显示，深圳居民一年买书 10.67 本，在 493.71 元的购书消费中，在本地书店购书约 264 元，其中有 216.35 元是花在深圳本地书店，占购书消费总额的 43.8%。

（2）Ⅱ-6 阅读活动组织

二级测评项Ⅱ-6 主要考察阅读活动组织的数量。该指标的权重为 2.0%。2020 年得分 1.24，比上年（1.91）减少 0.67，实际数量也减少了 48 个。具体见表 3-9。

表 3-9 "Ⅱ-6 阅读活动组织"测评内容历年统计值

测评内容	测评内容权重值	2013年	2014年	2015年	2016年	2017年	2018年	2019年
阅读机构组织数量/个	2.0%	106	126	132	135	158	136	88

阅读机构组织数量的减少主要是由于今年的统计口径进行了修订，只有正式登记注册的阅读机构组织才被纳入统计，导致数量大幅减少。

（四）居民阅读行为调查情况

居民阅读行为调查数据得分为 23.23，相比 2019 年的 22.78 略有提升。在 25 个测评指标中，测评值和实际值均增加的主要有 14 项[①]，除了图书、报纸、期刊的阅读率外，报纸、期刊的阅读时长、图书（纸质和电子）的阅读量和家庭藏书量、阅读活动的参与等方面都有提升。

下滑的指标主要有，综合阅读时长、图书阅读时长、数字化阅读时长，阅读消费，以及对阅读条件的满意度。

1. 调查数据中显著提升的项目

（1）Ⅱ-15 阅读率

二级指标 Ⅱ-15 阅读率包括图书阅读率、报纸阅读率、期刊阅读率及数字化阅读率。2020 年测评，深圳居民的阅读率在各类阅读介质中都有不同程度的提高，这说明，阅读者的规模在扩大、数量在增加。

---

① 这 14 项为：日均报纸阅读时长、日均期刊阅读时长、图书阅读率、报纸阅读率、期刊阅读率、年阅读报刊数、纸质图书阅读量、电子图书阅读量、阅读活动参与类别、阅读活动参与率、有藏书家庭比、家庭纸质书平均藏书量、电子书藏书量、年度图书购买量等。

表 3-10 "Ⅱ-15 阅读率"各项内容测评结果

指标项	指标代码	指标权重值(F)	测评内容	测评内容权重值	2019年测评得分	2020年测评得分	增量
Ⅱ-15 阅读率	A15	4.5%	每周图书阅读率	1.5%	1.05	1.16	0.11
			每周报纸阅读率	1.0%	0.35	0.54	0.19
			每周期刊阅读率	1.0%	0.33	0.55	0.22
			每周数字化阅读率	1.0%	0.99	0.99	0.00

具体来看，2020年深圳成年居民图书阅读率为77.3%，比2019年（69.8%）增加了7.5个百分点，高于第十七次我国国民图书阅读率（59.3%）；深圳居民平均每周报纸阅读率为53.8%，相比2019年的35.1%有大幅增加，高于全国27.6%的报纸阅读率；深圳居民平均每周杂志阅读率为54.7%，比2019年（33.2%）提高了21.5%，远高于全国期刊阅读率（19.3%）；深圳居民的数字化阅读率一直遥遥领先于全国平均水平，2019年已达到98.6%，今年为99.1%，比2020年我国国民数字化阅读接触率（79.3%）高出近20个百分点。

（2）Ⅱ-19 家庭藏书量

Ⅱ-19家庭藏书量包含"有藏书家庭百分比""家庭平均纸质书藏书量""家庭平均电子书藏书量"。权重为5.0%。该项得分2.51，比去年（2.23）增加0.28。调查数据显示，三个测评内容均有提高。

表 3-11 家庭藏书量各项测评结果

二级指标	测评内容	测评内容权重值	2019年测评得分	2020年测评得分	增量
Ⅱ-19 家庭藏书量	有藏书家庭百分比	2.0%	1.45	1.61	0.16
	家庭平均纸质书藏书量	2.0%	0.61	0.63	0.02
	家庭平均电子书藏书量	1.0%	0.17	0.27	0.10

2020年深圳有80.6%的家庭有藏书，2019年的比例为72.7%，2018年为63.6%，显示有藏书家庭的比例在持续增加。在有藏书的深圳家庭中，纸质图书藏书平均为31.45本，比2019年（30.39本）增加1本；电子图书的藏书量为27.19本，比2019年（16.94本）增加10.25本，由此可见，深圳家庭的电子书藏书量增长明显。

（3）Ⅱ-16阅读量

二级指标"Ⅱ-16阅读量"涵盖了报刊阅读数、纸质、电子图书阅读量和在线数字阅读量。该项测评值权重7.0%，2020年测评值为0.52，比上年（0.36）增加0.16。

调查数据显示，有阅读行为的深圳居民2020年平均阅读纸质图书8.86本，比2019年（6.2本）多了2.66本。2020年深圳居民平均阅读报刊数为3.57种，比2019年（2.39）增加1.18种。2020年深圳居民平均阅读杂志种类为5种，比2019年（3.88）增加1.12种。有阅读行为的深圳居民2020年平均阅读电子图书数量为12.13本，比2019年（7.36本）增加了4.77本。

2. 调查数据中呈现下降的指标项/内容

（1）Ⅱ-21阅读条件满意度

二级指标Ⅱ-21阅读条件满意度包括了"阅读资源满意度""阅读设施与环境满意度"两个测评内容，得分3.89，相比2019年3.96有轻微下滑。

表 3-12 "阅读条件满意度"各项测评结果

指标项	指标代码	指标权重值(F)	测评内容	测评内容权重值	2019年测评得分	2020年测评得分	增量
Ⅱ-21 阅读条件满意度	A21	4.0%	阅读资源满意度	2.0%	1.98	1.95	-0.03
			阅读设施与环境满意度	2.0%	1.98	1.94	-0.04

通过分析调查数据，97%以上的居民对阅读资源的丰富性、阅读设施和环境都表示满意，选择非常满意和比较满意的人达到84%以上。

对书刊丰富性的评价里，比较不满意和非常不满意的比例有一点增加，原特区内居民选择"非常不满意"的比例略高于原特区外居民；高中及以下学历和本科及以上学历的人选择"非常不满意"的比例较高；高中及以下学历的人对阅读环境、服务设施的满意度"非常不满意"的比例略高于其他学历人群。

（2）Ⅱ-22 阅读认知

对阅读重要性的认识，2020年测评值为3.84，略低于2019年3.95。分析数据可知，87.4%的深圳居民认为读书非常重要或比较重要，仅有3.9%的人认为不重要。

对阅读重要性的认识与学历有一点关系。学历层次越高，选择"非常重要""比较重要"的比例越高，选择不重要的比例越低。

表 3-13 各学历层次居民的阅读认知

学历层次	阅读认知				
	非常重要	比较重要	有些重要	比较不重要	非常不重要
高中及以下	42.2%	42%	10.4%	2.9%	2.5%
大中专	47%	42.1%	8.2%	1.5%	1.2%
本科及以上	44.6%	47.7%	5.6%	2.1%	0

3. 表现特别的指标项

Ⅱ-14 阅读时长，权重 6.5%。该指标的测评内容包含了综合阅读时长、图书阅读时长、报纸阅读时长、期刊阅读时长、数字化阅读时长等 5 项。2020 年测评值为 4.08，较 2019 年（4.29）略有下滑。具体见表 3-14。

表 3-14 "阅读时长"各项测评内容结果

指标项	指标代码	指标权重值（F）	测评内容	测评内容权重值	2019年测评得分	2020年测评得分
Ⅱ-14 阅读时长	A14	6.5%	平均每天阅读各类信息时长	1.5%	1.33	1.23
			平均每天图书阅读时长	2.0%	1.35	1.23
			平均每天报纸阅读时长	0.5%	0.18	0.19
			平均每天期刊阅读时长	0.5%	0.06	0.16
			平均每天数字化阅读时长	2.0%	1.37	1.27

具体来看，深圳有阅读行为的人群日均读书（包括纸质图书和电子图书）时长 61.25 分钟，相比 2019 年减少约 6 分钟；同样减少的还有数字化阅读，日均数字化阅读的时长为 63.29 分钟，比 2019 年（68.53 分钟）减少约 5 分钟。但深圳居民读报的时间比 2019 年增加了 3 分钟，而阅读各类杂志的时间也比 2019 年增加了近 19 分钟。

随着机构媒体向新媒体转型，传统纸媒在各种网络、移动社交媒体上进行内容呈现，数字化的报纸杂志内容不仅免费，而且方便易得，某种程度上促进了报纸阅读和杂志阅读的增加。

三、阅读行为指标与全国水平相比

与 2020 年 4 月发布的"第十七次国民阅读调查"[①] 同指标相比,在阅读率、阅读量、阅读时长、数字化阅读等指标上,深圳的数据都高于全国的平均水平。主要有以下方面:

在阅读率方面:2020 年度深圳成年居民图书阅读率为 77.3%,高于我国成年国民图书阅读率(59.3%);深圳居民平均每周报纸阅读率为 53.8%,高于全国 27.6% 的报纸阅读率;深圳居民平均每周杂志阅读率为 54.7%,远高于全国杂志阅读率(19.3%);深圳成年居民数字化阅读方式的接触率(网络在线阅读、手机阅读、电子阅读器阅读、Pad 阅读等)为 99.1%,比 2019 年我国国民数字化阅读接触率(79.3%)高出近 20 个百分点。

通过对比发现,深圳人在阅读行为和阅读方式上,既有与国民调查反映出的阅读状况相一致的共性,也有自己的特点。主要表现在:

第一,数字阅读和移动阅读接触率高,但阅读时间相比并不突出。阅读向数字化和手机化迁移是近年来阅读方式的突出变化。国民调查数据指出,手机和互联网成为我国国民每天接触的主要媒介,人们花在手机上的时间,2018 年是 84.87 分钟,2019 年升至 100.41 分钟。地处高新科技发展的前沿,深圳人在数字化阅读、手机阅读方面无疑先行于全国,但 2020 年深圳人花在手机上的阅读时间并不显著,仅有 50.02 分钟,不到全

[①] 国民阅读调查是由中国新闻出版研究院、全国国民阅读研究与促进中心开展的一项调查,已连续发布十六年,2020 年公布的"第十七次国民阅读调查"数据为 2019 年。
数据来源参考自:(1)光明网:第十七次全国国民阅读调查报告显示:有声阅读成为国民阅读新增长点。(2)刘彬《第十七次全国国民阅读调查报告发布》,《新阅读》2020 年第 5 期。

国水平的一半。微信读书则仅为24.59分钟。

第二，相比之下，深圳人的阅读介质更为均衡多样，他们对Pad（平板电脑）和电子阅读器的偏好更为突出，2020年在电子阅读器和平板电脑上阅读花的时间分别为41.21分钟和34.38分钟，远高于全国水平（10.7分钟和9.63分钟）。

第三，根据国民调查结果，阅读向数字化和手机迁移的同时，图书和报纸、期刊的阅读时长均受挤压并明显减少。比如，阅读图书不到20分钟（19.69分钟），报纸仅6.08分钟，杂志3.88分钟。但深圳阅读群体在图书、报纸、期刊的阅读时长和阅读量上大都有增加，报纸的阅读时长增加了3分钟，期刊的阅读时间（31.66分钟）比2019年增加了18.87分钟。深圳人的电子阅读时间为63.29分钟，仅仅比图书阅读时间（61.25分钟）多了2分钟。相比2019年，测评项"数字化阅读时长"的测评值和实际值都有所下降。

2020年深圳人阅读行为的变化虽然不能轻易断言是传统阅读方式的回归，但它也许表明，在各种媒介异常发达丰富的深圳，市民对阅读媒介持有一种更为理性的态度，有着相对较高的媒介素养，对各类阅读媒介的优缺点有比较深入的认识，因而能相对更合理地利用阅读媒介和阅读资源。

四、深圳阅读指数调查解读

深圳阅读指数已连续第七年发布，变化趋势如图3-1所示：

图 3-1　2014—2020 年深圳阅读指数曲线图

从图 3-1 可以看出，深圳阅读指数在 2015 年达到高点后回落，2018 年开始新一轮平缓提升。2020 年的阅读指数（A）、全民阅读基本建设统计数据（B）、居民阅读行为调查数据（C）三个数值均位于近三年来的最高位。

（一）全民阅读基本建设实力不断增强

指数值的浮动与阅读基本建设部分的关联非常紧密、起伏与共。连续多年在各个指标上的推进，深圳在全民阅读建设上取得明显的成绩。从制度和资金保障、阅读设施与环境，到阅读活动与理念宣传等硬件软件齐抓、整合配套、系列化地进行城市阅读建设。硬件方面，促进市民阅读的公共文化服务及设施不断完善，公共图书馆及阅读资源，实体书店、书吧的数量，阅读活动场次数等都在稳定中增长，公共阅读空间在市民阅读生活中发挥着越来越重要的作用。软件方面，阅读活动的内容形式开拓、阅读推广人的培育、阅读宣传的常规报道、阅读理念的引导、对民间阅读资源的利用等，营造了浓厚的阅读氛围。

综合来看，2020年指数值的提升，是众多测评指标集体贡献的结果。这其中，"阅读推广人数量""阅读资金保障"（包括财政资金和社会资金）仍然是增幅显著的项目，"图书馆阅读""期刊销售量""图书销售量"等均表现不俗。测评值和实际统计值均上升的有12项，测评值下降而实际统计值继续增长的有4项。这显示了城市阅读整体实力的不断增强。

（二）城市阅读人群逐步扩大、阅读行为日常化

阅读行为测评数据连年来相对稳定、缓慢爬升。这显示深圳有着稳定的市民阅读基础，且随着阅读理念的逐步深入人心，阅读人群在扩大、阅读习惯也日趋增强。

在9项测评中，阅读率、阅读量、阅读活动参与、家庭藏书量等都较2019年有所提升。深圳居民的图书阅读率、报纸阅读率、期刊阅读率及数字化阅读率远高于全国水平，阅读者的规模不断扩大；深圳人在阅读时长、阅读量、数字化阅读等指标上都高于全国平均水平。相当数量的居民有前往公共图书馆、书城书店、书吧进行阅览、借阅和购书的习惯；87.4%的深圳居民认为读书非常重要或比较重要，对阅读的重要性有着高度认同。

（三）阅读行为和阅读方式科学和理性

生活在各种高新科技层出不穷的媒介环境中，深圳居民的阅读行为表现出难得的理性和科学。

深圳人对阅读介质的选择更为均衡多样，对平板电脑和电子阅读器的偏好更为突出，不会专宠便捷的手机媒介；在阅读普遍向数字化和手机迁移的同时，图书和报纸、期刊的阅读时长往往会受挤压并明显减少，但深圳阅读群体在图书、报纸、期刊的阅读时长和阅读量上大都有增加。这在一定程度上表明，深圳市民对阅读媒介持有一种更为理性科学的态度，能相对科学合理地利用阅读媒介和阅读资源。在日趋繁盛的阅读环境下，只有当人们能够科学合理地选择阅读时，成熟的阅读文化才能够逐步形成。

深圳"七化建设"推动全民阅读向纵深发展实现书香社会建设先行示范

深圳全民阅读指导委员会办公室

为贯彻落实习近平总书记"提倡多读书,建设书香社会"重要讲话精神,中宣部印发的《关于促进全民阅读工作的意见》,提出要在全社会大力提倡多读书、读好书,建设书香社会、书香中国。深圳作为全国较早开展全民阅读的城市之一,坚持以提倡多读书和建设书香社会为目的,持续推动全民阅读工作向纵深发展,成为中宣部两次组织召开全国全民阅读交流会的落地城市,被联合国教科文组织授予"全球全民阅读典范城市"称号,发挥了重要的先行示范作用。2020年,深圳在中国书刊发行业协会主办的中国书店年度致敬盛典上获评"年度书店之都",在国家新闻出版署指导、中国音像与数字出版协会主办的中国数字阅读大会上获评"中国十佳数字阅读城市"。

在"十四五"开局之年,深圳立足于打造全民阅读"深圳样本"的工作实践,总结了法治化、品牌化、阵地化、社会化、区域化、学术化、数字化等七条建设经验。深圳通过"七化建设"引领全民阅读纵深发展、勇当书香社会先行示范,得到了广东省委省政府的充分肯定,并在全省学习推广。

一、以法治化为保障,实现市民文化权利。出台《深圳经济特区全民阅读促进条例》,成为首个运用特区立法权制定全民阅读法规的城市,以条例形式要求市、区人民政府将全民阅读促进工作纳入文化事业发展规划,并将全民阅读品牌活动法定化,规定每年 4 月 23 日为深圳未成年人读书日、每年 11 月为深圳读书月,进一步把"市民阅读权利"上升到法律层面,率先实现从公共服务到文化治理的嬗变。

二、以品牌化为抓手,营造全城书香氛围。一是坚持办好全国持续时间最长的阅读品牌活动"深圳读书月",21 年累计开展活动 9000 余项,吸引 1.7 亿人次参与,被中宣部授予"全国全民阅读优秀项目"等表彰。今年围绕"读书让生活更加多彩,阅读让城市更有温度"主题开展活动 290 项,全网阅读量达 1.96 亿次,国家新闻出版署报纸《中国新闻出版广电报》刊登《深圳:以先行姿态开创阅读新境界》推广读书月经验做法。二是积极打造深圳书展,首届书展创同年全国同类书展展销成绩之最,第二届书展实现图书销售 2018.6 万元,进一步成为今年全国时间最长、模式最新、销量最高的城市书展,擦亮了城市文化名片。

三、以阵地化为基础,构建公共服务体系。一是积极建设"图书馆之城"。迄今已建成各体量的公共图书馆 670 余座,实现每 1.5 万人口拥有一个图书馆服务点。二是大力推进"一区一书城,一街道一书吧"战略布局。迄今建成 7 座面积超过 3 万平方米的书城文化综合体,和 700 余家各类实体书店,每年依托书城、书吧开展超过 1 万场公益文化活动,进一步加快构建公共阅读文化服务的"十分钟文化圈"。

四、以社会化为纽带,凝聚民间资源力量。成立国内首家阅读联合组织"深圳市阅读联合会",迄今吸纳会员单位 100 余家,培育壮大三叶草、彩虹花、南都读书俱乐部、爱阅公益基金会等国内高水平民间阅读组织,打造"全民阅读典范城市推广计划"和"阅读推广人下基层"两大品牌项目，凝聚民间资源力量开展各类活动5000余场，促进全民阅读的制度化、常态化和普及化。

五、以区域化为背景，加强深港互动交流。立足粤港澳大湾区建设，重点推进深港阅读文化交流。一是策划举办"深港共读"交流活动。积极推动深圳出版、深圳选书到香港20余家实体书店进行大范围展销，并组织两地读者围绕金庸、张爱玲等作家开展共读交流，为涵养文化认同提供深圳指引。二是连续十三年举办"深港澳中小学生读书随笔大赛"。吸引三地师生踊跃参与，每年覆盖300余所学校，接收投稿1万余篇，为深港澳青年的推进交流、建构认同提供桥梁。

六、以学术化为指引，发挥先行示范效应。成立国内首个专事全民阅读理论研究及成果推广的事业单位"深圳市全民阅读研究与推广中心"，组建包括中国出版协会常务副理事长邬书林、民进中央副主席朱永新等在内的智库专家与研究员队伍，率先开展全民阅读评价指标体系和全民阅读指数工作，连续5年编印国内首部城市阅读发展报告，为全市乃至全国全民阅读工作提供理论支撑和学术参考。

七、以数字化为突破，推动文化科技融合。一是连续10年举办国家级数字出版高端论坛。依托中国（深圳）国际文化产业博览交易会平台，论坛集中展示数字阅读领域的最新理论和实践成果，为媒体融合与数字产业发展引路。二是广泛应用新技术搭建"互联网+读书"平台。打造QQ阅读、深圳文献港、深圳书城App、阅芽计划App等数字阅读终端产品。三是积极开展"手机阅读""扫码听书"等形式多样的"互联网+读书"活动。活动带动培育数字阅读新风尚，2019年深圳成年居民数字化阅读方式的接触率高达98.6%，深圳四度获评"中国十佳数字阅读城市"。

阅读让城市更有温度

——深圳全民阅读40年历程回顾

谢晨星

深圳经济特区建立40周年，不仅创造了举世瞩目的经济奇迹，还实现了文化的崛起和繁荣。深圳不仅是改革开放的窗口，更是全民阅读交流的窗口，掀起了一波又一波的阅读风潮。

作为全国第一个为阅读立法的城市，作为联合国教科文组织在全球范围内授予"全球全民阅读典范城市"称号的第一座城市，全民阅读是如何成为深圳独树一帜的城市标签的？读书，从来都不是一蹴而就的事情，40年来，作为中国改革开放排头兵的深圳，一直将阅读视为城市最强大的基因一以贯之，在全民阅读领域屡有创举：在全国率先实现了图书馆免证进馆，又开内地书市风气之先，举办了首届深圳书市。

进入21世纪后，深圳开创了全国首个全民阅读活动——深圳读书月，打造出了读书文化节庆的"深圳模式"，体现了深圳人在阅读上的"先知先觉"。深圳以读书月为旗帜引领全民阅读，持之以恒地打造了中国全民阅读的"深圳样本"，走出了一条书香馥郁的先行路。

深圳全民阅读40年，从向外看的窗口变成看深圳的窗口，深圳有着全新的文化使命，它以40年的读书热情辐射整个城市乃至粤港澳大湾区，把海外的目光聚集到深圳、把中国故事的魅力向外传播。深圳全民阅读的涓涓细流，已汇成大河，流向更深更广的地方。

一、从特区初创阶段就掀起的"读书热"一直持续了 40 年

人人都道深圳人阅读热情高，购书量大。据媒体统计，截至 2020 年，深圳已连续 29 年保持人均购书量全国第一。其实，深圳早在特区初创阶段，就已掀起"读书热""买书热"了。

据 1982 年 8 月 9 日《深圳特区报》报道，当年上半年深圳全市售书 184 万册，较上年同期增加 77%。报道称："试办经济特区以来，我市广大干部群众学政治、学文化科学技术知识的热情越来越高，读书风气越来越浓，新华书店的售书量也随之逐年增加：1978 年全市人均买书 4.2 册，1979 年 4.9 册，1980 年 5.2 册，1981 年 6.2 册，而 1982 年上半年就达到 5.4 册。"

到了 1984 年，深圳特区（不含宝安县）共销售各种图书 350 万册，金额为 215 万多元，无论销售数量还是售书金额都达到历史最高。特区常住人口按 30 万人计算，人均购书达 11.17 册。1985 年，深圳特区（不含宝安县）销售各类图书 368 万册，销售额达 250 万元，比上年增加约 118 万册。广东全省各地新华书店图书销售统计表显示，无论是图书销售额增长幅度，还是人均购书量，深圳均名列第一。可见，深圳人的"读书热""买书热"是早已刻入深圳的基因之中的。

深圳以书为市，可谓是开内地书市之风。1983 年，在深圳市领导和市文化局的参与指导下，深圳博雅画廊与香港中华书局联合举办首届"深圳书市"，深圳市政府派出选书团赴香港选取海外版图书 10000 种，在深

圳展览馆（现深圳美术馆）场地举行首届书市的开幕式。这次书市迎来全国 28 个省市的图书馆和北京大学、清华大学等 104 所大专院校图书馆的逾千名代表前来选书十多万册，购书金额人民币 170 万元，是国内首次大批量展销港台书籍，开创深圳图书向全国供应先河，使深圳图书市场在国内外声名鹊起。1984 年的第二届"深圳书市"，选取日版艺术类图书和国内 20 多家出版社合作，共同选书 5000 种，联合举办中日艺术类图书展览，首次把海外版艺术类图书精品引进来，令国内美术出版界耳目一新。

为了满足深圳市民的读书热情，20 世纪 80 年代，深圳斥资建设了深圳博物馆、深圳图书馆、深圳大剧院等八大文化设施。作为深圳当时主要阅读场馆的深圳图书馆，在 1986 年开馆伊始在全国率先实行了免证进馆，图书馆开馆前读者排长队等待进馆的风景从那时起就已出现。

1996 年 11 月 8 日，第七届全国书市在深圳书城开幕，当日又恰逢深圳书城开业。本届书市共荟萃图书 10 万种，有 500 多家内地图书（音像）出版社、1500 多家书刊发行单位、1000 多家中外团体购书单位和港澳台及东南亚地区的数百名出版发行界人士参加。这是深圳首次举办此类全国图书嘉年华，也是全国书市首次在省会城市以外的城市举办，而且是首次在新华书店自有物业中举办。当时热闹隆重的场面刷新了深圳的图书卖场历史，不仅深圳人，至今北京乃至全国的很多读书人、买书人都对当时的盛况记忆犹新。为控制进出书城的人流量，主办方每天限制 10 万人，凭参展证和门票出入，定价 5 元的门票被炒到 80 元、120 元。人们像在超市购物一样推着小推车买书，让国内不少读书人惊呼"深圳人买书不是一本一本买，而是一车一车买"。

二、读书以一种节庆的方式在深圳开花结果

深圳人的阅读热情是持久而热烈的，2000年，深圳读书人对于"读书节"的呼唤终于落了地，而读书，也从此以一种节庆的方式在深圳开花结果。从一个倡议变成一个提案，从一天的"读书节"到一月的"读书月"，梦想就这么不动声色地照进现实。2000年11月1日，在深圳经济特区建立20周年的时候，深圳市民迎来了首届深圳读书月。从此，每年的11月，深圳都会拨响读书的闹铃，以一个月时间来唤醒公众的读书意识，点燃市民的阅读热情，进入全民阅读时间。

2000年，当年全国平均每人购书额为20元，而深圳的人均购书额高达300元。这足以说明，民间对于阅读的巨大热情。这股潜藏的热情在读书月得到了最大的释放。50项主题活动，满足市民的各类需求；参加者众多，直接、间接参与活动的市民多达170万人次，其中进入深圳书城的读者高达105万人次，平均每天3.5万人次，各类出版物销量大幅增长；读者进入深圳图书馆平均每天达6000人次，进入少儿图书馆每天达1200人次，同比分别增长了25%和20%。由读书月读书指导委员会向读者推荐的100种藏书与阅读书目，几乎成了深圳读者按图索骥的书单，深圳书城当年11月份前十名畅销书均是被推荐书目。社会反响热烈，调查显示有近89%的市民知晓读书月活动。媒体更是好评如潮，深圳、广东、各省市，乃至中央共1000多人次的新闻记者参与了采访报道，刊（播）发的相关报道600余篇（条）。

阅读本是私密的个人活动，但随着"深圳读书月"将公共阅读推广开来，市民的文化权利得到进一步的实现。在2001年第二届深圳读书月上，设立读书论坛，是中国阅读史上一次具有革命意义的突破。从其创始之

初，读书论坛便定位为整个读书月系列读书活动当中的"高端文化品牌活动"。作为国内外首个以读书为号召、以专家学者演讲为形式、以促进城市文化建设和学术文化交流为目的的主题活动，深圳读书论坛名家荟萃，高手云集，吸引了数以万计的市民前来"赴宴"。

国学大师饶宗颐、中科院院士何祚庥、文化学者余秋雨、著名作家王蒙、武侠泰斗金庸、中国工程院院士牛憨笨、北京大学博士生导师谢冕等大师级人物轮番出现在历届读书论坛上。尤其是饶宗颐的莅临和演讲，为深圳读书月确立了一个新的标杆，也让深圳读书论坛从开坛之日就站在了一个很高的起点上。"大师翩翩来，妙论节节高"，来自各个领域的学术大师、文学大师，纷纷在深圳留声，让深圳普通老百姓能接触到以往只在学术殿堂才能听到的学术理论和精深思想。

随着深圳全民阅读的兴起，越来越多的文化品牌从这里辐射全国，丰富的文化活动如文化清泉涌入市民的文化生活中。2007年，深圳读书月"年度十大好书"评选正式亮相，承担起帮助读者遴选好书的文化责任，拿出了2007年度国内第一份"十大好书"书单，兼具思想性、学术性、人文性，初试啼声就确立了深圳在全国读书界的发言姿态，也意味着深圳读书月由一个地方性读书文化节庆向一个区域性乃至全国性读书文化节庆转变。

在这之后，深圳文化品牌活动日益具有影响力。"赠书献爱心""读书月经典诗文朗诵会""读书月推荐书目""海洋文化论坛""温馨阅读夜"等相继出现，成为深圳阅读的名牌项目。此外，各类阅读活动深入发动各区，让活动进入村镇、社区、企业、军营、学校和家庭，福田区组织了打工青年读者沙龙，宝安区组织了图书馆走进社区活动，龙岗区送书下乡、优惠售书……直到现在，无论是在书城还是在图书馆，无论是周末还是工作日，读书及参加读书活动，已成为很多深圳市民必不可少的生活环节。

深圳的阅读氛围离不开政府的支持和推动。2003年初，深圳率先在全国提出确立"文化立市"战略，确定了建设高品位文化城市的发展目标。一个"立"字，确定了文化在深圳发展战略全局中的突出位置，使文化成为经济社会发展的一个重要基础、支撑点和动力源。从此，以文化"立市""强市"成为深圳发展的新理念。

这之后的十多年里，文化自觉意识提高到一个新阶段，从自觉的阅读学习趋向自觉的文化创造，文化的理想、文化的激情、文化的诉求都指向改变和创造城市的未来。"让深圳成为因读书而受人尊重的城市。"这句话也成为2005年读书月期间被媒体报道最多、最让广大市民产生共鸣的"流行语"。

三、从大书城到小书吧，到"图书馆之城"

"城市推崇阅读，阅读改变城市"。深圳是一个年轻的城市，一个年轻的城市里有六座、每座都超过3万平方米的书城文化综合体，其建设速度之快、建设规模之大世所罕见。此外，目前深圳还有700多座大大小小的公共图书馆，有24小时的街区图书馆，有700多家实体书店。深圳重视文化阅读，处处书香四溢，市民热爱读书，"以书筑城、以城筑梦"氛围浓厚。

2003年，深圳开始提出建设"图书馆之城"。经过十余年的建设，如今深圳已形成以市图书馆为龙头，区图书馆为骨干，街道与社区图书馆、自助图书馆为网点，覆盖全市的公共图书馆网络体系。截至 2020 年底，全市共有公共图书馆（室）710 个，遍布全市的"城市街区 24 小时自助图书馆"235 个，24 小时书香亭 67 个，形成了以市图书馆为龙头，区图书馆为骨干，街道图书馆、社区图书馆、各类自助图书馆等为网点的服务网络。

每逢周末，书城与书店亦成为深圳最热闹的地方之一。在这里，孩子与家长，学生与白领，或手捧一卷，或相互絮语，尽是一幅幅温馨的画面。2016 年 1 月，深圳市文化体制改革和发展工作领导小组会议审议通过了《深圳文化创新发展 2020（实施方案）》，确立了深圳未来的文化发展愿景。其中，倡导全民阅读占据了极为重要的分量。文件强调，将书城、书吧建设作为实现公共文化服务均等化的重要载体，积极推进"一区一书城、一街道一书吧"格局建设。

20 多年来，从"深圳人的文化公园"——深圳书城罗湖城、"深圳西部文化 MALL"——深圳书城南山城、国内首家"城市文化生活空间"——深圳书城中心城到"文化创意书城"——深圳书城宝安城、智能书城——深圳书城龙岗城以及"美学书城"——深圳书城龙华城，深圳书城在经营模式上不断创新，一次次刷新人们对书店的想象。数据显示，深圳书城中心城、罗湖城和南山城的销售额更是长年居于全国书城十五强之列。除了大书城，深圳还有许多特色书店，尚书吧、本来书店、覔书店、旧天堂书店等等，大小书店相互拱卫，呈现共存关系。

图书馆和书城、书吧的高密度布局，共同构成深圳的阅读主阵地，极大地拓展和丰富了深圳人的公共阅读空间。如今，深圳拥有 700 多家实体书店，种类丰富，业态多元，包括遍布深圳各街道的"简阅书吧"等。一个个书店、书吧看起来是涓涓细流，但汇成的是城市最生动的文化空间。

四、40 年，向外看的窗口变成看深圳的窗口

深圳对于全民阅读的"高贵的坚持"，不仅得到了市民和专家学者的认可，更是得到了世界的认可。2013 年 10 月 21 日，联合国教科文组织总干事伊琳娜·博科娃女士在北京出席创意城市北京峰会和首届国际学习型城市大会时，亲手把"全球全民阅读典范城市"证书颁发给时任深圳市市长许勤。博科娃说，深圳推广全民阅读，已为世界树立了一个典范。

2016 年 4 月，《深圳经济特区全民阅读促进条例》开始实施，这是国内城市阅读推广领域首部运用地方立法权制定的法规，不仅将每年 11 月的"深圳读书月"法定化，还确定了每年 4 月 23 日"世界读书日"为"深圳未成年人读书日"，分别对教育主管部门、文化主管部门、公共图书馆等所应承担的职责作出规定。为未成年人单设读书日，体现了城市对阅读的理解与对未成年人精神世界的特别重视。

2018 年 7 月，阔别 22 年之后，全国书博会再次回到深圳。在 4 天的展期里，依托深圳会展中心主会场以及罗湖、福田、南山、宝安、龙岗 5 个分会场组织了规模庞大的精品图书展销，举办了丰富多彩的阅读文化活动，吸引 45 万余市民读者参与，现场促成交易 8112 万元。

有了 2018 年书博会，市民对深圳办书展的欲望愈加强烈。2019 年，首届深圳书展以"悦读·为祖国喝彩"为主题，是深圳首次设立面向全国书业的图书文化展会。但对于深圳，这场盛会的意义绝不仅仅是图书的展销会，更是深圳从"渴望阅读"走向"全民阅读"的见证。书展吸引了近 50 万人次读者参与，让上千种精品图书热卖脱销。

2020 年，《深圳读书月发展规划（2021—2030）》将推动全民阅读向纵深发展，更好服务"双区"建设。面向未来，读书月不仅要提倡多读书

读好书，更要促进人与城市的发展，为全国全民阅读工作、建设书香社会做出贡献。

回望特区 40 年，深圳以高度的文化自觉，通过一系列文化战略、文化政策促进阅读事业的发展，为城市可持续和创新发展提供了不竭的动力，用阅读舞动城市。这座年轻的城市通过持续不断地为市民打造文化盛宴，奋力加快促进"书香深圳"的培育成长，将全民阅读引向深入，也奔跑着不断实现一个个文化发展目标。

谢晨星，《晶报》文体（官微）中心执行总监

深圳全民阅读推广模式研究报告

深圳市全民阅读研究与推广中心

经济的发展进入"文化赋值"的时代,文化成为城市持续发展的驱动力。全民阅读作为重要的城市精神文化,关乎城市竞争的姿态、实力和生命力,在提升城市文化软实力、推动城市创新发展等方面起着重要的作用。报告通过梳理总结深圳 20 年来全民阅读的实践历程,分析研判深圳全民阅读推广的机遇和挑战,明晰深圳全民阅读推广发展方向,为构建全民阅读"深圳标准"体系提供路径参考,为加快推进书香社会建设和学习型城市建设积累有益经验。

一、资源匮乏型城市的阅读探索(2000—2010 年)

据不完全统计,1996 年,深圳市有建制的公共图书馆仅 5 座,藏书量约 178 万册(件),平均每 60 万人拥有一座图书馆,低于全国 44 万人拥有一座图书馆的水平[1]。在基础设施等资源匮乏的背景下,深圳以 2000 年深圳读书月为正式节点,开始了全民阅读推广的探索。

---

[1] 程亚男. 试论深港接轨中的深圳图书馆事业 [J]. 中国图书馆学报,1996(01):44-48.

（一）坚持理念先行

深圳市委、市政府坚持理念先行，通过政策不断贯彻文化建设理念。1985年，深圳颁布《深圳经济特区社会主义精神文明建设大纲（草案）》，这是全国第一个关于社会主义精神文明建设的总体规划性和纲领性文件，深圳经济特区先进文化初步走上了系统化、规范化、目标化管理的轨道。1995年，深圳首次提出"建设现代文化名城"的战略目标；2003年，深圳在全国率先确立"文化立市"发展战略，提出把文化产业打造成支柱产业；2004年，深圳提出打造"两城一都"目标，即"图书馆之城""钢琴之城""设计之都"；2008年，深圳出台全国第一个文化产业促进条例，后续发布了10余项文化产业政策；从精神文明建设政策、文化立市战略到文化产业促进条例，深圳持续推进文化建设，在不断细化和丰富的过程中为阅读建设提供了理论基础。

表3-15　1985—2009年深圳文化发展主要政策

年份	深圳文化发展主要政策/文件
1985	《深圳经济特区社会主义精神文明建设大纲（草案）》发布
1991	《深圳市社会主义精神文明建设"八五"规划》《中共深圳市委关于加强党的建设的决议》发布
1995	首次提出"建设现代文化名城"的战略目标，讨论了《深圳市1995—2000年文化发展规划》 《深圳市民行为道德规范》发布
1996	《深圳市社会主义精神文明建设"九五"规划》发布
1998	《深圳市文化事业发展（1998—2000）三年规划及2010年远景目标》发布
2001	《深圳争当建设有中国特色社会主义示范地区实施纲要》（2001—2010）中提出：深圳将加快文化体制改革，形成良性循环的文化发展机制。重视发展高雅文化，完善文化的结构体系。繁荣文化市场，发展文化产业 深圳成立文化体制改革领导小组及办公室，成员单位包括了市委、市政府29个部门和单位
2002	《深圳市社会主义精神文明建设"九五"规划》

续表

年份	深圳文化发展主要政策/文件
2002	深圳成立五个课题组。市委宣传部、市体改办和市文化局联合组织了关于深圳文化体制改革和文化产业发展的调研论证，着手起草《关于深化文化体制改革的总体方案》及《关于文化管理体制改革的实施意见》《关于大力发展文化产业的实施意见》《关于文化投融资体制改革的实施意见》《关于文化事业单位改革的实施意见》等"1+4"文件
	深圳报业集团成立
2003	深圳市把文化产业列为与高新技术产业、现代金融业、现代物流业并立的四大支柱产业之一，它标志着深圳城市发展的定位转向，标志着深圳先进文化建设进入了新阶段
	市委三届六次全会上第一次提出"文化立市"战略
	深圳被确定为全国文化体制改革综合性试点地区
	市委常委会审议并原则通过《深圳市文化体制改革综合试点工作方案》
2004	策划"建'两城一都'"（图书馆之城/钢琴之城/设计之都），创深圳城市文化品牌
	正式实施"文化立市"战略
	深圳发行集团挂牌成立
	深圳广播电影电视集团挂牌成立
	由中宣部协调，文化部、广电总局、新闻出版总署、广东省人民政府和深圳市人民政府共同主办的首届"文博会"在深圳成功举办
2005	市政府颁布《深圳市文化发展规划纲要》（2005—2010年）
	深圳市文化市场行政执法总队挂牌成立
	第四次党代会首次提出"把文化产业培植成为第四大支柱产业"
	深圳被评为首批全国文明城市，创办"外来青工文化节""深圳市民文化大讲堂"
	市委、市政府颁布《关于大力发展文化产业的决定》，提出到2010年，全市文化产业增加值占地区生产总值比重达10%以上，城市居民人均文化娱乐消费支出占全部消费性支出的比重提高到20%左右，文化产业成为我市重要支柱产业
2006	将文化产业发展纳入了深圳市"十一五"规划
	市政府颁布实施《关于加快文化产业发展若干经济政策》《关于扶持动漫游戏产业发展的若干意见》《关于建设文化产业基地的实施意见》《深圳市文化产业发展专项资金管理暂行办法》等一系列文件，为文化产业发展营造良好的政策环境和氛围
2007	市委宣传部、市文化局联合制定实施《深圳市进一步完善公共文化服务体系实施方案》
	深圳出版发行集团正式挂牌成立
	2007年年底，以文化产业发展为核心内容的两大纲领性文件《深圳市文化产业发展"十一五"规划》和《深圳市文化产业发展规划纲要（2007—2020）》正式出台
2008	深圳市文化产业促进条例
	深圳加入全球创意城市网络，获"设计之都"称号
	〔2008〕201号文《关于印发深圳国家创新型城市总体规划（2008—2015）的通知》
2009	《珠江三角洲地区改革发展规划纲要（2008—2020年）》正式公布

（二）促进文化消费

1996年，深圳建起了全国第一座书城——深圳书城罗湖城，图书经营面积达1万余平方米，收纳数十万的出版物品种，开启了大书城发展的新时代。同年11月，第七届全国书市在这里成功举办，创造了全国书市七项纪录。2004年、2006年深圳书城南山城、中心城相继开业，深圳书城成为深圳文化地标，并极大地促进了文化消费升级。此外，深圳每年定期开展图书招标引入工作，与浙江、上海等全国三十多个出版供应商合作，筛选引入大量全国热门书籍、音像制品、软件等文化产品。2010年，深圳市年人均购书金额达300元，人均购书量连续19年居全国各城市之首，每人每月用于购书超过100元的占61%、每天读书1小时以上的占75%[①]。

（三）保障公共需求

2000—2010年间，深圳投入大量资金、人力、技术不断完善公共文化基础建设，提升阅读服务。深圳各区积极加快社区文化设施建设，福田区从2002年开始努力为居民构建"一公里文化圈"，建立了图书馆、文化馆的总分馆制；龙岗区大力开展"753"工程，在区、街道、社区兴建文化基础设施。2006年，深圳在人流密集的居民社区、工业区和地铁站建成了首创"城市街区24小时自助图书馆系统"。2009年深圳全面启动了"图书馆之城"统一服务的推进工作，建立起全市统一的读者库、书目库和馆藏库，实现了全市图书馆网络互通互联。截至2010年，全市

---

① 一个城市的读书选择：写在第十届深圳读书月开幕之际 [EB/OL].2009-11-03.
http://archive.wenming.cn/zt/2009-11/03/content_18119053.htm.

各级公共图书馆 600 家,在国内率先实现每 1.5 万人拥有一个社区图书馆。深圳逐渐形成较为完善的市、区公共文化设施体系和基层公共文化设施体系。

二、创新驱动型城市的阅读推广新路（2010—2020 年）

经过十年的发展,深圳成为新中国创新型城市的一员,全民阅读推广事业也进入了文化公共设施完善、文化市场体系成形、阅读氛围浓厚、运营机制成形的新时代。立足于新起点,结合创新型城市特色,深圳开始了新十年的探索。

（一）打造品牌标杆

2009 年,时任新闻出版总署副署长邬书林在首次"全国全民阅读经验交流会"中称赞,深圳读书月创造了读书文化节庆的"深圳模式",为全国全民阅读的开展起到了很好的示范作用,是"起因",也是"品牌"。深圳读书月作为深圳全民阅读推广建设的开端,在发展过程中逐渐成为深圳全民阅读的标杆品牌,并创出深圳读书论坛、经典诗文朗诵会、年度十大好书、年度十大童书、亲子阅读论坛、赠书献爱心、温馨阅读夜等许多知名品牌活动。2012 年,由读书月提出的两大年度主题——"实现市民文化权利""让城市因热爱读书而受人尊重"高票入选"深圳十大观念"。此外,深圳还举办了"4·23 世界读书日暨深圳未成年人读书日"系列活动、"亲蓓蕾"早期阅读培养计划等品牌阅读活动,并于 2019 年创新举办全国性城市书展——深圳书展,从群体、地域等方面持续深化全民阅读推广，形成了深圳全民阅读品牌矩阵。

（二）创新运作机制

在新十年的探索中，深圳大力推进公共文化体系建设，完善文化市场布局，摸索出了具有深圳特色的全民阅读运作模式。2020年11月，深圳发布《深圳读书月发展规划（2021—2030）》，全面总结了全民阅读的深圳模式：一是政府倡导，深圳市委、市政府积极发动社会各界参与读书月活动等全民阅读活动，并对活动的开展给予导向、政策、资金等方面的支持；二是专家指导，延揽有识之士组成读书月顾问和专家库，对整体活动的规划、优秀书目的推荐、重点活动的策划、大型活动的组织给予直接指导；三是社会参与，组织、动员社会各阶层参与读书月活动，将活动策划、组织、实施、参与等各个环节向公众开放，积极吸纳各方意见；四是企业运作，选择具有社会责任感、文化担当感的企业作为读书月活动的主要承办单位，在保障基本投入的基础上，广泛聚合全社会热爱读书的力量，持续而广泛地开展各种主题活动；五是媒体支持，充分发挥媒体在全民阅读推广中的作用，加大对读书月活动的宣传报道，积极吸引媒体参与活动的策划和组织。全民阅读的"深圳模式"联动了政府力量和民间力量，形成了源头清晰、任务明确、保障有力的运作机制。

（三）融合数字科技

作为自主创新的科技之都，深圳以技术赋能阅读，积极融合科技创新基因推广全民阅读。2016年5月，深圳出版集团上线集内容创作、内容管理、内容加工、体验交互于一体的多终端文化阅读类平台产品——全民阅读App；同年7月，深圳出版集团推出国内首个通过移动互联网提供实体书店及书城文化综合体服务的移动应用——掌上书城 App；2015年，深圳读书月以"互联网＋读书"为年度主题，积极推动全民阅读数字化、智能化发展，并于 2020 年推出线上平台；2018 年，深圳出版集团广泛应用智能机器人、实时大数据、人脸识别等数字技术，与书城业务、服务和顾客体验等深度融合，全力打造出全国首座全方位多维度高端智能书城——深圳书城龙岗城。此外，深圳本土数字阅读企业推出喜马拉雅 App、懒人听书 App 等项目，进一步推动深圳"有声阅读"发展。截至2020 年，深圳已四度获评"中国十大数字阅读城市"。

（四）开展理论研究

深圳积极开展全民阅读理论研究，不断加强全民阅读的成果出版工作。2014 年，深圳市阅读联合会发布《2014 年度深圳阅读指数》，深圳成为全国首个持续发布阅读指数的城市。2015 年，深圳市全民阅读研究与推广中心在深圳出版集团成立，成为全国首家以城市命名的阅读研究事业法人单位，承担组织开展全民阅读重大课题研究，阅读学术交流与推广，实施全民阅读活动示范推广，协调国内国际阅读合作交流等任务。2016 年，深圳市全民阅读研究与推广中心发布全国首部城市阅读蓝皮书——《深圳全民阅读发展报告》。同年，深圳图书馆完成"深圳改革创新丛书"之《深圳模式——深圳"图书馆之城"探索与创新》的编撰工作。经由行业报告、图书出版等形式，深圳全民阅读开拓新的信息载体和研究阵地。

（五）推动立法保障

2013 年，全民阅读立法列入国家立法工作计划，深圳紧随国家战略指导，积极推动立法保障。2015 年 12 月 24 日，《深圳经济特区全民阅读促进条例》(以下简称《条例》)获深圳市第六届人大常委会第四次会议表决通过,并于 2016 年 4 月 1 日起正式施行。《条例》明确了政府在全民阅读中的责任,并鼓励全社会参与和关注未成年人阅读,以法律的形式进一步完善阅读推广人制度和建立健全阅读评估研究制度,从预算、基金、补贴、经费四方面落实全民阅读保障制度。此外,《条例》在全国率先将"市民阅读权利"上升到法律层面,作为公民权利进行保障,这标志着深圳全民阅读建设正式进入依法促进、有法可依的法制化新阶段。

(六)拓展国际交往

深圳始终注重全民阅读外溢效应,加强与国内外城市合作。2013 年,深圳被联合国教科文组织授予"全球全民阅读典范城市"称号,得到国际社会广泛认可。2019 年,以深圳读书月举办 20 年为契机,深圳积极承办中宣部"全国全民阅读经验交流会",组织 120 余名来自全国各地的参会代表分享交流。同年,深圳举办首届粤港澳"共读半小时"活动,促进湾区文化合作和交流;创新策划"同读 BOOK 共识中国'一带一路'外国友人经典诵读活动"受到广泛好评,吸引 20 多个国家和地区的在深国际友人参与;品牌活动"阅读双城记"牵手国际友城维也纳举办了双城文学论坛,并在活动现场与维也纳、开封、丽江古城联合发起成立了以城市为单位、以文学为纽带的国际城际阅读联盟。以法语文学为出版特色的海天出版社持续推进中法交流。

(七)聚合社会力量

为进一步推动阅读资源整合共享,培育多样化的品牌阅读活动,2012年,由深圳市委宣传部、深圳市文体旅游局倡导,经深圳市民间组织管理局批准，深圳成立了全国第一个跨行业全民阅读联合会——深圳市阅读联合会。深圳市阅读联合会现有会员单位121家，涵盖了学校、公共图书馆、民间读书组织、宣传媒体、出版、印刷、发行、网络阅读等行业以及从事阅读研究与实践的专家学者、阅读推广人，通过联动全市阅读资源，聚合深圳读书会、后院读书会、故事家族、彩虹花公益小书房、南都读书俱乐部等数百家民间阅读组织力量，与深圳出版集团合力培育和扶持社会阅读力量。2020年，联合会会员单位共举办各类常态化阅读推广活动上万场，吸引近千万人次参与。深圳以阅读联合会为依托，在全国率先开展"阅读推广人"公益培训，以充分发挥民间的力量推进全民阅读，实现深圳读书月活动的常态化、深入化。

三、深圳全民阅读推广的机遇与挑战

在世界文化竞争日益激烈的大背景下，深圳站在了建设社会主义先行示范区和粤港澳大湾区的新起点，如何面对产业发展、媒介环境和阅读方式的发展变化，是深圳全民阅读推广未来发展的机遇，也是挑战。

（一）文化政策推进

2020年6月，《深圳文化创新发展2020（实施方案）》结硕果，重点任务完成率达94.7%，推动文化强市建设再上新水平。2021年1月，深圳市委常委、宣传部部长王强在全市宣传思想文化工作会议上表示，未来5年，深圳将全面实施"文化软实力跃升行动"，出台《新时代深圳文化软实力跃升行动纲要（2021—2025年）》，依靠三大支撑，推进新思想传播、文明典范城市创建、新时代文艺发展、文化体制改革攻坚、媒体融合发展、网络强市建设、公共文化服务提质增效、文化产业高质量发展、国际传播能力提升、文化人才集聚等十大工程,力争到 2025 年,城市文化软实力实现大幅提升,深圳文化基本实现社会主义现代化。文化政策持续推进,为深圳全民阅读推广提供强劲的发展动力。

(二)人文湾区建设

近年,国家发布《粤港澳大湾区发展规划纲要》(以下简称《规划纲要》)《中共中央 国务院关于支持深圳建设中国特色社会主义先行示范区的意见》《深圳建设中国特色社会主义先行示范区综合改革试点实施方案(2020—2025 年)》等指导政策。《规划纲要》提出要"共建人文湾区",发挥粤港澳地域相近、文脉相亲的优势,共同推进中华优秀传统文化创造性转化、创新性发展,这为湾区各城市主体的文化发展提供了新的机遇。深圳要抢抓"双区驱动"的重大历史发展机遇,把握"人文湾区"建设发展机会,积极发挥粤港澳大湾区核心引擎功能,积极推广全民阅读,不断学习、融合其他区域优秀文化,提升城市在区域及国际的文化软实力。

(三)媒介环境更迭

随着阅读媒体的发展,数字阅读、云端知识消费、网络互动、多场景应用成为全民阅读的最新形式,国民阅读的方式也在发生改变。据《2019 中国数字阅读白皮书》显示,截至 2019 年,我国数字阅读市场整体规模达 288.8 亿元,用户总量达到 4.7 亿,人均电子书年接触率近 15 本[①]。随

---

① 《2019 年度中国数字阅读白皮书》发布 [J]. 国家图书馆学刊,2020,29(03):10.

着 2020 年新冠肺炎疫情的暴发，大量读者接触数字阅读并形成习惯，数字阅读更加普及化发展。深圳全民阅读推广要积极应对不断更迭的媒介环境，在已有的数字阅读矩阵的基础上，继续探索符合时代发展和读者需求的全民阅读推广体系。

（四）产业生态薄弱

在全民阅读不断发展的过程中，阅读产业逐渐显现、成形和发展，但仍处于产业起步期。从阅读主体来看，中国阅读产业并未形成针对某个群体的成熟推广经验，深圳全民阅读推广虽然涵盖少年、青年、成年人及来深建设者等各类群体，但针对某一群体形成以阅读内容、阅读介质、传播形式等为主的一体化推广模式尚未成形。从运营主体来看，中国阅读产业当前的运营主体包括与阅读相关的传统机构、以数字阅读为主的互联网企业和以阅读推广并力图盈利的社会组织，但目前绝大部分阅读产业运营主体仍然处于摸索的阶段。从产业客体来看，我国的图书出版业、报刊业、音像出版业、电子出版物出版业和互联网出版物出版业等与阅读密切相关的产业并未形成完善的产业模式，媒介生态的演变不断更新着各产业的产业结构，面对媒介环境和阅读方式的变化，各产业之间仍需不断磨合产业流程，并互相推进发展。

四、深圳全民阅读推广的发展战略与相关建议

（一）打造深圳标准

党的十八大以来，习近平同志就标准化工作提出重要指示："加强标

准化工作，实施标准化战略，是一项重要和紧迫的任务，对经济社会发展具有长远的意义"。当前，深圳全民阅读建设亟须构建全民阅读"深圳标准"，推动"书香城市指标体系"建设，实现阅读引领。

构建全民阅读"深圳标准"体系，要结合"十四五"规划编制、粤港澳大湾区规划和先行示范区建设要求，全面创新推进阅读设施、阅读服务、品牌活动、运作模式、理论研究、法律法规、人才队伍等标准指标。一要加大公共阅读设施建设投入，提高公共阅读服务水平，进一步保障公共阅读需求；二要不断完善创新深圳读书月、书城模式、书吧建设等活动，努力建设成与现代化、国际化、创新型城市相匹配、具有世界性区域影响力的阅读文化品牌；三要加强政府、企业、社会组织和市民等全民阅读主体统筹工作，加强建设考核明确、运行高效、创新有活力的阅读推广队伍，进一步深化全民阅读推广机制；四要建立阅读研究人才库，持续开展全民阅读理论研究工作；五要推动深圳建设国际阅读交流中心，将全民阅读"深圳标准"不断推向全国各地和国际社会，加快培育国际文化合作和竞争新优势。

（二）重视科技创新

以大数据、物联网、AR/VR、区块链、5G、人工智能等为代表的新一代信息技术，其日新月异的发展及其无远弗届的应用，正不断推动行业转型升级和媒体融合向纵深发展，为"阅读＋科技"的真正实现提供无限可能。

深圳要借助大数据和区块链技术，提升全民阅读社会效益和经济效益，打造深圳图书馆、书城等阅读空间大数据采集体系，挖掘和分析读者的数字阅读行为和交互信息，推动阅读活动推广方案和阅读营销策略优化，形成数据驱动、读者中心、专业有效的全民阅读推广体系，使深圳全民阅读推广有序化、精确化、增量化；要搭建丰富多样、全面稳固的数字资源供给体系，联合图书馆、阅读企业、社会组织、出版机构、专家学者共同推进优质资源供给，生产思想精深、艺术精湛、深受群众喜爱的数字阅读内容，形成满足传统阅读、手机阅读、网络阅读、有声阅读等多种媒介、全方位的数字阅读资源体系；要将阅读与AI、VR、物联网等热门科技相融合，寻求数字阅读的新兴呈现可能，创新阅读载体和阅读体验方式；要不断完善数字阅读推广服务平台，打造全市覆盖、布局均衡、便捷高效的数字阅读基础设施，建设数字化、智慧型公共阅读空间体系，形成全国最具影响力的"全民阅读网络"。

（三）推广分级阅读

现今，分级阅读成为一种世界性的阅读趋势。"把合适的书籍在合适的时间以合适的方式送到孩子手中"是分级阅读的初衷，也是推动全民阅读推广规模和质量双向增益的措施。

深圳作为全球全民阅读典范城市，在逐步扩大全民阅读推广广度的基础上，一要逐步细化群体需求，打造更加个性化、专业化、系统化的阅读推广服务；二要加快制定儿童分级阅读标准，借助先进的研究力量，集聚专家、学者及相关机构人士的智慧，综合深圳大数据、区块链等技术分析深圳儿童特性，建立对标国际标准、符合国家要求、适合深圳特性的儿童分级阅读标准；三要运用分级阅读理念建设图书馆、书城、书店等阅读资源，充分考虑不同年龄阶段儿童的阅读需求，实现图书体裁的丰富性和思想内容的均衡性；四要开展有效的分级阅读指导，对家长、学校、阅读推广等相关主体进行分级阅读培训，形成从活动的策划、空间的布置、内容的设置等方面均贴切分级阅读理念的推广体系；五要建设分级阅读供给体系，调动出版社、作家学者、图书馆、书店等阅读产业主体，形成高效便捷的分级图书供应体系。

（四）强化国际交流

对外交流是提升城市知名度、影响力的重要举措，也是学习成熟经验、提升深圳全民阅读建设水平的重要方式。深圳在全民阅读推广过程中，一要重视国内交流，通过举办全民阅读经验交流会、一对一城市阅读活动及经验交流会等活动，学习各城市全民阅读经验，推广深圳全民阅读品牌项目，扩大深圳全民阅读在全国的影响力。二要加强国际合作，进一步发挥全球全民阅读典范城市影响力。利用粤港澳大湾区等政策优势，探索建立全民阅读国际平台；开展与世界图书之都的全民阅读考察交流活动，召开国际性的阅读推广经验会议；加强与深圳国际友好城市、全球创意城市网络、"一带一路"国家和国际华文地区的城市阅读交流与合作；借助读书月、世界读书日等活动契机，邀请国际友城参与合作，将"引进来"与"走出去"相结合，促进全民阅读"深圳标准"全球化；积极推进深圳全民阅读国际机构建设，争取和联合国教科文组织合作成立全民阅读的二级机构，扩大深圳全民阅读在国际社会的号召力、影响力，打造具有国际视野、国际竞争力、国际影响力的深圳模式。

"深圳读书月"研究

深圳全民阅读发展报告
2021

读书让生活更加多彩 阅读让城市更有温度
—— 第二十一届深圳读书月总体开展情况与主要特色亮点

深圳读书月组委会办公室

2020年是深圳经济特区建立40周年，是粤港澳大湾区和中国特色社会主义先行示范区建设全面铺开、纵深推进的关键之年。在全市上下深入学习贯彻习近平总书记在深圳经济特区建立40周年庆祝大会上的重要讲话精神和党的十九届五中全会精神之际，深圳读书月作为贯彻落实习近平总书记"深入开展群众性精神文明创建活动"的一项重要举措，以"提倡多读书，建设书香社会"为宗旨，迎来步入第三个十年的首次亮相。

在深圳市委市政府、深圳市委宣传部的指导支持下，第二十一届深圳读书月于2020年11月3日正式启动，2020年11月27日举办总结分享会，通过与深圳书展"节展联动"的叠加呼应，将书香满城的热烈氛围持久延续、推向新高。深圳书展也成为2020年全国时间最长、模式最新、销量最高的城市书展。

本届读书月立足于深圳"城市文明典范"的战略定位，围绕深圳市委书记王伟中亲自批示的"读书让生活更加多彩，阅读让城市更有温度"的年度主题，加强统筹策划，注重质量提升，在新形势下做好疫情防控常态化工作，进一步发挥阅读关怀个人成长、推动城市发展的温暖作用，彰显"全球全民阅读典范城市"的示范效应，在深圳全民阅读步入新十年的新起点上，为加快建设区域文化中心城市和彰显国家文化软实力的现代文明之城贡献更加积极的力量。

一、总体开展情况

本届读书月策划开展各类阅读活动290项，包括52项重点活动与238项一般活动，具体场次超过2000场。读书月期间，刘震云、迟子建、刘心武、康辉、马伯庸、沈石溪、蒋方舟、江南、刘同等名家大咖登台论道，全国各地出版机构和阅读社团组织捐赠爱心图书价值150万元，丰富多彩的阅读文化活动吸引1000余万人次以各种方式参与，深圳再度掀起全城风行的读书热潮。

（一）领导垂范，带动引领。本届读书月年度主题是深圳市委书记王伟中关于做好深圳全民阅读工作的重要批示，展现了特区建立40年来因热爱读书而受人尊重的城市精神，在后疫情时代，很好地激励和引领了广大市民通过阅读积蓄力量、实现成长。相关领导和读书月总顾问亲身垂范，深圳市委常委、宣传部部长王强向读者推荐了《习近平扶贫故事》《为什么是深圳》两本好书，多个单位"一把手"也热情荐读，产生了良好的带动示范效应，将全市阅读氛围推向高潮。

（二）创新策划，品牌提升。本届读书月站在新十年的新起点上，大力推进读书月品牌提升计划，通过资源整合与统筹策划巩固经典品牌、扶持各区精品，促成了深圳读书月与深圳书展两大市级阅读品牌的首次联动，推出了"特别推荐：金秋阅读菜单"的品牌矩阵，建构了"一周一主题""一区一品牌"的创新架构，实现了包括深汕特别合作区在内的全市

"10+1"区的全面覆盖，进一步辐射全市、引领全民。

（三）宣传广泛，各界关注。深圳市委宣传部将本届读书月作为建设书香社会、推进全民阅读的重要抓手，积极宣传引导市民读者参与，打造各界关注、全民共享的文化盛会。在深圳市委宣传部的统筹推进下，中央省市各级媒体持续宣传本届读书月，刊播新闻报道1900余篇次。特别是首次开展的"驻深记协走进读书月"采写行动，吸引人民网、新华社、《光明日报》《中国新闻出版广电报》以《深圳：以先行姿态开创阅读新境界》《这个排名，深圳又位列全国榜首》等主题报道点赞"爱阅之城"。大V直播、名家VLOG、互动H5等新媒体手段被广泛运用，全市近4000个户外移动终端投入高频传播。借助声势浩大、形式多样的传播矩阵，本届读书月全网阅读量突破1.96亿人次，使读书成为主要的城市话题。

（四）反响热烈，备受赞誉。本届读书月与深圳书展期间，深圳市委宣传部再次面向市民发放10万张、价值400万元的"惠读书"文惠券，以"真金白银"落实文化惠民，引发"抢券"购书热潮，广受市民好评。读书月期间，浓郁的书香氛围也让各界名家赞誉有加。中国出版协会常务副理事长邬书林评价，深圳是中国率先开展"全民阅读"的城市，为中国在世界上首次赢得"全球全民阅读典范城市"荣誉称号，对全国推进全民阅读做出了重要贡献。国务院参事樊希安表示，深圳的阅读积极性更体现出新兴城市的特色，深圳之所以有今天的发展是因为阅读注入了知识的活力、生命的活力。知名作家刘震云称赞，举办了二十一届的深圳读书月是一项创举，将鼓励市民们拓宽视野、提升自我。央视《新闻联播》主播康辉称，无论通过报道，还是亲眼所见，深圳这些年读书的氛围越来越浓厚，如今全民阅读已然长成了一棵枝繁叶茂的参天大树。

二、主要特色亮点

（一）主题鲜明，献礼特区。本届读书月作为庆祝深圳经济特区建立40周年系列活动中重要的群众性精神文化活动，紧扣主题主线，以阅读为视角生动展现"四十载波澜壮阔"的发展历程，积极吹响"新征程催人奋进"的时代号角。"庆祝深圳经济特区建立40周年"主题书展在深圳六大书城共同举办，围绕"学习习近平新时代中国特色社会主义思想"和"庆祝深圳经济特区建立40周年"组织展销《习近平谈治国理政》第三卷、《在深圳经济特区建立40周年庆祝大会上的讲话》等近300种主题出版物，掀起新一轮学习庆祝热潮。海天出版社主题图书《为什么是深圳》获评读书月"年度十大好书"年度特别致敬图书，在深圳书展上饱受欢迎，引起广泛共鸣。"阅读让城市更有温度"特区40年历程回顾展首次较为系统全面地梳理了特区阅读文化的发展成就与动人瞬间，并展出历届书市书展门票、"全球全民阅读典范城市"证书等珍贵实物，吸引众多市民驻足观展。"40年，奋斗在特区"通过知识分享真人秀的创新形式，邀请马立安、胡野秋、张梁、孙霄、王诺诺等在不同领域与特区共同成长的奋斗者代表，以个人化的深圳故事带领读者从不同角度重新认识深圳。各区各系统也紧扣主题主线，组织开展了共读分享、征文演讲、知识竞答等形式多样的庆祝活动。

（二）覆盖广泛，扩大参与。本届读书月积极推行"一区一品牌"，依托各区特色打造与都市生活、海洋文化、自然资源、诗词朗诵、劳动者文学等相结合的精品阅读项目，邀请各区承办单位"一把手"分享推荐，形成了鲜明的阅读亮点。特别是首次走进深汕特别合作区，策划开展的"飞跃深汕：朗诵之星，闪亮未来"朗诵大赛吸引了全区4镇25所学校师生踊跃参加，在建设热土上扬起阵阵书香，真正实现了"10+1"区书香满城的全面覆盖。本届读书月还积极打造粤港澳大湾区文化交流平台，通过"深港共读，双城同感"系列活动首次推动深圳出版、深圳选书在香港20余家实体书店设立专柜大规模展销，并组织两地作家学者与市民读者围绕共读人物金庸、张爱玲展开分享交流，为涵养文化认同提供了深圳指引。连续举办十三届的"深港澳中小学生读书随笔大赛"，设立"经典阅读"与"后疫情时代的思考和成长"双主题，继续吸引三地师生踊跃参与，累计收到300余所学校投递的12000余篇作品，为深港澳中小学生学习交流搭建了桥梁。

（三）**阅读引领，树立风标**。读书月"年度十大好书""年度十大童书"坚持引领阅读品位，组织邀请来自全国各地的权威评委坐镇，相继于2020年11月11日与11月21日发布，受到出版界广泛关注，获奖信息第一时间被各类图书电商网站列为标签。经过多年沉淀，读书月"年度十大好书""年度十大童书"已成为全国书业风向标，被称赞为国内最公平同时也最具影响力的选书活动。《北京晚报》评论称，"作为每年第一个揭晓的年度图书盘点，年度十大好书评选成为购书人的重要参考"。此外，读书月越来越重视在图书细分领域的阅读引领作用，旨在多层次立体化地引领风潮：连续举办六年的"晨星杯"中国原创科幻大赛已成为全国科幻圈最具影响力的顶级赛事之一；第三届"十大劳动者文学好书榜"被中国作协副主席阎晶明称赞已由小规模活动成长为受到全国关注的重点项目，与深圳这座改革开放的前沿城市相得益彰；"自然博物图书奖""自然童书奖"等主题图书评选，在全国率先倡导自然阅读、博物阅读，成为专业领域的重大奖项。

（四）**名家云集，激荡思想**。深受读者喜爱的深圳读书论坛邀请迟子建、康辉、马伯庸、刘心武、江南、刘震云举办 6 场名家论坛,并邀请王京生、樊希安、陈平原开展一场"在历史的天空下"高端对话的重头戏。读书论坛场场火爆,不少读者提前 2 至 3 小时排队等候入场。知名作家迟子建称赞,"深圳读书月,在疫情后给了所有读书人一个春天"。知名作家马伯庸现场掏出手机拍摄座无虚席的书城大台阶,感叹"深圳阅读的热情要大过任何一座我去过的城市"。主宾出版社中信出版集团围绕"我所看到的未来"年度观念,邀请尤瓦尔·赫拉利、悉达多·穆克吉、苏世民、吴军、薄世宁等 16 位嘉宾展开 4 场 5G 跨国连线和 9 场沉浸式演讲,吸引近 3000 万网友在线观看。书展期间,刘震云、沈石溪、蒋方舟、伍美珍、刘同等知名作家纷纷亮相,35 场名家新书发布活动让作者与读者充分交流,让新书好书得到更加立体、更有深度的呈现。此外,施瓦布、马未都、樊登等名家也以短视频的形式为读书月鼓与呼。

(五)深入基层,线上联动。本届读书月首设"一周一主题"板块,通过社区、青年、校园、企业四大读书周深入基层单位、走进基层群体,有针对性地开展阅读文化活动。上千场基层阅读活动均可在创新推出的"深圳读书月"微信小程序上浏览查询,大大提升了活动参与率。上线以来,小程序浏览量突破 118 万,培育活跃用户近 11 万人,通过资讯阅读、活动查询、直播互动、打卡积分等多元功能,开辟了全新的、永不落幕的线上参与平台。读书月经典品牌活动"赠书献爱心"也创新探索线上参与模式,联合腾讯看点共同发起"阅过山川,益起读书"公益活动,鼓励读者累积数字阅读时长,为贫困地区与困难群体换捐纸质图书,在纸质阅读与数字阅读的交互联动中推动全民阅读全面持续深入开展。

步入新十年,在深圳积极抢抓粤港澳大湾区和深圳先行示范区建设重大机遇的背景下，读书月迎来新机遇、新挑战，将以习近平总书记"提倡多读书，建设书香社会"重要讲话精神为目标，贯彻落实《中共中央 国务院关于支持深圳建设中国特色社会主义先行示范区的意见》与中宣部《关于促进全民阅读工作的意见》，打造引领全国、对标国际标准、先行示范的城市文化名片，为深圳加快建设全球区域文化中心城市和彰显国家文化软实力的现代文明之城，贡献新的更大作用。

全面小康 书香芬芳

——2020 南国书香节暨第二届深圳书展总结

南国书香节暨深圳书展组委会办公室

在广东省委省政府、深圳市委市政府的关怀指导与全国出版界的大力支持下，2020 南国书香节暨第二届深圳书展（以下简称"深圳书展"）于 2020 年 11 月 27 日正式开幕，12 月 6 日圆满落幕，现场销售突破 2000 万元，在疫情影响、电商冲击等多重不利因素下逆市上扬，成为 2020 年全国持续时间最长、模式最新、销量最高的城市书展。

本届书展是学习贯彻习近平总书记"深入开展群众性精神文明创建活动"和"提倡多读书，建设书香社会"重要讲话精神的具体举措，也是庆祝深圳经济特区建立 40 周年的重要活动。面对秋冬季节疫情防控工作的压力与挑战，深圳市委市政府、深圳市委宣传部高度重视，积极组织，克服困难，创新办展，在确保防疫安全的基础上更好地满足了市民精神文化生活新期待，体现出特区推动物质文明与精神文明全面发展的使命担当。

本届书展以"全面小康 书香芬芳"为主题，设有深圳书城中心城及其广场 1 个主会场和深圳书城罗湖城、南山城、宝安城、龙岗城、龙华城等 5 大分会场，以及香蜜湖简阅书吧、南头古城简阅书吧、光明区红花山体育中心新华书吧等 3 个分会场，通过"1+5+3"布局推动公共文化事业区域均衡化发展。书展期间，主分会场集中展销全国 500 家优质出版机构约20万种精品图书,联动开展100余项阅读文化活动,全城关注、全民参与,继首届大获成功、誉满业界之后,再次展示了深圳实体书业领跑全国的实力与韧劲,彰显出这座"爱阅之城"永不止息的读书热情与文化追求。

本届书展呈现"六个更加"的特色亮点。

一、主题更鲜明:书写更多精彩的"春天的故事"

2020年是深圳经济特区建立40周年,是粤港澳大湾区和深圳先行示范区建设全面铺开、纵深推进的关键之年。本届书展作为深圳重要的群众性精神文明创建活动,紧扣主题主线,聚焦主题出版,生动展现"四十载波澜壮阔"的发展历程,积极吹响"新征程催人奋进"的时代号角,驱动深圳书写更多精彩的"春天的故事"。

本届书展规划打造主题图书展区,围绕"学习习近平新时代中国特色社会主义思想"和"庆祝深圳经济特区建立40周年"组织展销《习近平谈治国理政》第三卷、《在深圳经济特区建立40周年庆祝大会上的讲话》等近300种主题出版物,掀起新一轮学习庆祝热潮。本土参展的海天出版社、深圳报业集团出版社,重点推荐《为什么是深圳》《向深圳学习》《鹏城飞歌》《张梁 我在地球边缘》等一系列主题图书,从经济、文化、生活、风物等不同方面回首特区发展之路、展现深圳风貌,引起广泛共鸣。"深圳经济特区建立40周年创新创业人物和先进模范人物"陆建新在海天出版社展台感慨,无数深圳人用自己的青春和汗水共同建设了这座美好的城市,共同回答了"为什么是深圳"。

2020年也是决胜全面建成小康社会、决战脱贫攻坚之年,"全面小康书香芬芳"的年度主题贯穿书展始终。在中国出版集团特设的"主题出版专区",商务印书馆最新出版的《习近平扶贫故事》受到读者欢迎,深圳市委常委、宣传部部长王强向广大市民积极荐读。优秀的主题图书引领深圳读者深刻领会习近平总书记的扶贫实践和扶贫论述,也为深圳开展对口帮扶工作提供了有力指引。

二、效果更显著:以节展联动促进书香社会建设

作为深圳最重要的两大阅读文化品牌,深圳读书月与深圳书展以习近平总书记"提倡多读书,建设书香社会"的重要讲话精神为宗旨目标,在2020年实现了首度联动。节展叠加,近一个月来各类阅读文化活动掀起的读书热潮,在本届书展上推向新高峰,进一步营造了"书香满城"的空前盛况。

本届书展自公布"节展联动"的举办消息以来,吸引众多市民读者关注讨论。深圳市委宣传部将本届书展作为营造书香氛围、推进全民阅读的重要抓手,积极宣传引导市民读者参与,接续读书月再掀阅读高潮,打造出全民同享的文化盛会。中央省市各级媒体持续宣传本届书展,累计刊发报道450余篇次,人民网、新华社、《光明日报》纷纷围绕"读书月进入'书展时间'"展开专题报道,盛赞深圳充满活力的阅读文化生态。大V直播、名家VLOG、互动H5等新传播手段被广泛运用,为全民阅读鼓与呼。全市投入近4000个户外移动终端,高频传播书展资讯。借助声势浩大、形式多样的传播矩阵,读书月与深圳书展实现了全网阅读量突破1.96

亿人次，使读书成为主要的城市话题，打造了全民共享的文化盛会。

本届书展各类新书发布、名家分享活动，与温馨阅读夜、深圳读书论坛、经典诗文朗诵会等读书月品牌活动同步开展，各大深圳书城活动数量比平时增加一倍有余，座无虚席，场面火爆，不少市民提前2至3小时排队等候聆听名家讲座，读书进一步成为城市生活风尚。

本届书展与读书月前后呼应，阅读引领效果倍增。新鲜出炉的读书月"年度十大好书""年度十大童书"成为读者购书的重要指引，获奖图书人气高涨、销量飙升，受到相关出版单位加印加推。深圳市教育局发函鼓励中小学生积极参与书展、品读好书，读书月荐书活动配合在书展期间特邀深圳中学、深圳实验教育集团、荔园小学、百仕达小学等知名学校校长"开书单"，成为学生读者普遍参考的"书展指南"。通过与读书月的联动呼应，本届书展实现由"好读书"向"读好书"的沉淀与提升。

与此同时，本届书展以满足市民读者精神文化需求为导向，绝大部分图书6至8折，部分优惠低至4折，将书香社会建设落脚于实实在在的文化惠民。书展现场的多重折扣福利，吸引市民读者尽情释放购书欲，购书篮时常"供不应求"，部分精品图书热卖脱销、紧急补货。在此基础上，深圳市委宣传部组织发放10万张、400万元购书现金抵扣券，以"真金白银"为读者送上丰厚福利。

三、模式更创新：打造高品位的城市文化品牌

本届书展立足于深圳建设先行示范区、打造城市文明典范的发展定位，在疫情防控常态化背景下，主动创新户外办展、夜间办展等全新模

式，进一步与城市生活交织相融，营建格调高雅、休闲舒适的阅读环境与生活方式，满足市民日益增长的美好生活追求，打造与城市地位相匹配的阅读盛事。

本届书展创造性地采用室内与户外相结合的形式，在当前防疫形势下为市民读者打造焕然一新的文化生活方式。书展户外区域，将莲花山脚下超过5000平方米的乐园广场搭建成书香弥漫的露天盛会，邀请68家兼具口碑与市场的优质出版发行机构"出摊"展销近20万册精品图书，辅以琳琅满目的文创精品、趣味十足的互动游戏、读书品茗的休闲区域，以及音乐会、电影放映、名家分享等精彩纷呈的公共活动，营建出全新的、开放的美好生活方式体验空间，成为亲子家庭周末出行的热门目的地，在满足市民读者更高品质的文化生活追求的同时，在城市中心勾勒出一道文化与自然交织相融的美丽风景，进一步提升了城市文化形象。不少市民在接受采访时表示，在户外逛书展的体验既新鲜又舒适，没想到书展可以如此丰富活泼、悠然自在，很好地体现了深圳作为先行示范区的文化品位。

本届书展突破性地将开放时间延长至晚上10点，10点后仍有新装亮相的24小时书吧向市民读者提供彻夜服务，为市民读者的文化夜生活提供了丰富的选择。每当夜幕降临，书展户外区域亮起温暖灯光有如点点繁星，映照着本届书展对实体书业发展"夜间经济"新模式的积极探索和对加快文化行业复苏、恢复文化消费信心的不懈推动。中信出版集团负责人表示，晚上9点之后仍有不少读者在书展现场读书选书，温馨的景象让所有出版人都深受感动，也备感振奋。

此外，作为较早推动书与非书融合发展的代表性城市，深圳积极地把将引领全国书业历次转型的"深圳书城模式"搬进图书会展，形成以多元的"书+"业态创新一站式复合式多元化书展模式。本届书展充分利用展销空间规划"美学生活馆""阅读绽放区""书画艺术展""创意书生活"等文创区域，引入茶艺、花艺、瓷艺等生活精品，提供多元化全景式的文化消费体验，打造满足市民美好生活追求的高品位城市文化品牌。

四、品牌更响亮：构建全国精品出版发布中心

深圳是因热爱读书而受人尊重的城市，在全国出版业界有着重要的地位。2019年，首届深圳书展一炮而响，现场人气与展销成绩创全国同类书展之最，成为业界最为看重的好书发布平台之一。本届书展，名社名家慕名而来，新书好书汇聚于此，进一步提升了以精品为内核的品牌调性。

本届书展主宾出版社由中国最大的大众出版和专业出版集团——中国出版集团担任，旗下人民文学出版社、商务印书馆、中华书局、生活·读书·新知三联书店等23家知名出版机构精心组织、集中亮相，带来4000余种新书好书以飨深圳读者。此外，译林出版社、中信出版集团、后浪出版公司等品牌出版社踊跃参展，集中组织上百人的现场团队连续十天不间断地为深圳读者推荐新书好书、提供阅读服务。生活·读书·新知三联书店负责人称赞，深圳读者买书的热情特别高涨，对高品质图书有着旺盛的需求。磨铁图书公司负责人称，相比其他城市孩子的阅读量，深圳很多小读者读得很深，知识储备量十分惊人。

本届书展将图书组织工作变"被动"为"主动"，结合大数据分析督促相关出版单位组织近两年来出版的精品读物参展。重点推出的"深圳书展精品好书100种"进一步强调书展选品能力，备受全国出版界关注。其中涵盖了"年度十大好书""深圳书城选书"等榜单，是彰显深圳阅读品

位的代表性书单,不仅搭建了读者与好书相遇的桥梁,更树立起书业风向标。各参展单位也集中发布"商务印书馆人文社科十大好书""中信出版集团十大好书"等好书榜单,将深圳书展打造成精品出版发布中心。人文社科、经济管理类图书中,《为什么是深圳》《一个人就一个人》《金融思维》《晚熟的人》《人类简史:从动物到上帝》《你当像鸟飞往你的山》等销量较高,受到读者欢迎。

书展期间,刘震云、沈石溪、蒋方舟、伍美珍、刘同等知名作家纷纷亮相。35场名家新书发布活动,让作者与读者分享互动、对话交流,让新书好书得到更加立体、更有深度的呈现。

作为华南地区新书好书最集中、最丰富的图书展会之一,本届书展也深受图书馆青睐,团购现采图书超过200万元。除了深圳本地公共图书馆和高校图书馆,中山大学图书馆、武汉东湖学院图书馆等市外图书馆也亲临现场选配精品好书。参展出版机构表示,深圳书展已成为高品质、有影响的书展品牌,希望每年都能参与深圳书展的活动,向深圳乃至全国读者推荐好书。

五、服务更智能:办成以大数据为依托的智慧书展

刚刚完成升级改造的深圳书城中心城,是国内首个AI智慧书城,作为本届书展的主会场,将最新的AI智能服务、AI互动体验和AI智慧运营应用到书展组织工作中,以大数据为依托办出了便捷高效、体验良好的智慧书展。

本届书展借助大数据AI中台实现各业务子系统数据的互联互通,形

成了精准触达、顾客分层、精细化营运的信息系统，实时掌握分析人流情况、热点区域与展销效果，为书展现场的人员分布、图书调配与重点宣导提供了强有力的智能化支撑，形成了更加科学高效的书展组织体系。

本届书展进一步提升线下服务的智能化水平。随处可见的自助查书、自助购书等自助化系统的建设，为读者创造了更便捷的逛展体验。而AI荐书、机器人导览等全新互动的应用，则提升了读者逛展的趣味性，特别是AI智能算法根据人脸识别进行个性化荐书的互动，推动了以"书香+智能"为核心的图书增值服务向前迈进，描绘了未来实体书业发展的新构想。此外，推出"深圳书展"小程序，搭建了集资讯阅览、图书查询、书单推荐、在线购书、直播互动等多元功能于一体的线上平台。通过小程序，市民读者足不出户便可选购图书、参与活动，随时随地共享云上书展。

六、美誉度更高：推动深圳全民阅读再上新台阶

在各主承办单位及全国出版机构的共同努力下，本届书展精彩绽放，成为2020年全国实体书业与全民阅读的一件盛事，受到各界交口称赞，也为深圳全民阅读步入新十年、再上新台阶打下了良好基础。

中国出版协会常务副理事长邬书林在本届书展开幕式上评价，深圳是中国率先开展"全民阅读"的城市，为全国推进"全民阅读"做出了重要贡献。在阅读领域，中国和发达国家相比是有差距的，但恰恰是因为深圳的努力，中国在世界上首次获得了"全球全民阅读典范城市"荣誉称号。二十余年来，深圳的"全民阅读"活动持续不断地提升水平，如今更要登

上新的高峰。国务院参事樊希安在分享活动中表示，深圳的阅读积极性，更体现出新兴城市的特色。深圳是一座通过阅读成长的城市，之所以能有今天，是因为阅读注入了知识的活力、生命的活力。

各级媒体对本届书展赞誉有加。人民网评价，深圳书城中心城主会场每日开放至晚上十点，为市民读者在疫情防控常态化形势下丰富夜生活、感受夜经济提供新可能，也为促进文化复苏、拉动文化消费探索了新模式。《中国新闻出版广电报》发表《深圳：以先行姿态开创阅读新境界》一文，称全民阅读"使整座城市有了书香底色，变得分外芬芳"。《晶报》社论《深圳书展用阅读与文字搭建了一个巨大的"场"》指出，在快节奏的都市生活中，需要深圳书展这样一个"场"，使生命获得舒缓而有韵律的节奏。

本届书展受到参展单位与市民读者的一致称赞。生活·读书·新知三联书店表示，深圳书展搭建了出版社与读者交流的平台，在本届书展上感受不到疫情的影响，读者买书热情高涨，销售业绩喜人，远超预期目标。中信出版集团为本届书展点赞，评价整体的组织安排与服务体验既专业又贴心，取得了社会效益和经济效益的双丰收。后浪出版公司称赞，深圳书展组织有力，呈现出欣欣向荣的感觉。海豚传媒股份有限公司认为，户外展销活动给市民提供了方便的购书环境，还特别增设夜场以满足读者的逛展热情，点亮了一个个富有诗书意和烟火气的城市夜晚，让人感受到深圳这座城市越来越浓郁的阅读气息。有市民这样评价本届书展，"疫情之下，能够以这样的方式与这么多好书、这么多名家见面，周围的人都在讨论买什么书、读什么书，深深感到作为深圳人的丰盈与幸福"。

2020年是深圳书展创办第二年。疫情之下，与步入第三个十年的深圳读书月首度联动，让本届书展更添一份责任感与使命感。站在新起点上，深圳书展也将致力于成为深圳阅读文化事业的"高贵坚持"，打造引领全国、先行示范的又一张城市名片，为深圳加快建设全球区域文化中心城市和彰显国家文化软实力的现代文明之城，发挥重要而独特的作用。

激情阅读　生机涌动　观念高地　知识之城
—— 第二十一届深圳读书月主宾出版社活动回顾

中信出版集团

第二十一届深圳读书月,中信出版集团作为主宾出版社,策划组织了为期一个月、主题为"激情阅读、生机涌动、观念高地、知识之城"的知识狂欢节。联合读书月组委会、战略合作伙伴深圳广电集团及中国平安保险集团,撬动深圳整座城市的媒体宣传资源,推动了阅读进入深圳机场、高铁、地铁、公交和城市主干道,把读书月活动带到社区、剧场、企业和学校。

书城活动是传统活动策划重要一环。中信出版集团安排了28场进入书店、企业等地的线下活动,并在深圳书城中心城搭建450平方米的主宾社场馆,融合小型展览、打卡点、海报墙、中信企业书房、直播间。中信出版集团盛邀作者到深圳书城举行新书发布活动,并联合当地媒体、读者做客直播间,发起新书直播分享,推荐好书。在蒋方舟、秦昊等大咖作者的书城活动中,读书月组委会联动《深圳晚报》,同步拍摄了"名家进深圳"VLOG,在线上宣传中,深圳三大交通频率、三大地面频道、四大王牌新闻栏目,连续一个月的滚动播出,电视播报超过300次,电台专访、播报超过90次。

借势深圳读书月,中信出版集团作为地方政府的城市合伙人,根据城市个性，为深圳量体裁衣，做了更为时尚化和互联网化的表达。从书吧到酒吧，邀请乐手与作者一起嗨唱摇滚之夜。中信出版集团致力于让深圳市民的夜晚丰富多彩。

本次深圳读书月中，"2020年度观念"剧场活动是一大亮点。在为期3天的知识嘉年华中，18位顶级嘉宾从十大知识领域出发，回应"我所看到的未来"。演播厅内进行了8场沉浸式演讲和4场越洋5G国际连线大直播，深广电额外争取了对年度观念活动的1万块屏的触达资源。此外，中信出版集团还联合30余家头部媒体分发平台同步直播，观看人次达3000多万。深度挖掘优质内容，以创新的形式进行了价值传播。为深圳读书月在全国的影响力做了内容的线上影响力。

中信出版集团集结国内外优秀作者，以读书月城市阅读推广人的名义制作了9条公益视频，深度诠释阅读与城市精神的融合内涵。在深圳市委宣传部和深圳读书月组委会的大力支持下，全深圳近4万块屏的视频宣传。在深圳地标性景观大道户外大屏、150台机场电视、10条地铁线路超过两万个终端、300条公交线路超过1万个终端、超过500个楼宇终端循环播出。视频总曝光量近100万次，累计覆盖人群近2亿人次。

连续30多天的深圳读书月加书展，中信出版集团的零售加团购，销售是去年的2.45倍，占比超过当期深圳新华书店系统销售总额的十分之一。在深圳的总销售额同比增长145%。其中与中信销售额在深圳新华的总销售占比中，达到10.48%，同比增长109%（零售与团购）。

此次深圳读书月期间，中信出版集团还精心筹划社群裂变活动，将深圳读者从线下带到线上，成立起第一批极具城市特色的万人级社群。社群总增长人数13044人，环比10月环比上月度增长650%左右。同时达成了15级的裂变，产生至少56万人次曝光，产生了一定的品牌传播和影响。

我们还充分发挥集团协同优势，在线下邀约中信银行、中信期货、中信建投 VIP 客户参与 2020 年度观念的特别录制。在线上活动中，通过中信优享 + 在集团内多平台同步直播。

我们对这次项目做了深入的复盘，具备在全国各城市推广的可能性。

深广电集团作为活动的媒体联动单位发来总结评价："敢为天下先"从来就是综合实力的比拼。身处媒体，常闻众声喧哗、品效合一，鲜见像中信出版集团这般能做出既呼应大势又深入民心的文化推广。中信出版集团作为读书月主宾社，以深圳先行示范区为场，以数十场创意活动、数万块大小屏联动，渗透了对深圳这座奋斗者之城的理解，也拉起了对都市文明阐释的新高度。长达一个月的活动，盛宴不断，不仅将文化表达渗透深圳的大街小巷，更通过多平台分发、全媒体传播，擦亮了城市的全国文化名片，亦成为出版业前所未有的时代范例。

深圳读书月组委会对中信出版集团给予了高度评价：中信出版集团作为本届读书月主宾社，根据深圳的城市气质和新媒体传播特点，策划开展了沉浸式演讲、名家公益视频、5G 国际大直播等一系列读者喜闻乐见的阅读活动，集图书、文创、直播、讲座等融为一体，打造了一个月全城参与的知识狂欢节。此次主宾社活动，树立了新的标杆，将传统与创新、线上和线下进行了完美的融合，深受市民喜爱。

本届读书月主宾社系列活动被读书月组委会办公室授予本届读书月"最具影响力活动奖"荣誉称号。

"图书馆之城"研究

深圳全民阅读
发展报告
2021

公共图书馆：城市文化温度与高度的重要标志

张岩

"读者留言东莞图书馆"成为热点事件，再次引发图书馆界对行业价值和使命的讨论。

图书馆界的读者留言并不少见，为什么这则留言引起关注？除了互联网舆情的一些偶然因素外，我认为主要在于它微言大义地传递出的丰富信息量：既击中时下痛点，疫情之下一些企业关闭，外来务工人员无事可干，被迫返乡；又出人意料之外，临别之际在打工17年的繁华城市有个"最好的地方"令他"万般不舍"，"余生永不忘你"。这个最好的地方，不是锣鼓喧天的热闹场所，不是光鲜气派的高楼大厦，居然是不大引人注目、知识含量丰富的"图书馆"。鲜明的反差与对比令社会各界动容。作为一名打工者，吴先生对阅读见解颇高："书能明理，对人百益无一害的唯书也"，他高度肯定阅读对城市的作用："识惠东莞，识惠外来民工。"疫情、外来务工人员、阅读、图书馆、万般不舍、生活所迫、余生永不忘你、识惠外来民工……短短百多字的留言，一个没有学历、通过在图书馆读书学习，知书达理、知恩图报、顺从天命又自强不息的普通劳动者形象跃然而出，如一股清流浸入焦虑浮躁的社会生活。加之东莞有关部门反应迅速，很快为其联系安排了工作，故事又发生"知识改变命运"的逆转，既富有戏剧性又传递出城市的暖意。

图书馆在此故事中折射出耀眼风采。一是知识惠民的魅力，以馆藏、知识和服务惠及城市和民众，在读者不舍退证时东莞图书馆馆员及时引导写下留言，体现出较高的服务素养。二是开放平等的取向，不分贫富贵贱、男女老幼，图书馆开放包容、平等对待，成为民众精神家园、文化绿洲。三是坚守初心的力量，吴先生在东莞打工 17 年，在图书馆看书 12 年。图书馆忠实履行终身教育职能，为其读书学习提供了优良保障。

图书馆的价值与使命在行业内讨论已久，共识颇多。业界对外来务工人员这一特殊服务群体曾有过集中的理论研讨与实践。以深圳为例，在中国知网中检索到深圳公共图书馆界服务劳务工或外来务工人员的论文 20 余篇，其中内容相关性较强的 15 篇论文主要发表于 2008—2013 年间，主要研究内容包括深圳外来劳务工群体的服务需求、深圳劳务工图书馆建设、管理与发展研究等，深圳宝安区、龙岗区、南山区等劳务工较密集区域的图书馆员研究成果较多。

深圳作为移民城市，重视劳务工群体。值得注意的是，近年深圳这一群体的称谓和构成处在变化之中。1998 年修订《深圳经济特区劳务工条例》。2003 年实施"图书馆之城"战略，同步实施"劳务工文化服务工程"，推动劳务工图书馆建设。到 2012 年全市建设不同形式的劳务工图书馆 100 家，其中纳入市区图书馆统一服务的 49 家。大量 24 小时城市街区自助图书馆布设到劳务工较为密集的原特区外工业园区或社区。其间深圳诞生了多份面向劳务工群体、反映劳务工生活的文学刊物，如《大鹏湾》《打工文学》，产生了不少读书写作成才的打工者典型。2005 年深圳开始举办大型文化活动"外来青工文体节"，以丰富外来青工文化生活。近年随着深圳城市化进程加快、产业升级转型，"来了就是深圳人"等观念深入人心，务工群体知识层次不断提高，虽然截至 2019 年深圳常住非户籍人口849.10万人，占总人口63.2%，但"外来""劳务工""农民工"等可能含有歧视或贬义的称谓渐次淡出公众视野，劳务工图书馆也渐渐转化为街道社区等基层图书馆。深圳人不分户籍、不分畛域，深度融入了这座城市的文化大海之中。

深圳图书馆的读者事例印证了这一变化。在2016年30年馆庆"我与深圳图书馆"征文活动中，我们发现不少作者通过图书馆的学习与这座城市一起成长，身份从来深之初的农民工华丽转身为各行各业的骨干。一篇题为《毕业于深圳图书馆》的文章写道："1990年6月，因为没有边防证，我趴在一辆卡车的帆布篷顶上，从南头关混进了深圳。我没什么文化（只读了两年高中），找不到体面的工作，只能到保安公司做保洁员。"后来作者罗尔在单位附近意外发现深圳图书馆，改变了报读夜大的想法："图书馆有的是书，还不要钱，随时可读，我何不就在图书馆完成自己的大学呢？"从此他在图书馆查阅书单，制订计划，潜心攻读。2005年罗尔已成为《新故事》主编，被评为"优秀外地来深建设者"。"从保安到主编"的故事广为传播，当记者问到学历时，"毕业于深圳图书馆"就是他的回答。

在今年"图书馆服务宣传周"之际，笔者撰文强调公共图书馆的根本属性是"一种保障人民文化权利，维护公平正义的社会制度"。随着科技发展，一些对图书馆了解不多的人士产生疑虑：科技发展了，人们还读（纸质）书吗？还需要图书馆吗？甚至一些图书馆从业人员也对行业未来产生怀疑。吴先生的故事再次提醒人们，在我们这个有6亿人月收入不足1000元的国家中，在社会快速发展、人们发出"祖国啊，请等等你的人民"呼唤中，图书馆正是那个守护文明、等候人民的点灯者。她以智慧与包容的力量形成一片片文化绿洲，平等、开放地支持所有有需要的人士终身学习，享受温暖港湾，实现人生梦想。2019年，深圳平均每天有112956人到访图书馆，借还文献资料88105册次，19000多人参与图书馆举办的各类活动，938人注册读者证，174600人阅读图书馆推送的微博微信，深圳文献港每天访问量达455600页次……我国不少其他公共图书馆服务量同样居高不下。

2019年9月，习近平总书记在给国家图书馆老专家的回信中指出："图书馆是国家文化发展水平的重要标志，是滋养民族心灵、培育文化自信的重要场所。"2020年6月，一位外来务工人员向图书馆真情告白"余生永不忘你"。从国家主席的肯定、鼓励，到普通劳动者的依赖、依恋，图书馆正是这样一个"有容乃大"的伟大行业。尤其是公共图书馆，通过"传承文明、服务社会"的专业深耕，在商业大潮中守望文化，消弭知识鸿沟，促进每一个人的全面发展与社会进步和谐。而在一个国家或地区，往往也可以通过政府的保障、社会的认知、图书馆的风貌与贡献，发现其文化生态的健康程度，在这个意义上，公共图书馆发展程度正是城市文化温度与高度的重要标志。

张岩，深圳图书馆党委书记、馆长

从探索实践到先行示范
——"图书馆之城"的深圳模式

张岩 王洋

40年耕耘，深圳这座因改革而生的城市在文化领域创造了众多的全国第一：第一个为公共图书馆立法的城市，第一个为全民阅读立法的城市，第一个提出"图书馆之城"发展战略的城市，第一个举起"开放、平等、免费"旗帜的城市，第一个研发出城市街区24小时自助图书馆的城市……2013年，深圳成为全球唯一一个被联合国教科文组织授予"全球全民阅读典范城市"荣誉称号的城市。

2003年，在"文化立市"战略指导下，深圳建设"图书馆之城"的设想应运而生。经过近20年的探索与实践，深圳积累了较为丰富的经验，形成了独具特色的"深圳模式"——以"普遍均等"为价值追求，以市、区两级公共图书馆总分馆运作为架构，以"全城一个图书馆"为发展目标，以规范化、标准化为持续发展的重要保障，以服务创新和新技术应用为驱动力，形成全面合作与共享的区域发展模式[①]。"图书馆之城"的深圳模式起步较早、理念超前、深度协作、持续推动，对深圳文化建设和全国

---

① 张岩，王林.深圳模式——深圳"图书馆之城"探索与创新[M].北京：中国社会科学出版社，2017.

公共图书馆服务体系建设产生了广泛影响。

一、"图书馆之城"的发展历程与成就

(一)第一阶段:"图书馆之城"启动(2003—2005)

2003—2005年是深圳"图书馆之城"建设起步阶段。2003年10月,深圳市委宣传部、深圳市文化局颁布《深圳市建设"图书馆之城"(2003—2005)三年实施方案》(以下简称《三年方案》),"图书馆之城"建设正式启动。2004年3月,深圳市委召开实施"文化立市"战略会议,提出了大胆增创深圳文化特色,努力打造"图书馆之城""钢琴之城""设计之都"的目标。"图书馆之城"建设上升为全市性任务,在网点建设、资源共享、服务联合等方面努力开拓。

1. **着力发展网点建设**。这一时期,区级和基层图书馆队伍不断壮大,盐田区、龙岗区图书馆建成启用,全市建成6个区级图书馆;达标社区图书馆从2002年的204个增加至2005年的471个[①]。

2. **共享工程促进资源共享**。2003年深圳市文化局把"实施全国文化信息资源共享工程,建设深圳地区文化信息资源共享网络"作为"图书馆之城"建设的重要内容,以市、区图书馆计算机网络系统为基础平台,在充分利用全国文化信息资源共享工程中心资源的基础上,整合深圳文化系统信息资源,经过数字化加工处理,实现网络化资源共享。2008年深圳

---

① 本文数据来源于深圳市公共文化数据统计系统(https://yun.szlib.org.cn/szstats/)及各级图书馆报送材料。常住人口数据来自《深圳市2019年国民经济和社会发展统计公报》,2019年年末全市常住人口1334.54万人(不含深汕特别合作区)。

市被文化部授予"全国文化信息资源共享工程示范市",成为首批3个全国文化信息资源共享工程示范市之一。

3. **"通借通还"实现服务联合。**深圳图书馆自20世纪80年代开始研发"图书馆自动化集成系统(ILAS)",大大推动了我国图书馆自动化的发展进程。在此基础上,为满足市民跨区利用图书馆服务的需要,深圳图书馆又自主研发"馆际互借系统"和"流通代还系统",建立市、区图书馆服务联动平台,在全市范围开展馆际资源共享和服务联合。2004年8月,深圳图书馆与南山区图书馆、宝安区图书馆签署《深圳市公共图书馆"通借通还"协议书》,至2005年底全市所有区图书馆均加入"通借通"还系统。

(二)第二阶段:从"建馆"到"建城"(2006—2010)

2007年3月,深圳市委宣传部、深圳市文化局颁布《深圳市建设"图书馆之城"(2006—2010)五年规划》。城市街区自助图书馆、"图书馆之城"统一服务、"深圳文献港"等具有较大影响力的项目在全市逐步实施推广。

1. **馆(室)建设渐成体系。**这一时期,一批新的大型公共图书馆相继落成开放,如深圳图书馆新馆、深圳大学城图书馆(深圳市科技图书馆)、福田区图书馆、深圳少年儿童图书馆。至2010年底,全市拥有各级公共图书馆(室)638家,星罗棋布的公共图书馆遍布社区。

2. **自助图书馆研发成功,遍布城市街区。**城市街区24小时自助图书馆系统(以下简称"自助图书馆")是深圳图书馆联合企业开发研制,具有自主知识产权的创新产品,是一项文化惠民工程,在服务理念、服务模式、技术应用、管理方式上均属国内首创。2007年6月被列入文化部科研项目；2008年4月首台自助图书馆服务机在深圳图书馆北门外正式对读者服务；2009年6月通过文化部验收。五年规划期间，深圳图书馆完成首批试点40台的任务。2009年获得第三届文化部创新奖，并被列入首批国家文化创新工程，2010年荣获文化部第15届群星奖。

3. 全面落实民生净福利指标。自2007年开始，公共图书馆人均藏书指标被列入《深圳市民生净福利指标体系》，是文化领域的唯一指标。"图书馆之城"建设得到市、区政府的大力支持，至2010年底，全市纸质文献藏量达1657.37万册，人均纸质文献藏量从2005年的1.26册增长至2010年的1.6册，为市民阅读提供了资源保障。

4. 启动"图书馆之城"统一服务。为了使全市读者享受更加便捷、高效、无差异的图书馆服务，解决"通借通还"瓶颈，2009年启动"图书馆之城"统一服务平台建设，统一全市公共图书馆的条形码、RFID标签，建立统一的书目和读者数据库，实现对馆藏、读者和流通数据的集中运作和管理，打造"全城一个图书馆"。至2010年底，全市加入统一服务的公共图书馆28家。加入统一服务的市、区图书馆均实现自助服务，全市公共图书馆文献管理智能化整体水平处于全国领先地位。

5. 联合创建"深圳文献港"。"深圳文献港"项目是由深圳图书馆、深圳大学城图书馆（深圳市科技图书馆）、深圳大学图书馆于2008年共同发起建设的图书馆文献资源综合服务平台。2009年6月，"深圳文献港"网站正式开通服务，提供280万种图书目录与1.5亿条期刊论文、学位论文、报纸等数据。"深圳文献港"整合各馆馆藏资源，推进统一揭示和联合服务，并通过广泛的合作与共享来满足市民不断增长的文化需求。

（三）第三阶段：规范化、标准化、体系化建设全面推进（2011—2015）

"十二五"期间，深圳市委市政府出台《关于深入贯彻落实十八届三中全会精神进一步加快文化强市建设的实施意见(征求意见稿)》，提出加快推进文化强市建设。《深圳市建设"图书馆之城"（2011—2015）五年规划》《深圳市人均公共图书馆图书藏量指标考核实施方案》相继出台。

1. 实施标准化发展战略。 这一时期深圳市图书馆界的质量意识不断增强，进一步加强了规范化、标准化、体系化建设，通过参与文化部行业标准起草、制定工作，将深圳的创新经验推广到全国图书馆行业，发挥深圳在公共图书馆服务体系建设的引领作用。深圳图书馆牵头制定、参与制定多项行业规范和标准（见表5-1），显著提升了"图书馆之城"的整体服务效益与管理水平。

表5-1 深圳图书馆牵头制定、参与制定的行业标准与规范

类别	名称	发布单位	实施时间	参与方式
标准	《公共图书馆统一服务技术平台应用规范：SZDB/Z 168-2016》	深圳市市场监督管理局	2016年2月1日	牵头制定
	《公共图书馆RFID技术应用业务规范：SZDB/Z 169-2016》		2016年2月1日	
	《公共图书馆统一服务书目质量控制规范：SZDB/Z 275-2017》		2017年12月1日	
	《公共图书馆统一服务业务统计数据规范：DB4403/T 78—2020》		2020年10月1日	
	《图书馆射频识别数据模型：WH/T43-2012》	文化和旅游部（文化部）	2012年6月1日	参与制定
	《社区图书馆服务规范：WH/T 73-2016》		2016年5月1日	

续表

类别	名称	发布单位	实施时间	参与方式
标准	《公共图书馆业务规范第3部分：县级公共图书馆：WH/T 87.3-2019》	文化和旅游部（文化部）	2019年9月4日	参与制定
规范	《网点建设与管理工作规范》《读者事务管理工作规范》《文献流通管理工作规范》《平台管理工作规范》《财经结算工作规范》	深圳图书馆	2015年1月	牵头制定

2. **统一服务覆盖全市**。至2015年底，"图书馆之城"统一服务成员馆增至234家公共图书馆和220台自助图书馆，标志着不同系统、不同类型的公共图书馆从此互通互联、资源共享，读者只需拥有一张"图书馆之城"读者证，即可在任何一家已加入统一服务的公共图书馆享受均等服务。2013年深圳"图书馆之城"统一服务被授予"广东省特色文化品牌"。

3. **总分馆制全面推行**。2012年，深圳市文体旅游局联合深圳市财政委员会出台《深圳市公共图书馆总分馆体系建设指导意见》，促进总分馆制进一步实施推广。各区积极创设多种形式、环境温馨、优雅的阅读空间，营造良好的阅读氛围，达到盘活基层图书馆、提升服务效能的目的。以罗湖区"悠·图书馆"和宝安区社区阅读中心为代表的基层图书馆建设，实现了模式创新、形象创新。罗湖区"悠·图书馆"荣获中国图书馆学会"2016年最美基层图书馆"称号，是当年广东唯一一家获此荣誉的基层图书馆。

4. **"深圳文献港"二期启动**。"深圳文献港"成员馆增至6家，不仅资源更加丰富，还构建起更高效的互通网络，"深圳文献港"二期工程——"深圳市科技文献信息服务平台"项目于2012年启动，提升了全市数字资源服务能力和保障能力。

5. 全民阅读主阵地作用凸显。 这一时期深圳图书馆率先设立阅读推广部，配备专业人员，阅读推广成为深圳各级图书馆的重要业务。全市活动策划意识、组织能力不断加强，阅读活动品牌化、常态化，持续发挥文化引领作用。全市图书馆围绕传统节日、"4·23 世界读书日""图书馆服务宣传周""深圳读书月"和寒暑假等重要节点，精心策划、集中推出众多内容丰富、亮点纷呈的重大节庆品牌活动，活动场次数量与参与人次数量迅猛增长，成为深圳市荣获联合国教科文组织颁发的"全球全民阅读典范城市"的重要力量。

（四）第四阶段：高质量、可持续的公共图书馆服务体系取得新进展（2016—2020）

2016 年 4 月，深圳市委宣传部、深圳市文体旅游局颁布《深圳市"图书馆之城"建设规划（2016—2020）》。深圳图书馆界在创新体制机制、行业法制化建设、提升服务效能等方面不懈努力，持续推进深圳地区图书馆事业高质量发展。

1. 创新体制机制。 深圳全面贯彻落实国家、省、市有关"文化馆、图书馆总分馆制"的建设部署，高标准推进深圳地区的"中心馆＋垂直总分馆"模式。作为"图书馆之城"的中心馆、龙头馆，深圳图书馆带领各区图书馆不断深化与拓展"图书馆之城"统一服务；推进《深圳经济特区公共图书馆条例（试行）》修订；继续深化业务标准，如制定《公共图书馆统一服务业务统计数据规范》市级标准；持续优化全市公共图书馆统一技术平台，向各成员馆提供技术保障与创新支撑；推动各区垂直总分馆制创新。

市、区不断创新基层图书馆体制机制，大力提升基层图书馆服务效能。宝安、龙岗、罗湖、盐田、坪山、光明等区采取多种形式在全国率先开展公共图书馆垂直总分馆建设实践，实现经费、人员、文献等资源的统一配置和共享，打通了阻碍基层图书馆发展的壁垒。2019年，宝安区在全市首推垂直型总分馆制建设，4家纳入区馆垂直管理的街道分馆全年接待读者171万人次、图书外借50万册次、办证1.9万张、开展各类读者活动1000场，分别增长235%、121%、413%和825%，创新运行机制带来基层图书馆服务效能提升显著。

2. 加强法制建设。 2016年4月1日《深圳经济特区全民阅读促进条例》施行，为深圳开展全民阅读提供了法律依据和保障，深圳成为全国第一个为阅读立法的城市。2018年深圳将《深圳经济特区公共图书馆条例（试行）》的修改工作纳入立法计划，已完成《深圳经济特区公共图书馆条例（修订征求意见稿）》，2020年9月1日至30日市司法局在网站向社会公开征求意见。

3. 统一服务创新迭出。 为了让更多市民享受普惠、均等的图书馆服务，深圳图书馆界推出"鹏城励读证"，在深市民持本人有效身份证件即可在移动终端或加入统一服务的公共图书馆办理，借书"免押"，服务"免证"。捐赠换书网让市民家里闲置的图书"自由兑换"，联合编目平台促进图书馆"共建共享"，数字化服务实现全覆盖，各馆移动阅读平台实现阅读零距离。以粤港澳、粤鄂澳"共读半小时"阅读活动与"阅在深秋"公共读书活动为代表的全市阅读推广活动受到社会各界的积极响应和广泛关注，凝聚文化共识、引领阅读风尚。

4. 新馆建设取得新突破。 深圳第二图书馆项目于2019年12月底正式开工建设，总建筑面积达7.19万平方米，将建成国内最大的地下智能立体书库。深圳大学城图书馆启动二期项目建设；坪山区图书馆1.32万平方米的新馆开馆运营。

表 5-2 深圳市公共图书馆建设发展情况

年份	公共图书馆数量（个）	总面积（万平方米）	累计有效读者证量（万个）	藏书总量（纸质馆藏+电子图书，万册）	进馆总人次（万人）	外借总册次（万册）	读者活动场次（场/次）
2003	226	5.41	/	648.5	579.54	158.61	1068
2009	628	28.44	85.59	1743.23	1974.63	782.92	3723
2014	623	35.53	162.95	2621.82	2506.27	1001.65	8761
2019	673	38.40	238.67	3548.33	3535.51	1556.08	17637

相较于 2003 年，2019 年深圳全市公共图书馆（室）是前者的 3 倍，总建筑面积是 7.1 倍，馆藏总量是 5.5 倍，读者活动是 16.5 倍，进馆总人次和外借总册次分别是 6.1 倍和 9.8 倍。累计有效读者证量，2009 年 85.59 万个，2019 年是 238.67 万个，增幅 178.85%。

"一证通行、通借通还"的统一服务体系不断扩大，至 2020 年底全市共有 381 家公共图书馆（室）、302 个 24 小时自助图书馆加入深圳"图书馆之城"统一服务体系，加入公共图书馆数量占全市总量（2020 年 710 家）的 53.66%；统一服务体系文献量 2622.66 万册、件，占全市 96.01%；累计注册读者 282.12 万人，占全市 94.99%；外借文献 894.71 万册次，占全市 92.62%。

二、"图书馆之城"深圳模式的主要特征

（一）均等普惠的价值追求

深圳市公共图书馆服务体系建设坚持贯彻全民共享、均等普惠的公共服务理念，深圳"图书馆之城"历次规划与相关政策均以均等普惠为着眼点。纵横交织、星罗棋布的图书馆网点、各类自助图书馆让市民畅享身边的图书馆服务。市、区公共图书馆更将服务延伸到企业、部队、学校及各种特殊机构，针对不同地域、不同群体读者开展公益性文化活动。深圳文献港、移动图书馆等多元化平台构建起均等化、人性化、便捷化的公共文化服务环境和信息共享空间，使公共文化服务惠及更多的市民[1]。从建"馆"到建"城"，从一体化服务到一体化保障，均等普惠的价值追求使得全城"一个图书馆"日趋完善，不断向着规范化、广域化、智慧化、多元化的方向推进。

（二）重视行业法制化建设

深圳在制定地方公共图书馆法规方面走在全国前列。1997 年深圳市人大常委会颁布《深圳经济特区公共图书馆条例（试行）》，在全国率先以法律法规形式，将公共图书馆工作纳入法制轨道，为深圳"图书馆之城"建设奠定了法律基础，有力地推动了深圳地区公共图书馆事业持续健康发展，对保障市民文化权利起到巨大作用，开创我国地方公共图书馆立法的先河。近年为落实国家《公共文化保障法》《公共图书馆法》，满足

---

[1] 张岩，王林.深圳模式——深圳"图书馆之城"探索与创新[M].北京：中国社会科学出版社，2017.

深圳市公共图书馆事业高质量、可持续、创新发展、先行示范的需要，深圳市启动条例修订工作。修订后的条例不仅从深圳地区公共图书馆事业发展实际需要出发，力求解决目前存在的发展瓶颈问题，更吸取国内外先进地区的立法与实施经验，面向未来 10 至 15 年，力争打造国际一流城市公共图书馆体系。

（三）图书馆界通力协作

市、区图书馆通过业务的有效整合，打破行政条块分隔的局限，在全市范围内为市民提供"图书馆之城"统一服务。作为"图书馆之城"的中心馆、龙头馆，深圳图书馆持续优化全市公共图书馆统一技术平台，向各成员馆提供技术保障与创新支撑；组织全市数字资源联合采购；推出"鹏城励读证"，重构线上"读者证升级"体系；通过学会平台组织全市图书馆学术研究与交流，增强深圳图书馆界的凝聚力和学术研究水平；不断升级全市阅读推广活动联动，推进粤港澳图书馆界的广泛合作。在充分调研、吸取各区经验与意见的基础上，深圳图书馆张岩馆长聚焦基层图书馆，连续四年通过政协提案的方式，呼吁创新体制机制，加强基层图书馆建设，推动公共文化服务均衡发展，促进市、区级优质资源向基层倾斜和延伸，得到了市、区文化主管部门的重视与支持。

地区内公共、高校、科研三大系统图书馆不断强化整体意识，以城市图书馆联盟形式加强合作，最大限度实现区域内图书馆文献信息资源共建共享与合作交流，以建立学科齐全、类型齐全、馆藏重点突出的文献保障体系为目标，全市各系统图书馆通过科学规划、分级保障，形成全地区文献资源共建共享保障中心。

各区积极贯彻落实国家、省、市政府关于"图书馆、文化馆总分馆制"的建设部署，履行政府职责，高标准、全面探索垂直总分馆模式，取得突破性进展。

（四）广泛引入社会力量

深圳地区图书馆积极引导与鼓励社会力量参与图书馆建设，各类团体组织和市民踊跃参与图书馆总分馆建设、阅读推广及读者服务。在总分馆制推进中，深圳地区图书馆积极引入社会力量，以多种合作和管理方式参与深圳公共文化供给体系建设，市级图书馆、区级图书馆与厂区、街道、社区等合作，建设街道、社区分馆、劳务工分馆及园区特色分馆等。社会力量成为以政府为主导的公共文化服务体系建设的有益补充。

深圳各级图书馆还广泛联合社会各界力量参与阅读空间营造、活动品牌策划、活动组织与实施等工作。依托图书馆的平台优势与窗口效应，与非营利性组织、民间组织、企事业单位等合作举办讲座、展览等各类公益活动，为社会团体、阅读组织搭建活动平台，借助社会力量激发社会公众创造、引导、推广阅读文化的热情与能量，共同为地区公众提供丰富多元的阅读活动体验[①]。

三、未来展望

党的十八大以来，党中央对文化建设高度重视。《中共中央关于制定

[①] 张岩，王林.深圳模式——深圳"图书馆之城"探索与创新[M].北京：中国社会科学出版社，2017.

国民经济和社会发展第十四个五年规划和二〇三五年远景目标的建议》提出到2035年建成文化强国,将"提升公共文化服务水平"作为"十四五"时期文化建设的重点任务之一。习近平总书记在深圳经济特区建立40周年庆祝大会上的讲话中提出:"要加强公共文化设施建设,推动文化产业高质量发展,更好满足人民精神文化生活新期待。"①

深圳各级政府一贯重视图书馆事业,全市积极创新公共图书馆建设与运行机制,广泛推行垂直总分馆制,完善公共图书馆服务规范化与标准化,不断优化"图书馆之城"统一服务和共建共享体系,公共图书馆服务体系与质量建设显著提升。但是,深圳"图书馆之城"建设仍存在基层图书馆布局不均衡、条件设施不健全、统一服务体系覆盖面不足、部分基层图书馆质量效益不高、政府对基层图书馆投入仍显不足等问题。未来深圳"图书馆之城"建设面临国际信息环境瞬息万变、城市快速发展、公众文化需求日益增长等挑战,必须抓住机遇、迎难而上,在体系建设、法制保障、智慧应用、效能提升、文化引领等方面不断完善与提升,打造先行示范的"图书馆之城升级版"。

(一)全面建设以区馆为总馆的垂直型总分馆体系

实践证明,建设以区馆为总馆的垂直型总分馆体系能实现资源的统一规划和集约高效管理,可将总馆的专业化管理、丰富的资源下沉至基层,是基层图书馆可持续发展的最佳路径。深圳应着眼于全面构建并不断优化覆盖广泛、普惠均等、便捷高效、绿色共享的全市总分馆体系,推进以区

---

① 习近平:在深圳经济特区建立40周年庆祝大会上的讲话.[EB/OL].[2020-11-01].http://www.qstheory.cn/yaowen/2020-10/14/c_1126609764.htm.

馆为总馆、较大街道图书馆或较大社区图书馆为分馆的一体化垂直总分馆体系在全市的探索与实施,形成"图书馆之城"事业发展长效机制。

(二)高标准修订《深圳经济特区公共图书馆条例》

修订后的《深圳经济特区公共图书馆条例》应全面对标国际发达城市与地区的建设水平,践行公共图书馆发展普遍均等、惠及全民的理念,立足公共图书馆创新发展的实际需要,重点突出体制创新、高质量建设和持续有效的运行保障,将先进性、示范性、创新性条款纳入法条,促进核心量化指标的落地实施,高标准制定并不断完善相关配套政策,为深圳地区公共图书馆事业在未来先行示范发展提供法制保障。

(三)打造具有示范性的基层公共图书馆一体化服务体系

为发挥在全国公共文化服务体系和基层文化建设中的先行先试作用,"图书馆之城"建设不仅要追求数量,更要注重打造有质量的、有示范性的基层图书馆。一是要抓住《深圳经济特区公共图书馆条例》修订、出台的契机,高标准制定"深圳市公共图书馆提升工程基本条件和建设标准",按照统一标识、统一技术标准、统一基本服务项目、统一基础服务设施的要求,全面提升基层图书馆的整体形象、服务环境、服务内涵与服务效能;二是加强科技赋能,加强网点智慧化建设和智慧型网点建设,坚定推进一体化管理,在基层图书馆全面实施多种读者证认证方式和移动支付;三是继续发挥自助图书馆在基层的错位互补作用,稳定规模、优化布局,充分发挥自助图书馆在网络化、智能化、便利化方面的示范效应;四是让基层图书馆充分融入社区,发挥地缘优势,依托总馆资源拓展服务内容,举办群众喜闻乐见的阅读活动,将图书馆打造成具有示范型的、聚合人气的公益文化服务与交流中心。

（四）全方位推进跨区域、跨系统的资源共知、共建、共享

深圳"图书馆之城"应依托统一技术平台和馆际合作，继续推进全市图书馆的资源共知、共建、共享，并延伸至粤港澳大湾区。一是应将全市联合编目由中文图书扩展至外文图书、连续出版物，继续扩大市、区图书馆联合采购的数字资源范围，壮大深圳捐赠换书中心成员队伍；二是应进一步加强城市文化资源的整合、保存、开发和宣传推广，打造示范性"深圳记忆"项目，创新地方特色建设模式；三是应继续维护和升级"深圳文献港"统一服务门户，夯实"深圳文献港"品牌和服务，进一步扩大图书馆跨系统合作，联合打造城市文献信息保障体系，丰富"学者知识库"，为建设"城市智库"提供资源和数据支撑；四是加强大湾区图书馆馆藏统一揭示、地方文献共建共享、阅读推广联动和馆际互借合作，促进湾区文化融合发展。

（五）构建高质量"图书馆之城"标准化体系和技术平台

新技术快速发展的时代，"图书馆之城"建设更加依赖高质量、标准化、全方位的技术体系建设。应在率先构建起全市统一技术平台的基础上，不断升级和拓展，打造互联、高效、智慧、融合、发展的技术体系，构建多元化、便捷的服务平台。应加强"图书馆之城"与其他公共服务的融合，促进城市公共服务平台的互见、互联和共赢。

2019年底开工建设的深圳第二图书馆是"图书馆之城"建设新增长点，其信息化系统工程的总体定位是建成"图书馆之城"高可靠性数据中心、智能化文献仓储与物流中心、智慧型图书馆服务中心、数字资源保障

与服务中心。未来应以深圳图书馆两馆信息化系统工程引领"图书馆之城"事业技术创新；依托第二图书馆高标准建设的"图书馆之城"网络数据中心，进一步提升公共图书馆网络互连质量；进一步完善全市图书馆业务管理平台和多元化服务平台建设；进一步发展数据服务和个性化服务，支持各馆在统一的技术标准和技术框架下探索新技术应用。

四、结语

2019年习近平总书记在给国家图书馆老专家的回信中指出："图书馆是国家文化发展水平的重要标志，是滋养民族心灵、培育文化自信的重要场所。"2020年6月"读者留言东莞图书馆"[①]感动全国。公共图书馆承载的文化精神正是中国特色社会主义核心价值观的现实体现，代表着城市文化的温度与高度。

面对建设粤港澳大湾区和中国特色社会主义先行示范区"双区驱动"的重大历史发展机遇，深圳"图书馆之城"将紧紧围绕推进公共文化服务创新发展，发扬"深圳模式"理念共识与实践精神，通过持续创新和融合发展破解发展难点，率先建成普惠性、高质量、可持续的城市公共文化服务体系。

张岩，深圳图书馆党委书记、馆长
王洋，深圳图书馆事业发展部副主任

---

① 冯玲，莫启仪."读者留言东莞图书馆"现场回望与思考[J]. 图书馆论坛，2020,40(7)：1-3.

2021年深圳"图书馆之城"阅读报告

深圳图书情报学会 深圳图书馆

2020年,突如其来的新冠肺炎疫情打破了原有的生活、工作节奏,为保障市民读者健康安全,深圳各级公共图书馆在暂停到馆服务期间,始终坚持抗疫不停工、服务不停歇,依托网站、移动服务平台等为市民提供各类服务和线上活动,助力市民宅家阅读。随着疫情防控形势的变化,图书馆馆舍陆续恢复并扩大开放,越来越多的市民走进图书馆,在阅读中寻找慰藉,感受温暖和鼓舞。让我们一起来看看深圳这座"图书馆之城",市民读者是怎样用阅读凝聚抗疫的精神力量,播种春天的希望。

截至2020年底,深圳共有公共图书馆(室)710个,其中市级图书馆3个,区级图书馆9个,街道及以下基层图书馆(室)698个,302个各类自助图书馆(包含城市街区自助图书馆235个、24小时书香亭67个),共同形成了覆盖深圳市所有街区的公共图书馆网络体系。

一、统一服务为市民便利阅读提供保障

目前深圳全市381家公共图书馆、302个自助图书馆加入"图书馆之

城"统一服务①，一证通行、通借通还，服务范围进一步扩大。

1. 统一服务新增办证读者近 40 万人，创历年新高

（1）2020 年，新增注册读者 38.79 万人，同比增长 37.68%。从办证方式看，20.31 万人通过移动服务平台注册虚拟读者证②，占新增注册读者人数的 52.37%，同比增长 570.6%；从注册读者证类型看，35.91 万人注册"鹏城励读证"③，占比达 92.57%。

（2）2020 年，"图书馆之城"统一服务文献外借量 894.71 万册次，文献归还量 700.03 万册次。随着全市各图书馆各场馆有序恢复并不断扩大开放，文献外借量呈逐月提升趋势，至 12 月当月外借量已恢复至 2019 年同期的九成以上。

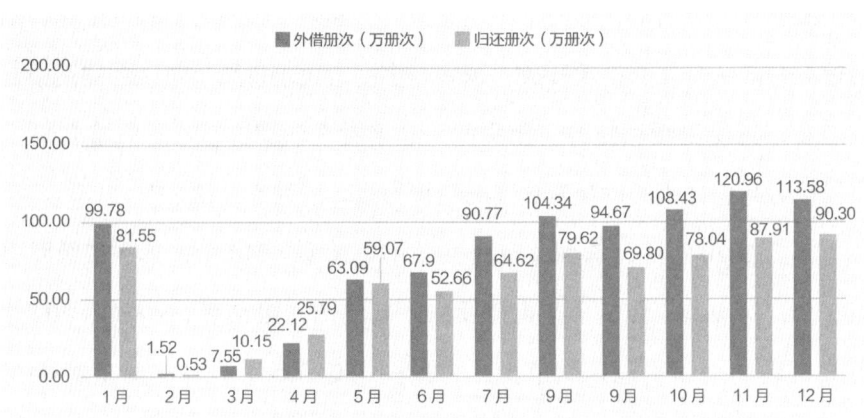

图 5-1 2020 年深圳"图书馆之城"统一服务各月文献借还量对比

---

① 2009 年，深圳"图书馆之城"建设启动统一服务工作，整合全市公共图书馆服务系统和文献资源，在全市范围内为市民提供统一的图书馆服务。读者只要拥有一张"图书馆之城"读者证，即可在全市加入统一服务的任一公共图书馆享用阅览文献、借还文献、查阅数字资源等图书馆服务。

② 2018 年 10 月底，虚拟读者证上线，读者通过微信服务号中的"在线实名认证"或"E 证通"两种认证方式无需到馆即可在线申办。

③ 2019 年 11 月，"鹏城励读证"上线，市民在深持本人有效身份证件即可在移动终端或加入统一服务的公共图书馆办理"鹏城励读证"，凭证可"免押"借阅全市统一服务中文文献 5 册 / 件，更好地满足了公共文化需求，有效促进了全民阅读。

（3）16：00~16：59一直是图书馆馆舍借书最繁忙的时段。

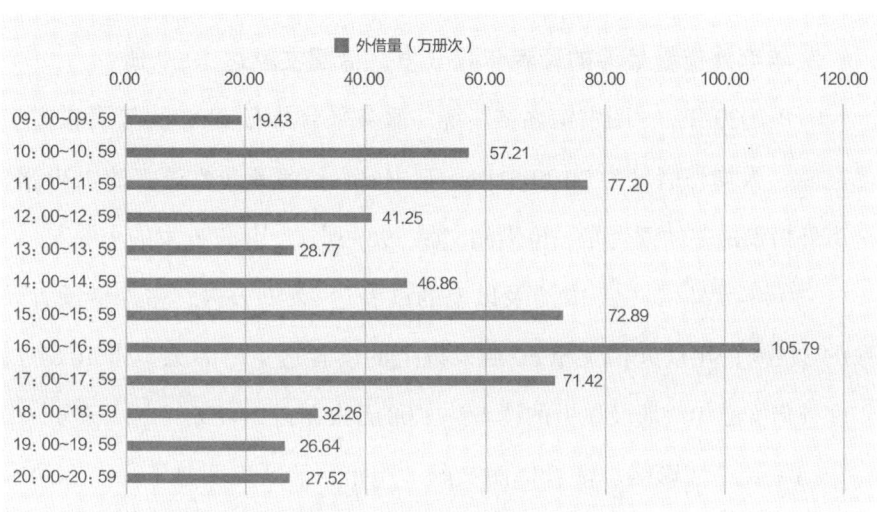

图 5-2　2020 年深圳"图书馆之城"统一服务读者到馆外借文献时段分析

（4）20：00~20：59是自助图书馆借书最繁忙的时段。

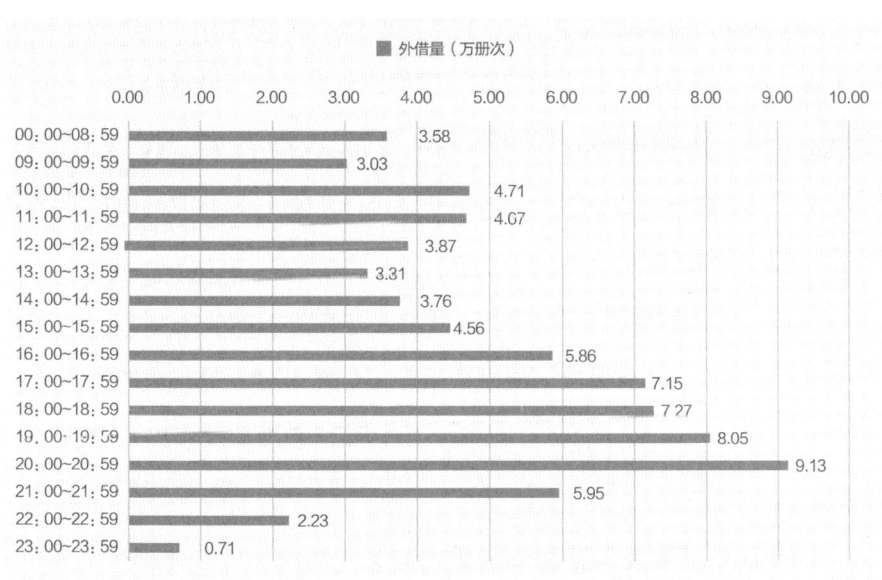

图 5-3　2020 年深圳自助图书馆读者外借文献时段分析

（5）2020年，统一服务异地还书量为115.71万册次，占还书总量的16.53%，其中自助图书馆异地还书量为60.01万册次，占51.86%。

2. 年度外借量最多的读者年仅6岁，借阅文献达1969册

（1）2020年，"图书馆之城"统一服务平台共有43.89万读者借过实体文献，人均外借量为20.39册次，其中女性读者是男性读者的1.39倍，全市外借量最多的读者是一位借阅文献1969册次、年仅6岁的小朋友。

（2）年度外借文献10册及以上的读者达22.52万人，占外借读者人数的51.3%；年度外借文献50册及以上的读者达4.77万人，占10.87%；年度外借文献100册及以上的读者达1.08万人，占2.47%。

（3）受疫情影响，读者借阅文献"跑馆"活跃度明显下降。在两家及以上图书馆借阅过文献的读者为15.64万人，由2019年的55.22%降至2020年的35.64%；在5家及以上图书馆借阅过文献的读者为0.5万人，由2019年的占比5.84%降至2020年的1.15%。

（4）2020年文献续借量达198.68万册次，读者续借图书首选移动平台（含"深圳图书馆｜图书馆之城"微信服务号、各馆微信公众号、支付宝城市服务、移动版网站、深圳文献港等），占89.79%；其次是利用PC端登录图书馆网站，占4.77%；到馆办理，占4.6%；拨打服务电话或发送短信，占0.83%。

（5）通过文献转借分享阅读一直是读者喜爱的服务方式之一，2020年文献转借量15.58万册次。通过微信分享仍然是读者最喜欢的方式，占95.34%；其次利用支付宝城市服务，占3.7%；通过移动版网站完成，占0.96%。

3. 80后持证读者人数和外借量均居各年龄段读者群体排行之首

（1）10后持证读者13.81万人，仅占持证读者总数的4.9%，但外借人数占同年龄段持证读者的32.7%，外借读者人均借阅量达25.58册次，均高于其他年龄段读者群体。

（2）00后读者外借人数占同年龄段持证读者的19.33%，仅次于10后。

（3）90后持证读者75.98万人，占持证读者总数的26.93%，仅次于80后，但外借读者人均借阅量仅11.4册，居各年龄段末位，阅读潜力有待开发。

（4）80后持证读者达100.57万人，占持证读者总数的35.65%，外借文献也高达394.57万册次，均居各年龄段读者群体排行之首。

（5）70后持证读者44.14万人，但外借文献150.35万册次，外借读者人均借阅量23.94册次，均为各年龄段读者群体排第二位。

（6）60后及以上持证读者中发生外借行为的人数仅占同年龄段的9.5%，但外借读者人均借阅量达21.52册次，高于90后和00后。

表5-3 2020年深圳"图书馆之城"统一服务各年龄段读者外借分析

各年龄段	累积持证读者（人）	各年龄段读者占比	外借读者人数（人）	同年龄段外借人数占持证读者比例	外借册次（册、件）	外借册次占比	外借读者人均借阅量（册/人）
10后	138115	4.90%	45158	32.70%	1155213	12.91%	25.58
00后	230658	8.18%	44594	19.33%	756743	8.46%	16.97
90后	759790	26.93%	99659	13.12%	1135757	12.69%	11.40
80后	1005735	35.65%	168178	16.72%	3945698	44.10%	23.46
70后	441434	15.65%	62803	14.23%	1503544	16.80%	23.94
≥60后	189128	6.70%	17967	9.50%	386606	4.32%	21.52

（备注：该表不含非居民身份证注册读者外借数据）

4. 读者关注热点：魔幻、科幻类小说、大数据应用技术、名家名著始终居前，儿童读物大幅提升

2020年，《哈利·波特》以3.04万的热搜次数登上图书馆网站OPAC关键词搜索排行榜榜首，从 2019 年的第四冲上 2020 年的第一。《PYTHON》《三体》紧随其后，依然位列前三。《平凡的世界》《西游记》《红楼梦》《百年孤独》《活着》《三国演义》等中外经典仍然备受读者关注。《寻宝记》《小狗钱钱》等儿童绘本类读物相较去年，排名都有大幅提升。

表 5-4 2020 年深圳"图书馆之城"关键词搜索 top 10

排名	名称	搜索次数	排名趋势
1	《哈利·波特》	30449	↑ 3
2	《PYTHON》	26733	↓ 1
3	《三体》	25148	↓ 1
4	《平凡的世界》	20673	↑ 1
5	《寻宝记》	20324	↑ 10
6	《西游记》	20106	—
7	《红楼梦》	15505	↑ 1
8	《东野圭吾》	13958	↑ 4
9	《斗罗大陆》	12424	↓ 6
10	《百年孤独》	11468	↑ 14

5. "南书房家庭经典阅读书目"推荐图书持续升温，累计总外借量突破 85 万册次

2020 年，读者通过"图书馆之城"统一服务借阅推荐图书 16.52 万册次，其中中国文学类图书外借量最高，达 6.6 万册，占 39.98%；其次为外国文学类图书，达 5.5 万册次，占 33.61%；历史、地理类图书外借量为 1.4 万册次，占 8.5%；科普类图书 8566 册次，占 5.19%。2014—2020 年，"南书房家庭经典阅读书目"[①] 210 种推荐图书累计总外借量达 87.48 万册次。

---

① 2014 年初，深圳图书馆联合中国图书馆学会阅读推广委员会，开展"南书房家庭经典阅读书目"推荐活动，旨在向广大读者推荐适合当今中国家庭阅读与收藏的经典著作，鼓励、帮助家庭建立自己的经典阅读书架。该书目于每年"4·23 世界读书日"发布，至 2020 年已连续发布 7 期，累计推荐 210 种古今中外经典图书。"南书房家庭经典阅读书目"是深圳图书馆"深图书单"资源推荐体系中重要的子栏目之一，读者可通过深圳图书馆网站、移动网站、微信公众号、支付宝城市服务、"i 深圳"App 等渠道进行浏览查看。

表 5-5 2014—2020 年深圳图书馆"南书房家庭经典阅读书目"
210 种推荐图书年均外借排行榜

排名	图书名称（不限版本）	推荐年份	借阅册次（册）
1	西游记 /（明）吴承恩 著	2014 年	10294
2	红楼梦 /（清）曹雪芹 著	2014 年	9690
3	三国演义 /（明）罗贯中 著	2014 年	9267
4	海底两万里 /（法）儒勒·凡尔纳 著	2019 年	7737
5	绿野仙踪 /（美）弗兰克·鲍姆 著	2019 年	7485
6	昆虫记 /（法）让-亨利·卡西米尔·法布尔 著	2014 年	7403
7	水浒传 /（明）施耐庵 著	2014 年	7273
8	伊索寓言 /（古希腊）伊索 著	2018 年	5962
9	鲁滨孙漂流记 /（英）丹尼尔·笛福 著	2018 年	5217
10	父与子全集 /（德）埃·奥·卜劳恩 著	2016 年	5034
11	老人与海 /（美）欧内斯特·米勒尔·海明威 著	2015 年	4824
12	史记 /（汉）司马迁 著	2014 年	4659
13	简·爱 /（英）夏洛蒂·勃朗特 著	2014 年	4649
14	城南旧事 / 林海音 著	2020 年	4201
15	平凡的世界 / 路遥 著	2019 年	3929

6. 城市街区自助图书馆累计文献借还量近 2500 万册次

（1）截至 2020 年底，全市布点运营 235 台城市街区自助图书馆，累计文献借还量近 2500 万册次。

（备注：受疫情影响城市街区自助图书馆于 2020 年 1 月 24 日暂停服务，3 月 24 日至 4 月 10 日逐步恢复服务。）

图 5-4 2008—2020 年城市街区自助图书馆文献借还量对比

（2）私人定制、迅速送达、无接触取书的城市街区自助图书馆文献预借服务深受市民读者青睐。截至2020年底，读者累计预借申请图书203万册次，图书馆配送图书192万册次。

图 5-5 2008—2020 年城市街区自助图书馆文献预借服务量对比

7. 图书外借综合与分类排行榜

图书分类借阅排行榜中，文学，文化、科学、教育、体育，艺术，历史、地理，经济，工业技术，哲学、宗教，语言、文字，生物科学，医药、卫生等十大类别位居前列。

表 5-6 2020 年深圳"图书馆之城"统一服务图书分类外借量排行榜

排名	图书类目	外借量（万册次）	排名趋势
1	I 文学	480.86	—
2	G 文化、科学、教育、体育	54.99	↑1
3	J 艺术	49.00	↑2
4	K 历史、地理	45.71	↑2
5	F 经济	44.98	↓1
6	T 工业技术	41.74	↓4

续表

排名	图书类目	外借量（万册次）	排名趋势
7	B 哲学、宗教	35.52	—
8	H 语言、文字	27.66	—
9	Q 生物科学	17.89	↑1
10	R 医药、卫生	16.11	↓1
11	Z 综合性图书	11.91	↑1
12	C 社会科学总论	11.45	↓1
13	P 天文学、地球科学	8.73	↑2
14	O 数理科学和化学	8.42	↓1
15	D 政治、法律	7.78	↓1
16	N 自然科学总论	4.13	—
17	E 军事	3.45	—
18	U 交通运输	2.67	—
19	S 农业科学	2.39	—
20	X 环境科学、安全科学	1.94	—
21	V 航空、航天	1.41	—
22	A 马克思主义、列宁主义、毛泽东思想、邓小平理论	1.21	—

表 5-7 2020 年深圳"图书馆之城"统一服务图书外借综合排行榜

排名	图书名称	借阅次数
1	窗边的小豆豆/（日）黑柳彻子 著；（日）岩崎千弘 图；赵玉皎 译	1970
2	半小时漫画中国史：其实是一本严谨的极简中国史/二混子 著	1924
3	人性的弱点/（美）戴尔·卡耐基 著	1888
4	人间失格/（日）太宰治 著	1870
5	北京寻宝记/孙家裕 编创；邬城琪 编剧；尚嘉鹏 绘	1647
6	非暴力沟通/（美）马歇尔·卢森堡 著；阮胤华 译	1621
7	夏洛的网/（美）E.B. 怀特 著；任溶溶 译	1605
8	稻草人/叶圣陶 著	1445
9	三国演义/（明）罗贯中 著	1404
10	米小圈上学记：我是小学生/北猫 著	1379

表 5-8 2020 年深圳"图书馆之城"统一服务图书外借分类排行榜

排名	A 马克思主义、列宁主义、毛泽东思想、邓小平理论	借阅次数
1	毛泽东传（名著珍藏版·插图本）/（美）罗斯·特里尔 著；何宇光，刘加英 译	184
2	邓小平时代/（美）傅高义 著；冯克利 译	170
3	毛泽东传/（英）迪克·威尔逊 著；中共中央文献研究室《国外研究毛泽东思想资料选辑》编辑组 译	157

续表

排名	A 马克思主义、列宁主义、毛泽东思想、邓小平理论	借阅次数
4	资本论（少儿彩绘版）/ 李晓鹏 著；庞坤 绘	145
5	毛泽东选集·第一卷 / 毛泽东 著	117
6	毛泽东诗词欣赏（插图本）/ 周振甫 著	103
7	邓小平传（图文珍藏版）/（英）理查德·伊文思 著；田山 译	89
8	青年们，读马克思吧！：一个20多岁青年人的探索与热情 /（日）内田树，石川康宏 著；李春霞 译	87
9	马克思与《资本论》/（美）大卫·哈维 著；周大昕 译	82
10	简明《资本论》/（德）卡尔·马克思 著；曾令先，卞彬，金永 编译	79

排名	B 哲学、宗教	借阅次数
1	自卑与超越 /（奥）阿尔弗雷德·阿德勒 著	1061
2	自控力：斯坦福大学广受欢迎心理学课程 /（美）凯利·麦格尼格尔 著；王岑卉 译	876
3	态度 / 吴军 著	522
4	刻意练习：如何从新手到大师 /（美）安德斯·艾利克森，罗伯特·普尔 著；王正林 译	455
5	蔡康永的情商课：为你自己活一次 / 蔡康永 著	425
6	为何家会伤人 / 武志红 著	416
7	被讨厌的勇气："自我启发之父"阿德勒的哲学课 /（日）岸见一郎，古贺史健 著；渠海霞 译	397
8	认知天性：让学习轻而易举的心理学规律 /（美）彼得·C.布朗，亨利·L.罗迪格三世，马克·A.麦克丹尼尔 著；邓峰 译	388
9	财富自由之路 / 李笑来 著	351
10	精进：如何成为一个很厉害的人 / 采铜 著	351

排名	C 社会科学总论	借阅次数
1	人性的弱点 /（美）戴尔·卡耐基 著	1888
2	非暴力沟通 /（美）马歇尔·卢森堡 著；阮胤华 译	1621
3	原则 /（美）瑞·达利欧 著；刘波，綦相 译	1014
4	乡土中国 / 费孝通 著	573
5	我们的一天 / 真真 著；垂垂 绘	395
6	亲密关系：通往灵魂的桥梁 /（加）克里斯多福·孟 著；张德芬，余蕙玲 译	295
7	把时间当作朋友 / 李笑来 著；沈璜 校注；胖兔子粥粥 插画	290
8	沃顿商学院最受欢迎的谈判课 /（美）斯图尔特·戴蒙德 著；杨晓红，李升炜，王蕾 译	269
9	乌合之众：大众心理研究 /（法）古斯塔夫·勒庞 著；冯克利 译	256
10	能力陷阱 /（美）埃米尼亚·伊贝拉 著；王臻 译	242

排名	D 政治、法律	借阅次数
1	习近平讲故事（少年版）/ 人民日报评论部 著	213

续表

排名	D 政治、法律	借阅次数
2	幽微的人性 / 李玫瑾 著	213
3	中国历代政治得失 / 钱穆 著	210
4	文明的冲突与世界秩序的重建 / (美) 塞缪尔·亨廷顿 著; 周琪 等译	187
5	习近平讲故事 / 人民日报评论部 著	173
6	论中国 / (美) 亨利·基辛格 著; 胡利平 等译	169
7	低欲望社会: "丧失大志时代" 的新国富论 / (日) 大前研一 著; 姜建强 译	149
8	扫地出门: 美国城市的贫穷与暴利 / (美) 马修·德斯蒙德 著; 胡谆, 郑焕升 译	148
9	习近平谈治国理政·第一卷 / 习近平 著	141
10	注定一战: 中美能避免修昔底德陷阱吗? / (美) 格雷厄姆·艾利森 著; 陈定定, 傅强 译	136

排名	E 军事	借阅次数
1	三十六计 / 龚勋 主编	204
2	华杉讲透孙子兵法 / 华杉 著	185
3	孙子兵法 / (春秋) 孙武 著; 海豚传媒 编; 李婷 绘	170
4	特种兵学校之战机学校: 战斗机和轰炸机 / 八路 著	120
5	战车 / 普肃 编著	117
6	舰船 / 普肃 编著	116
7	枪械轻武器 / 韩雨江, 孙铭, 徐波 主编	106
8	别告诉我你懂军事: 特种部队篇 / 《深度军事》编委会 编著	101
9	坦克车·直升机 / 牛顿出版公司 编写	96
10	武器酷车大百科 / 龚勋 主编	95

排名	F 经济	借阅次数
1	聪明的投资者 / (美) 本杰明·格雷厄姆 著; 王中华, 黄一义 译	709
2	薛兆丰经济学讲义 / 薛兆丰 著	696
3	我们怎样走遍世界 / 巴娜娜, 张帅军, 赵菁 文; 赵梦雅 图	633
4	见识 / 吴军 著	609
5	美国陷阱 / (法) 弗雷德里克·皮耶鲁齐, 马修·阿伦 著; 法意 译	594
6	商贸, 从贝壳到丝绸 / 肖灵轩, 张意浓, 佟欣鑫 文; 张洛溪 图	556
7	思考, 快与慢 / (美) 丹尼尔·卡尼曼 著; 胡晓姣, 李爱民, 何梦莹 译	500
8	贫穷的本质: 我们为什么摆脱不了贫穷 / (印) 阿比吉特·班纳吉, (法) 埃斯特·迪弗洛 著; 景芳 译	454
9	韭菜的自我修养 / 李笑来 著	447
10	半小时漫画经济学 2: 金融危机篇 / 陈磊·半小时漫画团队 著	406

排名	G 文化、科学、教育、体育	借阅次数
1	未来简史：从智人到神人 /（以）尤瓦尔·赫拉利 著；林俊宏 译	914
2	机灵小神童 / 北猫 编著	744
3	正面管教：如何不惩罚、不娇纵地有效管教孩子（修订版）/（美）简·尼尔森 著；玉冰 译	621
4	用魔术玩转数学 / 毕晓光，高翠 编著	417
5	好妈妈胜过好老师：一个教育专家16年的教子手记 / 尹建莉 著	410
6	如何阅读一本书 /（美）莫提默·J.艾德勒，查尔斯·范多伦 著；郝明义，朱衣 译	375
7	小笨熊启智洞洞书系列：四季的颜色 / 崔钟雷 主编	327
8	学会说"不"！：一本教你学会说"不"和"是"的书 /（荷）桑德琳·范德杜夫 著；（荷）玛丽安·拉托尔 绘；刘畅 译	318
9	忙碌小镇全景认知翻翻书：救援队 / 北京小红花图书工作室 著绘	306
10	会说话的手 / 朱自强 文；朱成梁 图	302

排名	H 语言、文字	借阅次数
1	金字塔原理：思考、表达和解决问题的逻辑 /（美）芭芭拉·明托 著；汪洱，高愉 译	716
2	揭秘汉字 / 郭志瑞，惠旋 文；老老老鱼 图	665
3	好好说话：新鲜有趣的话术精进技巧 / 马薇薇，黄执中，周玄毅 等著	487
4	在教室说错了没关系 /（日）蒔田晋治 文；（日）长谷川知子 图；吴佳芬 译	322
5	做孩子最好的英语学习规划师：中国儿童英语习得全路线图 / 盖兆泉 著	318
6	蔡康永的说话之道 / 蔡康永 著；兔斯基团队 插画	299
7	小小世界游戏书：你好，昆虫 / 北京小红花图书工作室 著绘	287
8	我们的汉字：任溶溶写给孩子的汉字书 / 任溶溶 著	283
9	英语单词大书 /（英）梅丽·麦金农 著；（英）凯特·欣德利 绘；周彩萍 译	270
10	我的第一本亲子英文经典故事：启发孩子天生的英语学习天赋 / 李宗玥，高旭铋 著；艾塔·林 绘	219

排名	I 文学	借阅次数
1	窗边的小豆豆 /（日）黑柳彻子 著；（日）岩崎千弘 图；赵玉皎 译	1970
2	人间失格 /（日）太宰治 著	1870
3	夏洛的网 /（美）E.B.怀特 著；任溶溶 译	1605
4	稻草人 / 叶圣陶 著	1445
5	三国演义 /（明）罗贯中 著	1404
6	米小圈上学记：我是小学生 / 北猫 著	1379
7	月亮与六便士 /（英）威廉·萨默塞特·毛姆 著	1352
8	百年孤独 /（哥）加西亚·马尔克斯 著；范晔 译	1267
9	围城 / 钱钟书 著	1259
10	解忧杂货店 /（日）东野圭吾 著；李盈春 译	1255

排名	J 艺术	借阅次数
1	北京寻宝记 / 孙家裕 编创；邬城琪 编剧；尚嘉鹏 绘	1647
2	米小圈漫画成语：马不停蹄 / 北猫 编著	1084
3	超级市长（漫画升级版）/ 杨红樱 著	701
4	荷花镇的早市 / 周翔作 著	699
5	三毛流浪记（全集）/ 张乐平 著	694
6	植物大战僵尸 2 恐龙漫画：超时空营救 / 笑江南 编绘	503
7	如果历史是一群喵 3：秦楚两汉篇 / 肥志 编绘	495
8	同一个月亮 / 几米 著	484
9	趣味漫画西游 1：美猴王大闹天宫 / 铁皮人美术 编	381
10	科学实验王 26：细胞分裂 /（韩）Story a. 文；（韩）弘钟贤 图；徐月珠 译	371

排名	K 历史、地理	借阅次数
1	半小时漫画中国史：其实是一本严谨的极简中国史 / 二混子 著	1924
2	人类简史：从动物到上帝 /（以）尤瓦尔·赫拉利 著	1276
3	假如给我三天光明 /（美）海伦·凯勒 著	1227
4	万历十五年 / 黄仁宇 著	835
5	今日简史：人类命运大议题 /（以）尤瓦尔·赫拉利 著；林俊宏 译	764
6	傅雷家书 / 傅雷，朱梅馥 著	655
7	家，我们从哪里来 / 段丽彬，陈慰，洪韵 文；苏小芮 图	655
8	大河，我们的开始 / 刘林琳，黄宋，牛志华 文；梁惠然 图	579
9	苏东坡传 / 林语堂 著；张振玉 译	458
10	广东寻宝记 / 孙家裕 编创；张李 编剧；尚嘉鹏 绘	442

排名	N 自然科学总论	借阅次数
1	全球科技通史 / 吴军 著	379
2	万物简史（少儿彩绘版）/（英）比尔·布莱森 著；严维明 译	330
3	科学 10×10：改变人类的 100 个科学发现 /（英）丽莎·简·吉莱斯皮 著；杜钰凯 绘；邓逗逗 译	288
4	发现与发明 / 美国大英百科全书公司，（韩）波波讲故事 编著；金大地 绘；易乐文 译	283
5	让孩子着迷的 77×2 个经典科学游戏 /（日）后藤道夫 著；施雯黛，王蕴洁 译	275
6	我的疯狂发明书 /（美）丽莎·里根 文；（英）安德鲁·雷伊 图；朱晨迪 译；浪花朵朵童书 编译	273
7	不可思议的发明 /（波）玛乌戈热塔·梅切尔斯卡 文；（波）亚历山德拉·米热林斯卡，丹尼尔·米热林斯基 图；乌兰，李佳 译	252
8	揭秘自然 /（英）保罗·维尔 文；（英）茱莉安娜·斯沃尼 图；龙彦 译	241
9	揭秘发明 /（英）埃里克斯·弗利斯 文；（英）科林·金 图；荣信文化 编译	241
10	我们的大自然：给中国孩子的手绘自然百科 / 王灵捷 著；王静思 绘；童趣出版有限公司 编	226

排名	O 数理科学和化学	借阅次数
1	给孩子讲量子力学 / 李淼 著	558
2	上帝掷骰子吗：量子物理史话 / 曹天元 著	449
3	揭秘元素周期表 / 英国尤斯伯恩出版公司 编著；褚秀丽 译	272
4	揭秘数学 / 英国尤斯伯恩出版公司 编著；蔡婷婷 译	259
5	时间的秩序 /（意）卡洛·罗韦利 著；杨光 译	252
6	揭秘能量 / 英国尤斯伯恩出版公司 编著；褚秀丽 译	249
7	给孩子讲相对论 / 李淼，王爽 著	233
8	1分钟物理："中科院物理所"趣味科普专栏（第1辑） / 中科院物理所 编	230
9	揭秘物理 /（英）克里斯·奥克雷德 文；（荷）安妮·帕斯齐尔 图；王旭华 译	222
10	揭秘乘法表 / 英国尤斯伯恩出版公司 编著；褚秀丽 译	203

排名	P 天文学、地球科学	借阅次数
1	揭秘二十四节气 / 鸿雁 文；须史 图	488
2	揭秘夜晚 /（英）保罗·维尔 文；（哥）路易斯·乌里比 图；董丽楠 译	445
3	一秒有多长：用直观的方式让孩子理解时间 /（美）史蒂夫·詹金斯 著；李亦然 译	428
4	揭秘太空 /（英）克里斯·奥克雷德，阿妮塔·盖恩瑞 文；（美）马克·奥利弗 图；王旭华 译	403
5	揭秘地球 /（英）克里斯·奥克雷德，阿妮塔·盖恩瑞 文；（美）斯蒂芬妮·科尔曼 图；翁建武 译	399
6	给孩子讲时间简史 / 李淼 著	399
7	给孩子讲宇宙 / 李淼，王爽 著	390
8	揭秘海洋 /（英）阿妮塔·盖恩瑞，克里斯·奥克雷德 文；（以）加利亚·伯恩斯坦 图；王旭华 译	383
9	时间简史：插图本 /（英）史蒂芬·霍金 著；许明贤，吴忠超 译	370
10	揭秘丛林 /（英）保罗·维尔 文；（英）加文·斯科特 图；陈瑞泽 译	325

排名	Q 生物科学	借阅次数
1	从一粒种子开始 /（英）劳拉·诺尔斯 文；（英）珍妮·韦伯 图；范晓星 译	514
2	走进奇妙的虫子世界 /（以）尤瓦·左默 著；曾薇 译	497
3	一粒种子的旅行 /（德）安妮·默勒 著绘；王乾坤 译	429
4	自私的基因（40周年增订版）/（英）理查德·道金斯 著；卢允中 等译	405
5	生命的秘密：从草履虫到达尔文 /（荷）扬·保罗·舒 著；（荷）弗洛尔·李德 绘；王奕瑶 译	318
6	一秒有多长：用直观的方式让孩子理解时间 /（美）史蒂夫·詹金斯 著；李亦然 译	303
7	动物大数据 /（美）史蒂夫·詹金斯 著；曾薇 译	296

续表

排名	Q 生物科学	借阅次数
8	揭秘动物 /（英）保罗·维尔 文；（英）蕾切尔·桑德斯 图；董丽楠 译	296
9	马小跳发现之旅：恐龙集中营 / 杨红樱 主编；央美阳光 编绘	292
10	恐龙百科 / 车艳青 编著	291

排名	R 医药、卫生	借阅次数
1	牙齿宝宝爱洗澡 /Abc 牙医集团，谢尚廷，吴妮蓉 著	543
2	揭秘人体 /（英）克里斯·奥克雷德，阿妮塔·盖恩瑞，艾伦·比查 编著；巩小图 译	394
3	最好的告别：关于衰老与死亡，你必须知道的常识 /（美）阿图·葛文德 著；王一方 主编；彭小华 译	241
4	本草纲目（少儿彩绘版）/ 王秋玲 著；斯琴图 绘	240
5	皮肤的秘密：关于人体最大器官的一切 /（德）耶尔·阿德勒 著；（德）卡佳·斯皮策 插图；刘立 译	222
6	人体 / 美国大英百科全书公司，（韩）波波讲故事 编著；（韩）金德英 绘；俞治 译	207
7	人体健康保卫行动 /（韩）波波讲故事 著；（韩）刘永升 绘；章科佳 译	200
8	杀人疾病全记录 /（英）尼克·阿诺德 著；（英）托尼·德·索雷斯 绘；朱子仪 译	200
9	神奇的人体世界 / 钟书 主编	179
10	活出生命的意义 /（美）维克多·弗兰克尔 著；吕娜 译	172

排名	S 农业科学	借阅次数
1	树 /（意）皮亚·瓦伦提里斯，莫罗·埃万杰利斯塔 绘图；陈阳 译	298
2	森林报（注音版）/（苏）维·比安基 著；周小波 改写；丁秦 绘画	208
3	奇妙的蜂巢 /（美）乔安娜·柯尔 文；（美）布鲁斯·迪根 图；蒲公英童书馆 译	189
4	森林 / 张双 文；四叶 图	153
5	农场动物们 /（英）DK 公司 编著；朵朵 译	142
6	狗聪明还是猫聪明？/（美）史蒂夫·詹金斯 著；曾萬 译	138
7	揭秘雨林 / 英国尤斯伯恩出版公司 编著；景佳 译	124
8	神奇的土壤 / 蔡祖聪 文；张宁阳 图	113
9	穿越侏罗纪原始森林 /（美）陈振盼 著绘；李振基 译	109
10	改变世界的七种花 /（英）珍妮弗·波特 著；赵丽洁，刘住 译	89

排名	T 工业技术	借阅次数
1	富爸爸穷爸爸 /（美）罗伯特·清崎 著；萧明 译	664
2	我们祖先的餐桌 / 牛志华，黄宋 文；刘静 图	583
3	断舍离 /（日）山下英子 著	673

续表

排名	T 工业技术	借阅次数
4	揭秘机器人 /（英）克里斯·奥克雷德，阿妮塔·盖恩瑞 文；（美）丹尼尔·朗 图；王旭华 译	406
5	小狗钱钱：让孩子和家长共同成长的金融读物 /（德）博多·舍费尔 著；王钟欣，余茜 译	405
6	揭秘建筑 /（英）阿妮塔·盖恩瑞，克里斯·奥克雷德 文；（英）丹尼尔·朗 图；王旭华 译	348
7	小家，越住越大 / 逯薇 著绘	346
8	数学之美 / 吴军 著	337
9	揭秘房屋 /（英）克里斯·奥克雷德，阿妮塔·盖恩瑞 文；（英）亚历山大·佐罗提克 图；孟娜 译	322
10	机器人 / 美国大英百科全书公司，（韩）波波讲故事 编著；郑润才 绘；吴丽娟 译	280

排名	U 交通运输	借阅次数
1	超级大桥通车了 / 田恬，曹慧思 著；管治国 绘	358
2	铁路通车了 / 徐凯，向上 著；张澎 绘	318
3	揭秘火车 /（英）保罗·维尔 文；（英）亚当·拉克姆 图；程耀仪 译	302
4	揭秘汽车 /（英）克里斯·奥克雷德，阿妮塔·盖恩瑞 文；王丹蕾 译	301
5	超级港口建成了 / 中交三航院 著；张澎 绘	296
6	高铁出发了 / 曹慧思，董光磊 著；王莉莉 绘	296
7	揭秘船舶 /（英）阿妮塔·盖恩瑞，克里斯·奥克雷德 文；（英）尼克·哈德卡斯尔 图；巩小图 译	296
8	警车 / 王丽娜 著；木木树文化 绘	284
9	高铁动车的故事：给中国孩子的火车知识绘本 / 陈曦 著绘	193
10	忙碌的交通 / 钟书 主编	187

排名	V 航空、航天	借阅次数
1	第一次坐飞机 /（日）宾美由纪 著；李力丰 译	338
2	尤斯伯恩看里面：揭秘航天器 / 英国尤斯伯恩出版公司 编著；纪园 译	260
3	揭秘机场 /（英）保罗·维尔 文；（英）乔尔勒·德里德米 图；董丽楠 译	236
4	飞向太空 /《中国儿童太空百科全书》编委会 编著	220
5	老鼠宇航员火星登陆计划 /（美）马克·凯利 文；（美）C.F.佩恩 图；常君丽，倪晓南 译	173
6	疯狂飞行手记 /（英）尼克·阿诺德 著；（英）托尼·德·索雷斯 绘；那晓丹 译	139
7	火箭发射了 /（日）岩田慎二郎 著；张心然 译	132
8	你好！空间站 / 张智慧，郭丽娟 著；酒亚光，王雅娴 绘	128
9	太空是什么样子的？/ 英国尤斯伯恩出版公司 编著；吉振兴 译	128
10	起飞吧！飞机 / 小多（北京）文化传媒有限公司 编著	124

排名	X 环境科学、安全科学	借阅次数
1	揭秘垃圾 /（英）阿妮塔·盖恩瑞,克里斯·奥克雷德 文;（英）汉娜·贝利图 ; 王旭华 译	463
2	女孩的自我保护 / 燕子 编绘	242
3	尤斯伯恩看里面：揭秘垃圾 / 英国尤斯伯恩出版公司 编著;褚秀丽 译	232
4	我从哪里来 / 燕子 编绘	217
5	环保超人奇妙之旅 /（韩）波波讲故事 著;（韩）崔宇彬 绘;沈家佳 译	187
6	儿童安全自救宝典（注音版）/ 龚勋 主编	162
7	扔或不扔：垃圾分类 /（韩）徐宝贤 著;（韩）金妍正 绘;何竞 译	159
8	我不跟你走 /（德）达柯玛尔·盖斯勒 著绘;康萍萍 译	143
9	别想欺负我 /（德）伊丽莎白·崔勒 文;（德）达柯玛尔·盖斯勒 图;康萍萍 译	125
10	垃圾分类从我做起 / 阿优文化 编绘	122

排名	Z 综合性图书	借阅次数
1	植物大战僵尸2武器秘密之你问我答科学漫画：科学探险卷 / 笑江南 编绘	398
2	揭秘地下 /（英）克里斯·奥克雷德,阿妮塔·盖恩瑞 文;（以）加利亚·伯恩斯坦 图;翁建武 译	354
3	我的第一套视觉百科：恐龙 / 张功学 主编	324
4	身体 /（英）卡伦·布朗 著;（英）雷切尔·桑德斯 绘;朱雯霏 译	309
5	漫画科普：比知识有趣的冷知识 / 锄见 编绘	274
6	儿童百问百答 45:SOS 生存科学 /（韩）权燦好 文;（韩）车炫珍 图;王雨婷 译	264
7	大自然的一年 /（英）海伦·阿普恩斯瑞 著;李遥岑 译	261
8	我的四季认知小百科 /（英）哈莉尔特·布兰德 著;王可煊 译	253
9	加斯东，问个不停的小孩：关于人生的哲学课 /（法）苏菲·弗洛,（法）卡特琳娜·普罗多·祖贝尔 著;黄凌霞 译	251
10	图书馆 /（英）希瑟·亚历山大 著;（土）伊佩克·科纳克 绘;朱雯霏 译	251

8.构建"图书馆之城"读者信用体系，推出阅读积分应用

2020年图书馆服务宣传周期间，"图书馆之城"信用分和阅读积分系

统上线，读者可以自助查询信用分^①和阅读积分^②。2020年9月，阅读积分的应用——"阅读积分抵扣逾期滞还费"服务上线，这是构建读者阅读积分系统后，首个应用阅读积分为读者提供积分使用的服务项目，有利于提升读者阅读积极性。截至12月底，使用阅读积分抵扣滞还费的读者达13880人，共抵扣25571册图书产生的逾期滞还费。

二、数字资源丰富便捷，新媒体服务影响力不断提升，移动阅读备受青睐

深圳图书馆目前拥有77个外购数据库、11个自建数据库，共550多万册/件电子文献，可通过移动端访问的有25个数据库，内容涵盖人文、经济、科学、法律、医学等各个领域，文献类型包括报纸、期刊、图书、学位论文、行业报告、年鉴与音视频资源等，资源丰富，种类多样，获取便捷。

疫情突发期间，公共图书馆更充分发挥数字图书馆线上服务优势，持续为读者提供网上办理虚拟读者证、网上咨询、新媒体与数字资源馆外访问等各项数字化服务，助力市民以读攻毒。2020年1月24日至3月30日

---

① 读者信用分主要反映读者使用图书馆的信用状态，培育读者"图书馆信用"观念，引导读者遵守图书馆服务规则，合理使用公共图书馆资源和服务。读者自办理"图书馆之城"读者证之日起，其使用图书馆资源与服务、参与读者活动等各类行为都将成为评价其信用分的依据，影响其信用分的评定。信用分每月动态更新。
② 阅读积分主要反映读者使用图书馆的范围和频率，通过积分排行榜和应用激励读者参与各种类型的阅读活动，提升图书馆服务效能。自2020年1月1日起，读者借阅文献的行为将记录积分，后续读者参与捐赠换书、读者活动、志愿服务等也将记录积分。阅读积分每日动态更新。

期间，深圳图书馆馆外访问数字资源①达24.58万人次，同比上涨20.66%；新媒体服务图文阅读数超过1000万人次，粉丝总数突破120万人。3月中旬，基于微信小程序端建立的"数字阅读馆"正式上线，为疫情宅家的人们送来"春天里的文化福利"，开通一周平台访问量就达3.6万人次，资源访问量超34万次。

1. 拓展优化数字资源服务平台，各项服务量持续增长

（1）2020年深圳图书馆数字资源访问量达265.65万人次，同比增长86.83%。

表5-9 2020年深圳图书馆各类型数据库最受读者欢迎排行榜

排名	电子书数据库	期刊论文数据库	事实型数据库	多媒体数据库
1	QQ阅读	龙源电子期刊阅览室数据库	中经网行业报告库	云图数字有声图书馆
2	云图数字有声图书馆	中国知网	中经专网	库客（KUKE）数字音乐图书馆
3	"书香深圳"互联网数字图书馆	博看期刊数据库	国研网	网上报告厅
4	超星书世界	万方知识服务平台	EMIS全球新兴市场商业资讯数据库	天天·微学习中心
5	歌德电子书	维普中文科技期刊数据库	北大法宝	职业全能培训库
6	哪吒看书	慧科信息搜索	皮书数据库	MET英语学习资源库
7	雅昌艺术图书数据库	人大复印报刊资料	搜数网	设计师之家
8	易阅通电子书	晚清/民国期刊全文数据库	E线图情	新东方多媒体学习库
9	中国基本古籍库	华艺台湾学术文献数据库	列国志	超星名师讲坛
10	OverDrive赛阅数字图书馆	ProQuest	不列颠百科全书	智课教育英语学练改管在线学习平台

（备注：根据浏览或下载全文量排名）

---

① 读者可通过到馆查阅或馆外访问方式（www.szlib.org.cn-> 资源导航 -> 数字资源）获取数字资源，也可以通过深圳文献港（www.szdnet.org.cn）一站式获取深圳地区的数字文献信息。移动端用户可以通过关注深圳图书馆微信公众号、"数字阅读馆"小程序随时随地掌上阅读。

（2）2020年深圳图书馆电子书数据库全文下载浏览量达1343.83万篇次，同比增长135.66%。

表5-10　2020年深圳图书馆"QQ阅读"阅读排行榜

排名	图书名称	点击量（篇次）
1	穷爸爸富爸爸全集／（美）罗伯特·清崎 著	16217
2	古董局中局（大全集）／马伯庸 著	15988
3	十年一品温如言／书海沧生 著	15732
4	余生，请多指教／柏林石匠 著	15640
5	浮生六记／（清）沈复 著	15395
6	小王子／（法）安托万·德·圣埃克苏佩里 著	14803
7	长安十二时辰／马伯庸 著	14763
8	你有多自律，就有多自由／卡西 著	14459
9	假如给我三天光明／（美）海伦·凯勒 著	14157
10	受戒／汪曾祺 著	13374

表5-11　2020年深圳图书馆"歌德电子书"阅读排行榜

排名	图书名称	点击量（篇次）
1	隐形罪恶／库玉祥 著	8417
2	父与子全集／（德）埃·奥·卜劳恩 著	8276
3	钢铁侠：太空幽灵的入侵／美国漫威公司 著；冯玲玲 译	8071
4	一诺倾城／拈花惹笑 著	7657
5	美联储主席全传：从发行美元到操纵世界／斯凯恩 著	7284
6	小王子／（法）安托万·德·圣埃克苏佩里 著；钟点 改写；吴亦可 绘	6637
7	蜜语楼／佟婕 著	6625
8	格林童话／（德）格林兄弟 著；于仲慧 编译	5729
9	三个和尚／李建 编	5387
10	红楼梦／（清）曹雪芹，高鹗 著	5041

表5-12　2020年深圳图书馆"云图数字有声图书馆"阅读排行榜

排名	图书名称	点击量（篇次）
1	西游记／（明）吴承恩 著	8228
2	简·爱／（英）夏洛蒂·勃朗特 著；宋兆霖 译	7552
3	易经的智慧／曾仕强 著	5624

续表

排名	图书名称	点击量（篇次）
4	跟谁都能聊得来 / 张子凡 著	4198
5	海底两万里 /（法）儒勒·凡尔纳 著	4076
6	全职高手 / 蝴蝶蓝 著	3351
7	福尔摩斯探案全集（全3册）/（英）阿瑟·柯南·道尔 著	2541
8	老路：用得上的商学课 / 路骋 著	2525
9	三体 / 刘慈欣 著	2524
10	瓦尔登湖 /（美）亨利·戴维·梭罗 著；王光林 译	2383

表5-13 2020年深圳图书馆"超星书世界"阅读排行榜

排名	图书名称	点击量（篇次）
1	冬至之雪 / 颜晓夕 著	6927
2	历届全国初中数学竞赛经典试题详解 / 谢树发 编著	6885
3	智能汽车：决战2020/ 车云，陈卓 等著	6792
4	没有过不去的坎：中国社会各阶层心理障碍分析 / 刘宗粤，何苗，刘裔 等著	6789
5	夫妻生活小百科 / 姚清，雨芳 主编；石炯 等编著	6768
6	适合中国人的英语记忆流程图 / 窦玮 主编	6735
7	喝对粥膳更养人 / 杨力 主编	6720
8	新型冠状病毒感染防治实用手册 / 贾德胜，曹勇平，汪春晖 主编；东部战区疾病预防控制中心 编	6711
9	货币银行学 / 陈凌白，张爽 主编；李秋，李新仓 副主编	6672
10	钱拉·菲立浦传 /（法）莫里斯·佩里塞 著；戴明沛 译	6648

表5-14 2020年深圳图书馆"书香深圳"互联网数字图书馆阅读排行榜

排名	图书名称	点击量（篇次）
1	OrCAD PADS 高速电路板设计与仿真 / 周润景，赵建凯，任冠中 编著	1483
2	推拿 / 毕飞宇 著	1345
3	怎么沟通，领导才放心 怎么做事，领导才信任（第二版）/ 石真语，孙科炎 著	1321
4	穿过岁月握你的手：林徽因励志文选 / 林徽因 著；辛尧 编	1243
5	解读深圳——为什么深圳能创造一个世界奇迹 / 夏晋祥 主编	1139
6	临床常见心理问题分析 / 童艳琼 等主编	1097
7	蛇口，梦开始的地方：致敬改革开放40年 / 许永军，刘伟 主编	993
8	Python 程序设计 / 天津滨海迅腾科技集团有限公司 主编	931
9	你原来这么聪明：探案游戏大全 / 张祥斌 编著	910
10	张居正. 卷一：木兰歌 / 熊召政 著	886

2. 微博微信累计用户超过 140 万，新媒体服务影响力不断提升

（1）截至2020年底，深圳图书馆微信公众号累计关注用户达92.59万人，其中深圳图书馆微信订阅号关注用户53.47万人，"深圳图书馆｜图书馆之城"微信服务号关注用户39.12万人，同比分别增长33.08%和26.03%。微信公众号基本涵盖了图书馆的主要服务内容，2020年读者通过微信利用图书馆服务达632.9万次、3751.18万页次，同比分别增长46.31%和56.31%。

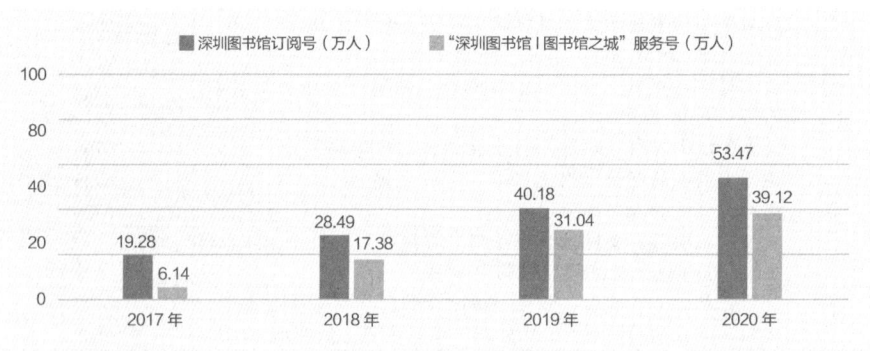

图 5-6　2017—2020 年深圳图书馆微信公众号关注用户数对比

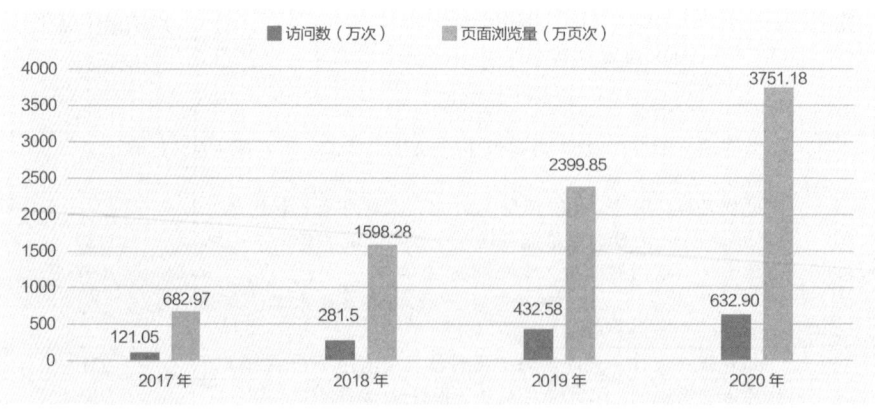

图 5-7　2017—2020 年深圳图书馆移动版网站微信公众号访问量对比

（2）2020年，深圳图书馆新浪官方微博净增粉丝超30万人，阅读量达7666万人次，同比分别增长1288.77%和42.78%；至2020年底，累计粉丝达49.03万人，位列全国公共图书馆微博粉丝数第二位。1月31日长微博《宅在家里怎么"天天向上"？不急，深图海量数字资源满足您！全免费！》阅读量达18.3万人次，创单条原创长微博阅读量新纪录。2020年深圳图书馆微博累计7个月荣登全国公共图书馆微博（月）影响力榜首，其中12月微博影响力指数达1515.10，创2020年度全国公共图书馆微博（月）影响力指数最高值；同时连续四年被人民网评为年度"十大图书馆微博"；更获评新浪"2020年度创新应用与传播优秀微博"，同时入选"十大广东文旅系统微博"，并排名榜首。

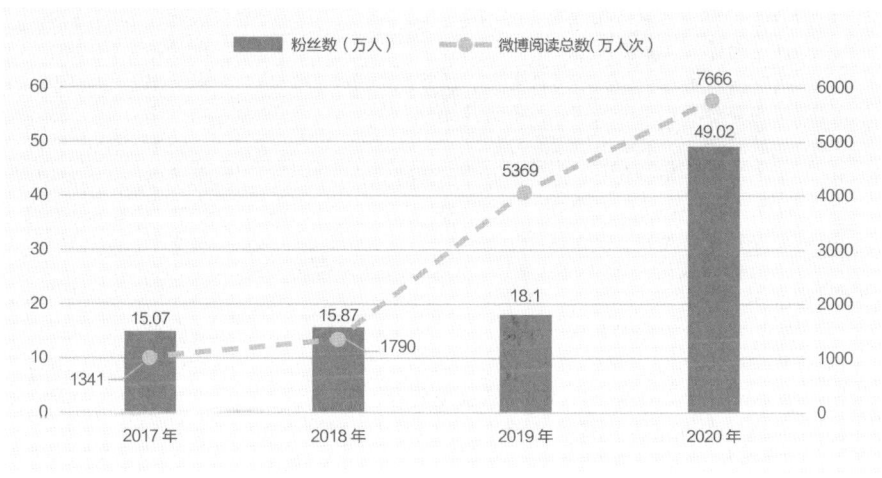

图5-8 2017—2020年深圳图书馆微博粉丝数及阅读量对比

3. "数字阅读馆"开通上线，访问量占全馆数字资源总访问量的53.9%

"数字阅读馆"是一款基于微信小程序开发的线上数字阅读平台，以

"精读化""个性化""社交化"为主要特点，整合了 QQ 阅读、云图有声数字图书馆、哪吒看书、龙源期刊网、爱迪科森网上报告厅等 9 家数据库，集成"深图视听""深图记忆""深图书单"等本地资源。目前资源总量 30 余万种，其中电子图书近 8 万册，期刊 3 万期，各类听书资源近 19 万集，内容涵盖少儿、文学、艺术、哲学、科普等。截至 12 月底访问达 143.18 万人次，资源总点击量达 790.42 万篇次，其中访问人次占全馆数字资源总访问量的 53.9%。

表 5-15 2020 年深圳图书馆"数字阅读馆"阅读排行榜

排名	图书名称	资源类型	访问量（人次）
1	平凡的世界/路遥 著	音视频	10120
2	学会表达懂得沟通/丁艳丽 编著	音视频	5562
3	易经的智慧/曾仕强 著	音视频	5156
4	许我向你看/辛夷坞 著	电子书	4040
5	做时间的主人/《做时间的主人》编写组 编著	电子书	3597
6	明朝那些事儿（全集）/当年明月 著	电子书	3556
7	林徽因新传/张俊杰 编著	音视频	2574
8	穷爸爸富爸爸全集/（美）罗伯特·清崎 著	电子书	2410
9	浮生寄流年/晴空蓝兮 著	电子书	1583
10	云边有个小卖部/张嘉佳 著	电子书	1397
11	福尔摩斯探案全集（全 3 册）/（英）阿瑟·柯南·道尔 著	音视频	1374
12	默克尔新传/王拥军 著	音视频	1373
13	穆斯林的葬礼/（回）霍达 著	音视频	1286
14	匪我思存小说合集（15 本）/匪我思存 著	电子书	1235
15	国内四大言情天后精选作品集（全 4 册）/晴空蓝兮，苏静初，莲沐初光 等著	电子书	1185
16	早知道这样管理就好了/李世化 著	音视频	1168
17	蒋勋说红楼梦/蒋勋 著	音视频	992
18	庆余年·陆：殿前欢/猫腻 著	音视频	719
19	一场江山豪赌：纨绔世子妃/西子情 著	电子书	670
20	庆余年·伍：京华江南/猫腻 著	音视频	533

三、加强品牌策划，创新推广模式，吸引更多市民参与活动

1. 年度举办 1.28 万场阅读推广活动，参与市民达 669.52 万人次，同比增长 8.12%

公共图书馆是全民阅读的主要阵地。虽受疫情影响，但 2020 年全市各级公共图书馆快速应变，创新阅读推广模式，精心策划了一系列线上活动如经典导读、直播课、讲座、朗诵会等，丰富广大市民的精神文化生活。全年共举办各类活动 1.28 万场，共吸引 669.52 万人次参与，其中举办线上活动 3900 余场，参与市民近 480 万人次，占总参与人数的 71.64%。

2. 庆祝深圳经济特区建立 40 周年，系列主题活动精彩纷呈

为庆祝深圳经济特区建立 40 周年，深圳图书馆特别策划举办了系列主题活动。具体包括：

举办"从文献看深圳——深圳经济特区建立 40 周年地方文献展"，通过文献视角追寻深圳城市发展脉络，展现深圳历史文化风貌和特区 40 年伟大历程与成就。展览分为寻根、崛起、融合、风物、示范等五个部分，以实体文献＋图文展板＋多媒体播放的形式，通过展板 110 幅，图片 280 余幅，3.5 万文字，和现场展出的珍贵文献 80 余册 / 件，勾勒出深圳地区从 6700 年前到今天的发展脉络，还创新推出"VR 看展"，展出两个月参观读者 8 万人次，并在深圳光明区以及佛山市等地进行巡展。

研究出版《深圳文献·深圳人著作目录》（文学卷），共计收录 949 位深圳著作人的 3615 部文学作品，以著作目录的形式汇集深圳文学累累硕果，系统反映特区 40 年文学成就，是"深圳学派"建设的重要成果展示。

举办"不忘初心再先行，牢记使命当示范——庆祝深圳经济特区建立

40周年主题图书展",展出深圳图书馆优秀馆藏图书近600册并随时更新,涵盖政治、经济、文学、历史、自然科学等领域。

举办"筑迹——基建工程兵拓荒记忆照片展",以时任基建工程兵00319部队(31支队)师部专职新闻报道员杨洪祥拍摄提供的100多张基建工程兵主题照片为展览内容,通过图文结合的方式,再现基建工程兵建设、军民情、生活、学习和转业的场景。

举办"鹏程礼赞"大型原创诗书画巡回展,以水墨丹青生动描绘了深圳从边陲小镇建设成现代化、国际化大都市的光辉历程,热情讴歌了无数来深建设者敢为人先的"孺子牛"精神。

举办"特区40周年·深圳知多少"云上知识大闯关活动、"阅读·深圳"经典诗文朗诵会、"深圳记忆"文化之旅等主题活动。

3. 粤鄂澳"共读半小时"活动,积聚力量传递祝福和关爱

2020年4月23日,第五届"共读半小时"活动在深圳正式启动,活动首次联动湖北,用共同的阅读行为,传递文字蕴涵的理性与大爱,以优秀文化凝聚共识,积聚力量传递对抗击疫情主战场的湖北人民的祝福和关爱。

活动由深圳市文化广电旅游体育局、武汉市文化和旅游局、澳门特别行政区文化局、澳门特别行政区教育暨青年局主办,广东图书馆学会阅读推广委员会、湖北省图书馆学会阅读推广委员会、深圳图书情报学会阅读推广委员会、广东省立中山图书馆、湖北省图书馆、深圳图书馆、武汉图书馆、澳门公共图书馆等承办。

活动以"我愿"为主题,以"自发自主,一人阅读,不限形式,读出精彩"为口号,开启"1+4+N"多会场阅读模式,其中,"1"代表AR线上共读总会场(深圳);"4"代表广州、深圳、武汉、澳门四个主会场;

"N"代表遍布粤鄂澳各地的图书馆、学校、企业、社区、医院、工业园、餐馆、家庭等所有共读点。本次活动首次引入"AR"技术,实现线上共读,并通过新华社、网易云、今日头条等进行直播,在线观看人次超过53万,各类新闻媒体报道230余篇次。

4. "阅在深秋"公共读书活动,市民尽享书香盛宴

2020年11月28日至29日,第四届"阅在深秋"公共读书活动在深圳图书馆水幕广场举行,共有14家图书馆参与,参与数量和规模创历届之最,举办时长翻倍。活动以"图书馆,让城市更温暖"为主题,围绕"知识服务""分众阅读""特色馆藏""公共空间""深圳记忆"等关键词,充分发挥创意,表现出主题鲜明、形式多样、内容丰富、受众广泛、互动性强等特点,通过丰富的户外阅读文化活动,传递阅读文化的温暖力量,满足市民的精神文化需求。

本届活动中,深圳图书馆以"楮墨留香"为主题,让读者通过"摸得着的体验"感受传统文化的魅力。福田区图书馆精心布置了一方星空蓝,把本馆品牌阅读活动项目装进一个小小的"奇妙夜阅读空间";南山区图书馆围绕"战疫生活"精心布置一条战疫·时间轴,带领市民重温那段令人难忘的时光;龙岗区图书馆以本馆阅读空间造型为基础设立"书缘"展区,让市民们走进阅读,与书结缘;宝安区图书馆将厚重的文化与趣味游玩融合,带领市民一起"游阅宝安";罗湖区图书馆打造了活动体验、拍照打卡、悦享美食三大互动区域的宝藏阅读区;龙华区图书馆以"文溢龙华,阅享童年"为主题,在闹市中搭建起了温馨可爱、创意有趣的儿童亲子阅读区域;坪山区图书馆阅读区以"温暖的书香"为主题,围绕品牌引领与特色空间,打造"阅读+互动"综合体验区;光明区图书馆模拟新馆设计风格将其"还原"在水幕广场,让读者近距离体验新馆各功能室，开启"光图"新馆探秘之门；盐田区图书馆以"老百姓的书房，让阅读更有温度"为主题，让读者现场DIY智慧书房立体模型，并参与阅读打卡小游戏。

此外，深圳市委党校与高校图书馆也一同上阵，带领广大读者领略不一样的阅读风光。市委党校图书馆首次参与活动，向广大市民展示优秀红色书籍，传承与传播红色文化；深圳大学城图书馆以"深爱阅读，见'圳'美好"为主题，与市民读者共同庆祝深圳经济特区建立40周年；深圳技术大学图书馆推出"汉字拼字"和"文学问答"有奖活动，深受读者喜欢；深圳职业技术学院图书馆开展了毛笔教学、硬笔教学等活动，让参与者置身于古色古香的空间里，感受传统文化和经典。

"阅在深秋"是以多馆联动并在户外举行的形式集中开展的阅读体验活动，既是对深圳"图书馆之城"多年来建设成果的集中展现，更是面向市民的公共阅读活动，四年来已打造成为深圳"图书馆之城"闪亮的文化品牌。据不完全统计，本届"阅在深秋"活动期间，参与人数再创新高，累计吸引近140万名读者参与活动，其中现场参与人数约6万，读特App直播观看量近4万人次，新浪官方微博相关博文阅读总数达125万人次。

2020年是不平凡的一年，也是习近平总书记给国家图书馆老专家回信一周年，新冠疫情席卷全球持续至今，图书馆作为"滋养民族心灵、培育文化自信的重要场所"，深圳"图书馆之城"各成员馆全面落实疫情防控工作，积极发挥公共信息枢纽和文化空间作用，着力提升全社会"图书馆意识"，推动全民阅读，也向社会公众展示了公共图书馆的独特使命与价值，不断彰显图书馆在社会发展中的重要性。为更好地保障市民阅读权利，丰富精神文化生活，进一步提升市民幸福获得感，全市图书馆界将紧紧抓住建设粤港澳大湾区和中国特色社会主义先行示范区"双区驱动"的重大历史发展机遇,为深圳打造城市文明典范和民生幸福标杆齐心协力,不懈奋斗。

当前我国公共图书馆儿童阅读推广人培育体系建设现状
——以深圳公共图书馆实践为中心

赵艺超

近年来，在国家公共文化服务体系建设总体思路指导下，读者需求导向已经成为重塑公共图书馆服务的强大动力。坚持以人民为中心，服务国家文化发展战略、满足群众不断提高的阅读需求成为公共图书馆创新发展的价值取向和责任担当。蔚然成风的公共图书馆儿童阅读推广人培育，意在通过对"点灯人"这一角色的塑造，推动儿童阅读推广向系统化、专业化发展，发挥公共图书馆在儿童阅读观念传播、阅读兴趣培养、阅读技能提升上不可替代的作用，从而更好地履行《公共图书馆法》赋予的责任使命。

如果我们把2005年中国图书馆学会设立儿童与青少年阅读推广专业委员会作为国内公共图书馆儿童阅读推广专业化工作的起点，那么我国公共图书馆儿童阅读推广已经走过了15年历程。如果以2012年深圳市少儿图书馆承办的"阅读推广人培训班"为起点，那么我国公共图书馆儿童阅读推广人培训工作也走过了将近10年的探索之路。《公共图书馆法》明确要求各级公共图书馆要"开展面向少年儿童的阅读指导和社会教育活动"，国内掀起了一股儿童阅读推广热并纷纷聚焦于儿童阅读推广人培训这一新业务，多角度多层次探索了儿童阅读推广人培训的目标、内容、路径，为构建中国特色的儿童阅读推广人培训体系提供了丰富多样的实践样本。

我们以中图学会 2018 年度课题"公共图书馆儿童阅读推广人培育模式分析"调研成果为基础，以深圳公共图书馆儿童阅读推广人培训为中心，综合考察国内公共图书馆专业机构、地方政府部门及民间阅读机构开展的儿童阅读推广人培训案例，呈现国内公共图书馆儿童阅读推广人培训体系的肌理机制，通过对体系诸要素的内涵揭示、分析，为进一步完善我国公共图书馆儿童阅读推广人培育体系建设提供一个模型参考。[①]

一、公共图书馆儿童阅读推广人培训体系的特征

（一）开放性

儿童阅读推广人培训的宗旨是为一切愿意为促进儿童阅读而投身于儿童阅读推广工作的图书馆专业人士和非专业人士提供专业技能提升服务，这决定了儿童阅读推广人培训对象不受职业、专业、性别限制。学员录取、学习考核、推广实践虽然有条件要求，但并不具强制性。培训的内容和形式，需要根据学员的情况进行动态调整。除了公共图书馆自有资源外，还会大量吸收来自社会各界的优质可获得培训资源。在这培训体系内部，学员的身份也并非一成不变，必要的时候，特定专业（专长）的学员

---

① 倪连红. 我国阅读推广人培育研究述评与未来研究趋向 [J]. 图书馆理论与实践，2020（5）：97-100.

可以兼任个别课程的讲师角色。

（二）系统性

为了保障培训效果，儿童阅读推广人培训应当以儿童阅读为核心，编制一套基于实践需要的有针对性、可操作、见效快的培训大纲，保证学员能在较短的培训期内尽快掌握从事儿童阅读推广业务的基本理论、基本素质、核心能力。目前国内各公共图书馆开展的儿童阅读推广人培训的课程体系，大都包含了理论学习、技能培养、实践考核等内容环节，形成了一个大致完整的培育系统。[①]

（三）实践性

公共图书馆举办儿童阅读推广人培训班的出发点就是培育能从事儿童阅读推广实践的有一定专业技能的人才，为本馆及全社会儿童阅读推广工作提供人力支持，缓解我国现阶段儿童阅读推广专业人才匮乏的局面。接受培训的学员必须要成为社区儿童阅读、家庭阅读推广的中坚力量，必须成为各级公共图书馆、中小学校儿童阅读指导的可靠的补充力量，只有在

---

① 参见深圳市首期阅读推广人培训指标（2012），张家港市阅读推广人评选标准（2013），中国图书馆学会"阅读推广人"培育行动（2014）培训课程。

实践的基础上，这些接受过专业培训的人员才可称为阅读推广人。①

（四）协同性

就目前国内公共图书馆来说，单个图书馆培育资源有限，必须寻求与政府有关部门、行业（学）协会、社会机构、社区合作，整合培训资源，协作开展儿童阅读推广人培训。在深圳，公共图书馆举办的儿童阅读推广人是由文化部门、出版部门指导并提供经费保障，公共图书馆具体组织实施，学校、社区提供学员实习场地，阅读联合会进行资质认证并开展后续管理。

（五）公益性

公共图书馆事业单位属性及培训动机决定了其开办的儿童阅读推广人培训是公益性质的，与社会阅读机构举办的收费类培训性质不同，它属于公共文化服务项目，着眼于免费、公益，同时要求其学员在结业后从事的也是公益阅读推广。

---

① 深圳开展阅读推广人的动因是更好实施政府主导的"图书馆之城"建设五年计划，推动国际图联/联合国教科文组织《公共图书馆宣言》"图书馆的使命"提出的"尽早培育并加强儿童的阅读习惯"。希望在强化公共图书馆及中小学图书馆专职馆员、教师的儿童阅读观念的同时，吸引有一定专业背景的社会人士加入儿童阅读推广并提供培训辅导。与该培训同时启动的是以"阅读推广人下基层"计划为代表的儿童阅读推广人管理体系。该培训班每期培训学员100人，每期考核合格率大约为30%至40%，考核合格的发给结业证书，同时由深圳读书月组委会办公室颁发"深圳市阅读推广人"聘书，聘期1年，获聘期间能坚持从事阅读推广的予以续聘。据统计，2012—2017年5年期间，该培训班共培训学员约500人，结业学员近200人。这200名学员中，坚持至今开展公益儿童阅读推广活动的不足20人。另外一个情况是，参加公益培训的不少学员有的成为自由阅读推广人并以此谋生，有的则成了收费儿童阅读推广人培训机构的负责人，由此催生一批良莠不齐的儿童阅读推广市场机构和自由阅读推广人，成为公共图书馆的业务竞争者。这些市场机构的出现对公共图书馆、对社区、学校、家庭阅读有何影响值得跟进研究。

二、公共图书馆儿童阅读推广人培育体系

（一）培育主体

公共图书馆拥有的天然优势使公共图书馆成为儿童阅读推广人培训的最佳平台。一是图书馆可以为培训提供活动空间。虽然随着互联网云服务越来越普遍，但是作为物理空间的公共图书馆的聚集效应和为阅读推广人提供的"在场"体验依然无法取代；二是公共图书馆是儿童阅读推广人的最大需求方，公共图书馆在培训中发挥的孵化器作用，将为接受培训的推广人实现身份转变提供无缝衔接；三是公共图书馆的公信力有助于形成阅读推广人培训的专业性和权威性。由公共图书馆所形成的一套培育机制将最有可能起到辐射带动作用。2012—2017年深圳少儿图书馆承办的5期阅读推广人培训班对深圳各类民间阅读机构开展同类活动的影响和带动就是一个例子。就目前全国范围来看，以中图学会主办、各地图书馆承办的"阅读推广人培育行动"覆盖面最为广泛。在地方，则有深圳、张家港、上海浦东等地公共图书馆开展的儿童阅读推广人培训。

目前的情状是，很少有图书馆成立独立的（儿童）阅读推广培训与指导部门，专职开展儿童阅读推广人培训。他们要么是由传统的读者活动部来承担，要么是由青少年服务部来承担，附着在传统业务之上，使该项工作打上了传统图书馆搞活动办讲座的烙印。培训主体发展不充分是国内儿童阅读推广人培训工作面临的最根本的问题，由此带来培训课程随意性大、培训目标不明确、路径不清晰种种问题。这又从另外一个侧面印证了培训主体的充分发展是儿童阅读推广人培训的基础。

（二）培育目标

明确、清晰、切实的公共图书馆儿童阅读推广人培育目标是做好儿童阅读推广人培育工作的前提和基础，是吸引各类有志于从事儿童阅读推广的人士的有效手段和必要保证。

公共图书馆培育儿童阅读推广人的三大基本目标：一是建立一支专业化、职业化的人才队伍，推进图书馆、社会、学校、家庭中的儿童阅读指导；二是搭建一个以儿童阅读推广为主题的学术和经验交流的平台；三是形成一套可复制推广的儿童阅读推广人管理制度，促进儿童阅读推广人培育工作持续、深入、稳定发展。

公共图书馆制定行业标准与规范，通过示范带动效应吸纳学校、组织机构、社会团体、盈利企业等各类主体加入培育队伍，持续为本地区儿童阅读推广事业输送高质量人才，在城市文化建设、儿童教育、儿童成长上发挥持久的作用是公共图书馆培育儿童阅读推广人培育的长远目标。

（三）课程体系

1.课程的价值取向：培植核心素养

儿童阅读推广人培育课程着眼于塑造儿童阅读推广人三大核心素养：

懂书。读什么？怎么读？阅读推广的两大终结之问都是以书为出发点、落脚点。阅读推广人要将优质的童书带给孩子，不仅需要阅读大量的童书，掌握不同类型童书的特性，具有分辨优质童书的能力，还需要掌握童书理论知识，能够向家长和儿童解释清楚好书为什么好。

懂儿童。儿童是阅读推广人的服务对象。儿童阅读推广的成效只能在儿童身上得到检验。这要求儿童阅读推广人必须具备科学的儿童观，坚持儿童本位思想，掌握儿童心理学和教育学等相关知识，以儿童成长需求为导向，开展相关阅读推广活动，帮助儿童在不同的成长阶段遇上适合他们心智的好书，助益其阅读习惯的养成。

职业认同。儿童阅读推广人必须充分意识到儿童阅读对于儿童成长的重要意义，深知阅读推广是一份实现社会价值和自我价值高度统一的工作，是"乐把金针度与人"的情怀。职业认同与同时代的价值观念、城市精神气候有极大的关系，在一个普遍崇尚阅读的城市，阅读推广成为社会和家庭最为迫切的文化需求，阅读推广人容易获得自身及社会的认同。同时，这种认同还需要良好的制度保障。在深圳，公益儿童阅读推广人被纳入文化部门直接管理的文化义工范畴，享受文化义工的权益待遇。

2. 课程的核心目标：提升五大能力

培养对多学科保持兴趣的学习能力。儿童读物涉及的学科甚多，虽然不能系统地教授各专业知识体系，但也要对儿童阅读推广人可能会面临的知识盲区有高度警觉，并为推广人提供必要的、基础性的和框架式的帮助，让他们保持学习的动力。

文本鉴赏能力。对非虚构类作品，能准确把握作品的内容；对虚构类作品，应当能利用所掌握的理论知识较为全面、客观、深入地分析文本，指出作品所使用的方法及这种方法带来的艺术魅力。对绘本还需要有一定的绘画理论作为支撑。

作品呈现能力。要能充分调动儿童的注意力和情绪，引人入胜，并培养儿童的观察能力、想象力，体验移情、共鸣，同时给儿童以启发。

沟通能力。推广人不仅要及时回应听众的问题，还要在与听众的互动中汲取营养，丰富自己的推广内容，发展自我，提升自我。沟通不仅仅是现场的，还应该延伸到活动现场之外，科学的反馈机制能够为推广人提供源源不断的创意。

组织策划能力。作为一个专业的儿童阅读推广人，应当对自己的推广活动有一个通盘的考虑。无论是单场讲座还是系列活动，必须综合考虑听众、时间、场景、主题、形式诸因素，制定合适的工作计划和实施方案，不遗漏任何一个环节和细节，确保每一次推广活动社会效益最大化。

3. 课程设计：实践导向下的多层次培育体系

纵观国内公共图书馆、专业阅读推广机构和民间机构的儿童阅读推广人培育的课程设计，基本上都涉及了理论学习、技能培养、实操指导三个层面。①

理论学习。包括阅读史、阅读观念与行为、文学批评、艺术史、艺术评论、儿童文学、图画书史、图画艺术、分级阅读等"书"相关内容和儿童心理学、教育学等"儿童"相关内容，对应的是阅读推广人的学习能力、文本鉴赏能力。

技能培养。包括读书会的组织策划、图书的挑选、讲读技巧、节奏与情绪处理、问题的设置、互动方式、道具处理等，对应的是推广人的作品呈现、沟通能力、组织策划能力。

实操指导。通过组织策划会、上实习课、观摩课等方式，考察推广人对基础理论知识的掌握情况和技能运用效果并给予指导提高，帮助推广人适应角色，熟悉业务。

4. 课程分级分类及课程延展：专业细分起步

课程分级分类。根据服务对象的不同，儿童阅读推广可划分为婴幼儿、低龄儿童和青少年儿童阅读三个等级。以此为依据，儿童阅读推广人

---

① 参见北京市全民阅读"领读者"计划（2017，北京阅读季公众微信号）、上海儿童阅读推广人培训（2017，上海图书馆官网）和深圳市阅读推广人公益培训班（第3期，2014，深圳图书馆官网）课程排期表。

课程可划分为初级、中级、高级和专家级儿童阅读推广人。根据不同的等级，培训课程应各有侧重，突出针对性和适用性。比如，婴幼儿应以图画书为主，低龄段则侧重故事及桥梁书，青少年主要应接触科普书籍、知识性读本及文学经典。目前，公共图书馆之外的童书出版社、书店、学校、幼儿园、绘本馆甚至连很多妇幼保健机构都加入儿童阅读推广之列，这些行业、机构对儿童阅读推广人的专业服务需求各有侧重，因而有必要在儿童阅读推广人的培育和管理上做更有针对性的专业细分，以满足社会、家庭和儿童的需求。

课程延展。制定阅读书目（包括必读书目和选读书），明确阅读量，保证集中培训之外，推广人能自我学习的自我赋能；设计课后作业，结合课程和阅读书目布置相应的作业，培养学员独立思考问题、解决问题的能力。在这方面，深圳的做法值得关注。他们的培训环节中有撰写课后及实习心得的要求。这种文章类似于随笔性的小论文，有叙有议，可以充分表达学员的观察、思考及文字能力。他们从学员的心得中挑选优秀的作品汇编成册，供学员交流使用，同时也作为下一期学员培训的参考资料，可以起到很好的引导作用。①

（四）教学模式

1.培训周期。儿童阅读推广人的培育是一个持续不断的过程。读者的需求、时代环境的变化、阅读推广人自我提升的内在动力以及现阶段培训体制机制的局限，都决定了阅读推广人培训不可能毕其功于一役。但是，

---

① 参见《星星点灯：深圳市首期阅读推广人培训班学员作业选编》，深圳市文体旅游局编印，2013年。

在义工式的培训机制下，儿童阅读推广人培育只能采取短期培训班这种权宜之计。国内各公共图书馆举办的培训班培育周期大致为一年或半年，有些培训单位虽然保持每年的频率，但每次针对的却是全新的培育对象。

2. 教学形式。除了某些收费机构培训采取全日制集中培训外，目前公共图书馆普遍采用的是非工作时间线下集中教学和线上自修的教学方式。培训期内，学员完成线上线下的课程，还要在学校、社区图书馆等场所开展一定数量的推广实践。[①] 此外，在教学中设置学员交流环节也是一种能收到不错效果的教学方式。[②]

3. 评估考核。评估考核是整个培训体系的重要环节。通常的做法是在课程体系化基础上，从"培训考核""答辩""实践水平"等维度综合考评。考核成绩由培训班学习积分、机考成绩和面试答辩成绩组成。培训班成绩为线下集中教学考勤、平时书面作业和读书会带领的实践报告为主，由培训班班主任进行考核。机考成绩由地方公共图书馆统一组织，考题为全国统一试题，题库内容包括儿童阅读推广基础知识、必读书单知识点和阅读推广实操知识等，机考合格者获得面试答辩资格。面试答辩成绩是面试考官针对学员现场表现进行评分。三个成绩相加并达到规定要求的，获得课程培训结业证书。深圳的推广人培训考核还要求学员提交学习论文，考核难度加大，学习时间的要求也更长。

4. 继续教育。伴随着阅读推广实践的逐年展开，经过培训合格的儿童阅读推广人会发现自己在实践中遇到的问题越来越多，接受继续教育的需

---

① 突发公共安全事件会导致教学形式的变化。比如，在2020年暴发新冠肺炎之后各种聚集性培训被禁止，大多数阅读推广单位选择停办或者改为线上培训。但是线上培训由于交流效果不好、难以开展必要的实践课程及面对面考核评估，培训效果会打折扣。
② 参见深圳市阅读推广人公益培训班（第三期）报名通知"培训形式及内容"。深圳图书馆官方网站。

求也越来越强烈。公共图书馆有必要完善相关的追踪培育机制，设计更高阶的课程，为推广人提供更高水平的培训，保证阅读推广观念不落伍、技能不退化、热情不减低。服务儿童阅读推广人，保证他们能接受有规划的、持续的进阶培育服务，是目前国内儿童阅读推广人培育显著短板。

三、公共图书馆儿童阅读推广人管理

（一）搭建儿童阅读推广人管理与服务平台

公共图书馆设立儿童阅读推广人培训与管理部门，专门负责儿童阅读推广人的培育、管理工作。公共图书馆应当定期招收一定数量的具有推广资质的儿童阅读推广人，组建儿童阅读推广人队伍，有序开展儿童阅读推广。

城市公共图书馆可以通过组建阅读推广联盟的形式对大量的社会非专职的儿童阅读推广人进行注册登记，根据各公共图书馆的需要进行推广人调剂，并在基层单位（学校、社区工作站、民间公益阅读组织等机构）设立儿童阅读推广点，为儿童阅读推广人提供服务平台。

公共图书馆阅读推广专业委员会制定服务规范，明确儿童阅读推广人服务规范，对儿童阅读推广人带领读书会过程中的言行举止、态度、专业素养提出要求，确保服务质量，树立儿童阅读推广人良好的社会形象。

深圳的做法是：成立全市性的阅读联合会，作为公益阅读推广人的协调管理机构。每期培训考核合格的学员发给结业证书，同时由深圳读书月组委会办公室、阅读联合会颁发"深圳市阅读推广人"聘书，聘期1年，获聘期间能坚持从事阅读推广的予以续聘。阅读推广人除了参加各级公共图书馆内部的儿童阅读指导工作外，还可以参加阅读联合会实施以"阅读推广人下基层"计划为代表的公益项目，由此形成一个相对完整的培育—认证—聘用—项目对接的管理系统。

（二）开展儿童阅读推广人资质认定及等级评定

目前国内的儿童阅读推广人认证五花八门，各有特点，各有缺陷。大多数是由培训单位以颁发结业证的形式认定，有的地方是以有官方背景的阅读组织聘用形式认定（深圳），有的地方采取专家评选的方式直接认定（上海），缺乏全国统一标准的具有权威性、培训与认证分离的认证机构、认证标准和认证办法。

值得探索的方向是：公共图书馆应借助行业力量，发挥自身优势，抓住国家专业技术人才职称评议改革的机遇，争取政府人事行政机关授权，制定儿童阅读推广人等级认定办法，对受训学员的专业知识和实际操作技能水平进行客观公正、科学规范的评价，认定相应等级，这成为儿童阅读推广人从事阅读推广的必要条件。

（三）实施推广人激励机制

为了进一步激发儿童阅读推广人的服务热情，可引入星级评定机制对儿童阅读推广人进行划分，当服务数量和质量达到一定程度后可晋升，各星级儿童阅读推广人有相应的精神、物质肯定。深圳对阅读推广人的激励机制较为全面：一是提供从事阅读推广的基本经费保障；二是通过评选优秀阅读推广进行表彰；[①]三是不定期组织儿童阅读推广人外出学习考察，开阔推广人视野。这些激励机制既解决了推广人的经济压力，又增强了推广人的团队意识和奉献精神。

（四）逐步形成推广人退出机制

为了实现对儿童阅读推广人的有效管理，实现服务平台资源的优化配置，有必要根据儿童阅读推广人的个人意愿和服务质量建立退出机制。如儿童阅读推广人在取得资格证书1年内未开展儿童阅读推广服务，则暂停其服务资格，办理退出手续，恢复资格则需另行考核。通过定期认证，对儿童阅读推广人进行规范管理，保证阅读推广人队伍充满活力和战斗力。

四、儿童阅读推广人培育体系外部保障

儿童阅读推广人培训的开放性特征及作为培训主体的公共图书馆自身发展不充分的现状，要求公共图书馆的儿童阅读推广培训必须争取来自外部的支持。目前，必要且可获得的支持主要来自以下三个方面：

（一）来自政府的支持

政府部门可以为公共图书馆的培训业务提供经费、培训及实习场地、师资力量的支持，更为重要的是，业务主管部门态度上的配合及相关政策

[①] 深圳读书月每两年开展一次市级十大优秀阅读推广人评选并隆重表彰，每个入选的推广人的事迹在市内主流媒体宣传。该项工作迄今已举办5届，50名阅读推广人受到表彰。

支持，在很大程度上决定了公共图书馆培训的权威性、覆盖面、影响力和可持续力。①

（二）来自教学研究机构的支持

儿童阅读推广人培训系统性、专业性要求高，仅靠公共图书馆自身是难以胜任的。要利用高校及儿童阅读研究机构的专业人才优势组建高水平的教师队伍，保证阅读推广人培训各学科知识的覆盖面和授课质量。要与研究机构保持长期的合作，开展课程体系的开发研究、教材编写、教材教法研究。参照出版学增列一级学科的做法，在高校开设阅读推广指导专业。要联手专业机构对阅读推广人进行专业水平及绩效评估。

（三）来自社区及中小学校的支持

社区家庭是公共图书馆服务的末端。在儿童阅读推广人培育体系中，社区可以起到练兵场、试验田的作用。社区对儿童阅读推广人的接纳，在为推广人培训提供阵地支持的同时，也极大地拓宽了公共图书馆阅读推广服务的空间。中小学老师加入公共图书馆的儿童阅读推广人培育体系中来，一方面为儿童阅读推广人队伍增添了有生力量，另一方面为儿童阅读推广打开了更为广阔的天地，因为老师的身份使他们对班级、年级乃至一个学校的阅读风气的培养有着特别重要的影响，尤为重要的是，老师对学生的阅读传习是长时段的、相对系统的，效果可期，是最为理想的儿童阅读推广关系模式。

---

① 北京的阅读推广人培训由北京阅读季组委会实施，深圳的儿童阅读推广人培训的主办单位是深圳读书月组委会、深圳市新闻出版局，中图学会的"阅读推广人培育行动"在各地的具体主导单位也是当地文化或新闻出版部门。

五、结语

　　近十年国内公共图书馆持续不懈的儿童阅读推广人培育实践为构建科学的儿童阅读推广人培育体系打下了厚实的基础，在观念传播、舆论准备、人才培养、培训内容环节、教材编写、资质认证方面都取得了宝贵的经验，初步形成了中国特色的公共图书馆儿童阅读推广人培育体系雏形。相应地，在培训中暴露出来的问题难点，也将成为未来儿童阅读推广人培育体系构建的新的出发点。在公共文化服务体系创新发展大势的驱动下，政府部门政策支持和社会力量的协同共进，高质量的儿童阅读推广人培训体系前景可期。每一个有志于投身儿童阅读推广的公共图书馆人，都将迎来一份光荣的职业、一项可以终身为之奋斗的美好事业。

赵艺超，深圳宝安图书馆副研究馆员

数字阅读研究

深圳全民阅读
发展报告
2021

打开黑箱：中文阅读脑的认知机制

张晗　卢映澄

阅读是人类通过语言文字获取信息、认识世界、发展思维并获得审美体验的活动。国民的阅读能力和阅读水平关系到一个国家的劳动力素质和文化软实力。进入信息社会以来，我国的阅读推广活动虽在传统基础上尝试优秀读物"纸电同步"、开通网络阅读平台、推出全民阅读App等，但尚未开展对不同群体的有效引导，一个重要的原因是，阅读是分散的个体行为，尽管受到文化教育、社会环境等外部因素的影响，阅读行为暗含十分复杂的心理动因与认知机制。

用脑成像技术研究阅读行为，可以几十毫秒采集一幅图像，清晰地观察到在特定阅读任务条件下人们大脑的哪个部位被激活，各区域之间有没有信号传递，再通过统计和分析，总结出一般性的阅读规律[1]，相比单纯的阅读行为数据统计、控制实验和眼动追踪更为科学。近三十年来，随着认知神经科学的迅速发展，正电子发射断层扫描技术（positron emission tomography，PET）、功能性磁共振成像技术（functional magnetic resonance imaging，fMRI）、脑电图（electroencephalogram，EEG）和脑磁

---

[1] 张晗、卢嘉杰.认知行为视角下的全民阅读建设——以智慧书城为突破口[J].新闻界，2018(4):80-85,94.

图（magnetoencephalography，MEG）等脑成像技术的不断进步，"阅读脑"研究在心理机制和行为科学的层面为阅读研究提供了深层次的基础数据，为世界各国制定基于本国语言系统的阅读推广方案提供了认知科学的决策依据，并已成为国际阅读学的前沿方向。

一、阅读脑研究：打开认知"黑箱"

阅读脑（the reading brain）不是"专门负责阅读的大脑"，大脑中并没有生来就负责阅读的区域。阅读脑是指"阅读中的大脑"，它会在学习过程中不断发展[1]。1892年，法国神经科学家约瑟夫－朱尔·德热里纳（Joseph-Jules Déjerine）发现，当中风影响到人类大脑左侧视觉系统的一小块区域时，可能引发完全的或选择性的阅读障碍。这一发现的一百多年之后，神经学家洛朗·科昂（Laurent Cohen）和其他一些研究者发现，纯失读症患者大多是左侧枕颞区（left occipito-temporal area）受到损伤，这一区域在字母与单词形状的视觉分析中起到重要作用[2]。现代脑成像技术的发展，让研究者不再需要通过脑解剖研究人类大脑的认知系统，可以直接通过电子设备形成的脑部特定区域的具象化图形开展研究。

电子发射断层扫描技术和功能性磁共振成像技术的工作原理是测量大脑被激活后的血流和氧气变化，运用这两种方法对进行阅读刺激后的大脑进行检测，相对于阅读神经元的反应速度是滞后的，无法对脑活动的过程

---

[1] 玛丽安娜·沃尔夫. 普鲁斯特与乌贼[M]. 北京：中国人民大学出版社，2012.
[2] [法]斯坦尼斯拉斯·迪昂. 脑的阅读：破解人类阅读之谜[M]. 周加仙，译. 北京：中信出版集团，2011.

进行实时检测。脑电图和脑磁图技术的发展，使研究者在进行脑相关活动的研究时可实时观察到脑活动的变化，这种技术的理论基础是神经元活动会产生电磁反应，并且在一定距离内可以立刻探测到。赫尔辛基大学的安蒂·塔尔基艾宁（Antti Tarkianinen）和他的同事们利用脑磁图技术测量被试者观测单词和面孔时脑中的磁场活动，结果发现被试者在识别单词时，大脑左半球出现显著反应，识别面孔时大脑右半球反应更加激烈，经过计算机对大脑在进行物体识别时由脑磁图检测到的电磁波的起始点进行重构后发现，进行单词识别任务时脑电波的起始点位于枕颞沟后部，这一发现与功能性磁共振成像的研究结果一致。

早在1988年，史蒂夫·彼得森（Steve Petersen）、迈克尔·波斯纳（Michael Posner）等人最先以可视化方式呈现出人在阅读时哪些脑区域消耗了能量。他们使用了正电子发射断层扫描技术，扫描并展示了脑的语言区功能性组织情况，发现视觉的词汇加工开始于初级视觉皮层，在外侧纹状皮层进行词形识别，再到达额叶（BA47）完成语义联想，即左侧枕颞区在阅读中发挥了重要作用[1]。在彼得森等人的研究中，左侧枕颞区在阅读中发挥了专门而重要的作用。后来一系列利用正电子发射断层扫描和功能磁共振成像技术的研究证实了这一结论，在人脑中存在一个分布极广的皮质网络，包括左额叶、颞叶和枕叶皮质，参与了字母单词的视觉-正字法、语音、语义和句法成分的处理[2]，阅读加工的脑区系统性地出现在左半

---

[1] PETERSEN S E, FOX P T, POSNER M I, et al. Positron emission tomographic studies of the cortical anatomy of single- word processing[J]. Nature,1988.157(31): 585–589.
[2] BINDER J R, SWANSON S J, HAMMEKE T A, MORRIS G L, MUELLER W M. Determination of language dominance using functional MRI: a comparison with the Wada test[J]. Neurology,1996.46(4): 978–984.

球外侧枕颞沟的深处,在梭状回的旁边[1],英文文字系统所激活的脑区主要有左侧额下回、左侧颞顶区记忆左侧枕颞区[2],英文阅读出现了显著的左脑偏侧化现象[3]。

二、中文阅读脑运作机制

世界上有诸多文字系统,最初研究者对阅读脑的研究基于字母文字系统,之后有研究者开始思考,不同的文字系统之间阅读者脑中的区域组织方式与激活方式是否存在差异。西方学者对于阅读加工脑区的研究最早从英文开始,英文由不同字母线性组合而成,其特点是每个字母或字母组合成一个因素,对它的认知加工主要是对语义要素的检索与匹配。

中文是中国语言文字的省称,特指汉族的语言文字。汉语作为一种文字语言,在书写方式、视觉形式、拼字法、语音学和语义学方面与英文字母等表音文字完全不同[4]。研究发现,在对中文阅读脑进行扫描时,显示其左半球枕颞区激活,激活位置与英文阅读者基本一致[5],然而一些脑区在阅

---

[1] BOOKHEIMER S Y, ZEFFIRO T A, BLAXTON T, GAILARD W, THEODORE W. Regional cerebral blood flow during object naming and word reading[J]. Human Brain Mapp, 1995(3): 93–106.

[2] BOLGER D J, PERFETTI C A, SCHNEIDER W. Cross cultural effect on the brain revisited: Universal structures plus writing system variation[J]. Human Brain Mapping, 2005(25): 92–104.

[3] TAN L H, LAIRD A, LI K, et al. Neuroanatomical correlates of phonological processing of Chinese characters and alphabetic words: a meta-analysis[J]. Human Brain Mapping, 2005(25): 83–91.

[4] TAN L H, LIU H L. PERFETTI C A, et al. The neural system underlying Chinese logograph reading[J]. Neuro Image, 2001, 13(5):836–846.

[5] TAN L H, LAIRD A, LI K, et al. Neuroanatomical correlates of phonological processing of Chinese characters and alphabetic words: a meta-analysis[J]. Human Brain Mapping, 2005(25): 83–91.

读中文时比阅读英语单词时更活跃，包括右侧顶叶区和额中区[1]。在对中文和字母文字（如英语或法语）语言处理过程进行比较研究发现，左背外侧叶状区负责汉字语音处理，左后侧颞顶区负责字母语音处理[2]，说明文字系统的不同，阅读时的脑机制加工存在一定差异[3]。

（一）语言文字的结构差异

英语单词由字母组成，而汉字是由笔画和部首组成，这些笔画或部首组成了一个正方形空间；英语单词以音节为单位，而汉字则在单语素水平上映射到音系上，阅读英语单词遵循从字母到音素转换的规则，即把印刷的字母转换成最小的声音单位，阅读汉字则需要进行正字法到音系的转换；此外英语是一种强调重音的语言，而汉语是有声调的语言，有四声；在汉语中有大量的同音异形字，即汉字具有不同的物理表征但发音相同的字符。这些语言特征上的差异可能导致汉语和英语处理的神经表征不同[4]。

（二）中文阅读脑的运作基础

中文阅读的脑加工，一般会从字形、字音以及字义三个方面开展，即我们的大脑在处理汉字时，会根据不同的语言处理任务采用相应的方法如正字法、语音或语义来开展，每一种语言任务会导致神经系统不同部位的

---

[1] TAN L H, LIU H L. PERFETTI C A, et al. The neural system underlying Chinese logograph reading[J]. Neuro Image, 2001, 13(5):836-846.
[2] TAN L H, LAIRD A, LI K, et al. Neuroanatomical correlates of phonological processing of Chinese characters and alphabetic words: a meta-analysis[J]. Human Brain Mapping, 2005(25): 83-91.
[3] VIGNEAU M, BEAUCOUSIN V, et al. Meta-analyzing left hemisphere language areas: phonology, semantics, and sentence processing[J]. Neuro Image, 2006(30):1414-1432.
[4] TAN L H, LAIRD A, LI K, et al. Neuroanatomical correlates of phonological processing of Chinese characters and alphabetic words: a meta-analysis[J]. Human Brain Mapping, 2005(25): 83-91.

激活①,从而分别对应了不同的脑部区域②,因此本文对中文阅读加工脑机制的描述从字形、字音和字义三个方面展开。

1. 中文字形加工的神经基础

Cohen 等人通过比较正常人和左侧梭状回有损伤的语言障碍者在辅音字母串和真词词汇阅读任务中的表现,发现在真词条件下,正常人左侧梭状回有更强的激活,而对于该脑区损伤的语言障碍患者,左侧梭状回没有激活③。Dehaene 将该区域命名为视觉词形加工区（Visual Word From Area, VWFA）,并认为该区域负责对字形正字法的加工④。在中文阅读任务中,研究者证实了左侧枕颞区负责汉字的加工⑤。单一对汉字进行加工的过程

---

① VIGNEAU M, BEAUCOUSIN V, et al. Meta-analyzing left hemisphere language areas: phonology, semantics, and sentence processing[J]. Neuro Image, 2006(30):1414–1432.
② TAN L H, LIU H L. PERFETTI C A, et al. The neural system underlying Chinese logograph reading[J]. Neuro Image, 2001, 13(5):836–846.
③ COHEN L, et al., The visual word form area spatial and temporal characterization of an initial stage of reading in normal subjects and posterior split–brain patients[J]. Brain, 2000(123): 291–307.
④（1）PRICE C J, WISE R J S, FRACKOWIAK R S J. Demonstrating the implicit processing of visually presented words and pseudowords[J]. Cerebral Cortex,1996: 1047–3211.
（2）BEN–SHACHAR M. et al., Differential sensitivity to words and shapes in ventral occipitotemporal cortex[J]. Cerebral Cortex, 2006.
⑤（1）KUO W J, et al. Orthographic and phonological processing of Chinese characters: an fMRI study[J]. Neuro Image, 2004(21): 1721–1731.
（2）LIU C, et al. The Visual Word Form Area Evidence from an fMRI study of implicit processing of Chinese characters[J]. Neuro Image, 2008(40): 1350–1361.
（3）NELSON J R, et al. Assimilation and accommodation patterns in ventral occipitotemporal cortex in learning a second writing system[J]. Human Brain Mapping,2009(30): 810–820.
（4）WU X, et al. Multiple neural networks supporting a semantic task: An fMRI study using independent component analysis[J]. Neuro Image, 2009(45): 1347–1358.
（5）CHAN S T, et al. Hierarchical coding of characters in the ventral and dorsal visual streams of Chinese language processing[J]. Neuro Image, 2009(48): 423–435.
（6）WU J L, et al. Prominent activation of the bilateral inferior parietal lobule of literate compared with illiterate subjects during Chinese logographic processing[J]. Experimental Brain Research, 2012(219): 327–337.

中,除了左侧枕颞区激活以外,大脑右侧部分区域如右侧枕颞区[①]、右侧额中回[②]以及右侧顶上小叶[③]同样有显著激活,说明对汉字进行字形加工并不是左脑特有的功能。

2. 中文字音加工的神经基础

越来越多的神经影像学证据表明,汉字处理因其独特的语言特征在阅读的过程中而有别于字母语言。Tan 等人采用了元分析的方法研究了中、英文在语音任务下的脑功能差异[④]。他选取了 19 篇有关语音判断任务的文献,其中 6 篇中文,13 篇字母文字(英文 12 篇,德文 1 篇)。经分析发现中文语音加工有 4 个神经系统,分别是左侧额中回、左侧顶下小叶、双侧枕颞区(包括梭状回和枕中回)和左侧额下回,其中左侧额中回被认为是负责长期存储汉字语音形式的区域,尤其参与语音的检索,左侧顶下小叶负责语音信息的临时存储,双侧枕颞区负责中文汉字的视觉加工,而英文只用到了左侧。两者的位置也有差异:中文在梭状回的内部,而英文相对靠近侧面,左侧额下回这一区域对中、英文的语音加工都很重要,被认为参与形素到音素的转换。

Bolger 等人使用了元分析方法,研究字母文字、日语和假名以及汉字的阅读过程,其中字母文字 25 篇、日文 9 篇、中文 9 篇,研究发现汉字

[①] CAO F, et al. High proficiency in a second language is characterized by greater involvement of the first language network: evidence from Chinese learners of English[J]. Journal of Cognitive Neuroscience, 2013(25):1649–1663.

[②] LIU C L, et al. Dissociated roles of the middle frontal gyri in the processing of Chinese characters[J]. Neuro Report, 2006(17): 1397–1401.

[③](1)KUO W J, et al. A left-lateralized network for reading Chinese words: a 3 T fMRI study[J]. Neuro Report, 2001(12): 3997–4001.
(2)KUO W J, et al., Frequency effects of Chinese character processing in the brain: an event-related fMRI study[J]. Neuro Image, 2003(18): 720–730.

[④] TAN L H, LIU H L. PERFETTI C A, et al. The neural system underlying Chinese logograph reading[J]. Neuro Image, 2001, 13(5):836–846.

处理过程与另外两种语言处理过程相比存在脑区激活的差异：三种语言系统在左侧下额回的上后部区域获得了强烈的激活，汉字处理涉及一个更宽的焦点，沿着前额叶的皮层表面向前延伸[1]，这一点与 Tan 等人前述研究的结论一致；除此之外，汉字处理激活了双侧梭状回，而其他语言系统仅激活了左侧梭状回[2]。Zhu 等人在 2014 年重复 Tan 的研究，选取 2005 年到 2011 年之间发表的 15 篇文献，其中字母文字 7 篇（英文 6 篇，法文 1 篇），表意文字有 8 篇（中文 7 篇，日本汉字 1 篇），发现字母文字的一致激活区域是在额叶和颞叶，而表意文字则主要在额中回[3]。上述研究证实，额中回在对中文语音加工中起着重要作用。

3. 中文语义加工的神经基础

Booth 等人使用功能磁共振成像技术来处理，以中文为母语的人的视觉单词形式的神经认知网络。为了比较语音表示和语义表示的处理，研究要求被试者对并行押韵和含义关联判断任务进行显式访问和操作。在押韵和有意义的任务中，被试者均表现出左下 / 中额回、双侧中额回、双中枕 / 梭状回和双脑的激活；对任务的直接比较显示，押韵任务在下 / 中额回的后背区域和顶下小叶中显示出更多的激活；有意义的任务表明，在下 / 中额回和上 / 中颞回的腹侧前区激活更多，说明下额叶区域用于语音和语义的访问和操纵，这种特殊性扩展到了汉语的中额叶回，即左中颞回参与表

---

[1] BOLGER D J, PERFETTI C A, SCHNEIDER W. Cross cultural effect on the brain revisited: Universal structures plus writing system variation[J]. Human Brain Mapping, 2005(25): 92–104.
[2] TAN L H, LAIRD A, LI K, et al. Neuroanatomical correlates of phonological processing of Chinese characters and alphabetic words: a meta-analysis[J]. Human Brain Mapping, 2005(25): 83–91.
[3] ZHU L L, et al. Different patterns and development characteristics of processing written logographic characters and alphabetic words: an ALE meta-Analysis[J]. Human Brain Mapping, 2014(35): 2607–2618.

达语义信息，左下顶小叶参与正字和语音表达之间的映射①。

Chiao-Yi Wu 采用了元分析方法总结先前的发现，并研究了神经网络的汉字字形、语音和语义处理。通过激活似然估计（ALE）方法分析了 8 项正字法任务、11 项语音任务和 15 项语义任务，显示在左侧额叶中回、左侧顶叶上叶和左侧梭形中回三个语言处理成分之间存在聚合激活，无论任务性质如何，字符识别过程都存在一个共同的子网络，随着任务需求的增加，左侧顶叶下叶和右侧颞上回被专门用于语音处理，而左侧颞中回则参与语义处理；左侧额下回功能性分离，后背侧为语音处理，前腹侧为语义处理；在语音和语义处理上，双侧枕颞区激活。这些结果提供了对汉语正字法、语音和语义处理的神经网络的更好理解，并与以字母语言为基础的通用语言网络相比较，进一步巩固了左侧额中回和右侧梭状回在汉字处理中的重要作用②。这一发现说明了中文阅读加工的脑神经中有针对字形、语音、语义专门化的加工区域和共同负责三者加工的区域。

三、中文阅读障碍的脑研究及其应用

阅读障碍是一种具有神经生物学基础的发展障碍。中文阅读障碍虽没有成为认知神经科学和脑科学研究的开端，但仍作为重要的应用和学术领域不断推进。对字母语言发展性阅读障碍的研究表明，正字法到音韵学的

---

① BOOTH J R, LU D, BURMAN D D, et al. Specialization of phonological and semantic processing in Chinese word reading[J]. Brain Research, 2006, 1071(1):197–207.
② WU C Y, HO M R, et al. A meta-analysis of fMRI studies on Chinese orthographic[J]. Phonological,2012.

映射存在一个中心缺陷[1]，这一缺陷被认为是一个普遍的生物学根源：左后枕颞顶叶脑区和额叶区的功能障碍[2]，而阅读和阅读障碍所涉及的神经回路可能会因语言而异。

中文阅读的图形形式（字符）被映射到音节，这与图形单位（字母）被映射到音素的字母系统明显不同。使用功能性磁共振成像技术研究阅读障碍者大脑皮层区域的语言相关激活，发现与字母语言系统一样，汉语阅读障碍的功能性神经影像学研究报告了枕颞后区和额叶前区的大脑异常，但由于汉字的视觉复杂性，双侧枕颞区而不是左侧枕颞区的激活减少；中文阅读障碍者在同一左侧中额回区域的激活减少，但在较后的大脑系统中并未显示出与正常人的功能或结构（即体积灰质）差异，而这些差异在字母语言阅读障碍症中表现出异常[3]。

中文读者表现出视觉空间区域和左中额叶区域相对较多的用于参与口头工作记忆，原因是识别复杂的方形字符，其字符必须通过死记硬背记住，而不是通过使用字母到声音的转换规则来学习。以字母为基础结构功能的神经影像学证实了阅读困难患者具有几个非典型的结构和功能异常的大脑区域，包括左侧颞顶叶区域，这些区域被认为与阅读中的字母—声

---

[1] GABRIELI J D E. Dyslexia: a new synergy between education and cognitive neuroscience. Science, 2009(325):280-283.
[2] HOEFT F, MEYLER A, HERNANDEZ, JUEL C, et al. Functional and morphometric brain dissociation between dyslexia and reading ability. Proceedings of the National academy of Sciences of the United States of America, 2007(104): 4234-4239.
[3] SIOK W T, NIU Z, JIN Z, et al. A structural-functional basis for dyslexia in the cortex of Chinese readers[J]. Proceedings of the National Academy of Sciences of the United States of America, 2008, 105(14):5561-5566.

音转换有关①，此外还包括左中上颞皮层，被认为参与语音分析和左下枕颞回，可能被用作单词形式快速识别系统②。与字母文字阅读障碍者不同，中文阅读障碍者还存在左侧额叶中回的大脑异常，即左侧颞顶叶区域和角回的激活都明显减少③。这些发现证实了中文阅读技能获得和阅读障碍的一种神经生理学模型，阅读障碍与后脑系统的非典型结构和功能发育有关。

阅读的习得在儿童成长发展中非常重要。阅读障碍在字母文字中影响了5%至17%的学龄儿童④，中国儿童阅读障碍患病率的估计值在4.5%到8.0%之间⑤。脑科学的研究发现，阅读障碍儿童的脑网络与阅读正常儿童的脑网络也存在一定差异。这种可能源于阅读障碍儿童在语音加工或者字形加工等方面技能的损失引起的，从而导致阅读障碍儿童在学习阅读过程中存在一定困难。其特点是阅读技能的获取严重受损。Liu、Wang 等将中国阅读障碍儿童（RD）与典型发展中儿童（TD）在押韵判断和语义联想判断任务中的功能磁共振成像进行了比较。发现阅读障碍儿童左侧额叶中回的激活减少。他们认为这反映了正字法到语义映射以及正字法到音节映

---

① (1) HORWITZ B, RUMSEY J M, DONOHUE B C, Functional connectivity of the angular gyrus in normal reading and dyslexia. Proceedings of the National Academy of Sciences of the United States of America,1998(95):8939–8944.
（2）EDEN G, MOATS L. The role of neuroscience in the remediation of students with dyslexia. Nat Neuro Science,2002(5):1080–1084.
（3）AYLWARD E H, et al. Instructional treatment associated with changes in brain activation in children with dyslexia. Neurology,2003(61):212–219.
② PERFETTI C A, LIU Y, TAN L H. The lexical constituency model: Some implications of research on Chinese for general theories of reading. Psychol Review, 2005(112):43–59.
③ HU W, LEE H L, ZHANG Q, LIU T, et al. Developmental dyslexia in Chinese and English populations: dissociating the effect of dyslexia from language differences. Brain,2010(133): 1694–1706.
④ HORWITZ B, RUMSEY J M, DONOHUE B C, Functional connectivity of the angular gyrus in normal reading and dyslexia. Proceedings of the National Academy of Sciences of the United States of America,1998(95):8939–8944.
⑤ 谭珂、马杰、连坤予、郭志英，白学军. 双重缺陷汉语发展性阅读障碍儿童的言语工作记忆和阅读能力研究 [J]. 心理与行为研究,2018,16(3): 308–314.

射的缺陷①，特别是那些需要从含有两个或更多语素的单词中进行语素分析的任务，对于患有诵读困难的中国儿童来说，往往更加困难②。

因此，基于儿童阅读的脑与认知科学规律，教育部门应当选择恰当的教学方式，结合儿童阅读困难的脑机制研究，开展差异性阅读教学③。例如在儿童学习阅读初期，教育者可以通过训练儿童对语音信息的敏感性来促进儿童阅读的脑部背侧通路的发展，帮助儿童建立起口语发音与文字之间的准确高效的连接。在学习阅读后期可通过默读、常见高频字词的快速阅读、简单短小篇章的快速阅读等方法训练儿童阅读流畅性，使儿童实现从"学习阅读（learn to read）"阶段到"通过阅读来学习（read to learn）"阶段的过渡与转换④。在阅读障碍儿童的教育和教学中应加强早期检测、尽早采取有针对性的干预训练，并且对不同类型的阅读障碍儿童采用不同的干预方案。

有关儿童阅读脑的研究成果还可以给第二语言学习带来启示，如可以通过加强英语语音意识的教学、培养阅读障碍儿童的语素意识和利用日常生活情景提高语音加工能力等方式促进儿童第二语言的学习⑤。在青少年第二语言的阅读脑塑造中，通过科学的设计，使用将听说读写整合在一起的方式提高语言综合使用能力，教师借助于多媒体、教学图片和实物等进行

---

① LIU L, WANG W, YOU W, LI Y, et al. Similar alterations in brain function for phonological and semantic processing to visual characters in Chinese dyslexia. Neuro psychologic, 2012,50(9):2224-2232.
② CHUNG K K H, HO C S H, CHAN D W, et al. Cognitive skills and literacy performance of Chinese adolescents with and without dyslexia. Reading and Writing,2011(24): 835-859.
③ 管晶晶、胡鑫、王文静.理解"阅读脑"提高儿童阅读素养——儿童阅读的脑科学研究及其教育启示[J].教育学报，2012,8(04):55-61.
④ 刘丽、何茵.汉语发展性阅读障碍的认知神经机制研究及教育启示[J].教育发展研究，2018,38(24):70-78.
⑤ 李晓娟.汉语阅读障碍儿童认知加工的第二语言研究现状及教育启示[J].文教资料，2018,801(27):54-55.

课堂内容导入，塑造初中生的英语阅读脑[①]。

四、结论与讨论

阅读行为随着文字的出现而产生，距今已有四千多年的历史，是人类最重要的高级社会行为之一。大脑神经结构异常复杂，尽管研究者证实脑中某些区域与阅读相关，但大脑海量神经元之间的可塑性使得阅读脑研究远未止步于此。

笔者关于中文阅读脑的研究梳理发现，目前的研究成果在地理上多集中于西方国家，在学科上以神经科学和脑科学为主，在研究对象上多选取海外华人特别是双语使用者作为被试者，在研究问题上主要解决大脑处理中文语言信息的区域划分。中文作为世界上使用人数最多的语言，汉语的结构、字音加工和语义加工均比字母文字复杂，其运作机制也有独特的规律。与我国悠久的社会阅读史相比，现代科学对于中文阅读脑运作规律的研究起步较晚，成果仍旧薄弱，国际话语权缺失，且尚未能对我国的阅读推广、出版产业和文化政策提供强有力的决策支撑与实证依据。在未来，中文阅读脑机制的成因和数字环境下不断发展的数字阅读脑仍然是极具挑战的科学问题。

张晗，深圳大学传播学院副教授，深圳大学现代出版研究中心副主任

卢映澄，深圳大学传播学院 2019 级硕士研究生

---

① 徐轶敏. 阅读脑在初中英语阅读教学中的构建[J]. 名师在线, 2019(03):44-45.

后疫情时代青年群体数字阅读行为研究

雷月秋

数字信息技术的迅猛发展推动我国国民阅读行为发生转变，数字阅读成为新兴阅读趋势，2019 年中国数字阅读整体市场规模达 288.8 亿元[①]。2020 年，新冠肺炎疫情驱动数字经济成为技术创新、产业变革的新引擎，为数字阅读发展为未来阅读的新常态提供有利条件。聂震宁指出社会阅读的新需求和新特点是出版业发展的重要机遇和方向[②]。新冠肺炎疫情是否切实推动社会数字阅读需求增长？又能否为数字出版业提供新发展契机？回答这些问题，首先要对新冠肺炎疫情期间数字阅读的实际状况进行认真考量。

一、研究问题

现阶段，"后疫情时代"成为学者们开展关于出版业业态动向探讨、前瞻性发展预测等研究的主视野。"后疫情时代"是在新冠肺炎疫情背景

---

① 数据来源：《2019 中国数字阅读白皮书》，2020 年 4 月 23 日由中国音像与数字出版协议发布。
② 聂震宁. 后疫情时代我国出版业面临的变化预测与应对[J]. 出版发行研究, 2020(06):27-33.

下衍生的新概念，其不是指疫情完全消失、一切恢复如前的状况，而是疫情时起时伏，随时都可能小规模暴发，从外国、外地回流以及季节性发作，而且迁延较长时间，对各方面都产生深远影响的时代①。研究致力于通过探讨后疫情时代数字阅读行为现状，探寻数字阅读的发展新特征和新趋势，并试图验证新冠肺炎疫情为数字阅读创造良性条件的逻辑假设，以期为数字出版发展路径做策略参考。

二、概念界定

"数字阅读"在不同研究中的具体界定各有不一，但其概念核心均指阅读内容数字化与阅读载体数字化。为使研究问题更加具象化，本研究中，数字阅读指用户通过手机、电脑、电子阅读器等电子设备阅读图书、报纸、期刊、社交平台文章、网络小说或收听有声书籍等，但不包括视频、数码照片和即时通信聊天信息。

三、研究设计

研究采取问卷形式，对新冠肺炎疫情发生之前、新冠肺炎疫情期间青年群体的数字阅读行为开展调研，通过两期数据对比观测数字阅读发展变化。研究在正式发放的问卷中对两个时间背景做具体界定，"新冠肺炎

---

① 王竹立. 后疫情时代，教育应如何转型?[J]. 电化教育研究,2020,41(04):13-20.

疫情期间"指 2020 年 2 月至 2021 年 1 月[①]，"新冠肺炎疫情发生之前"指 2019 年 2 月至 2020 年 1 月。

（一）研究对象

根据《2019 年中国数字阅读行业年度报告》数据显示，数字阅读用户普遍呈年轻化，40 岁以下读者占比高达 96.7%，青年群体为主流用户[②]。青年群体作为数字阅读消费主力军，其展现的文化诉求、阅读需求与偏好，在一定程度上反映了新时期的阅读动态。在我国社会实践中，40 岁是常被采用的青年群体上限年龄[③]，研究参考该界定，向 18 至 40 岁群体随机发放问卷，在数据分析阶段对非该年龄段的群体进行剔除处理。

（二）研究维度

1. **数字阅读行为**。该维度主要包括数字阅读时长、数字阅读动机、数字阅读内容与平台偏好、数字阅读付费金额与意愿等指标。

2. **数字阅读体验评价**。该维度主要包括阅读兴趣、个性化阅读需求、数字阅读意愿变化、数字阅读付费意愿变化等指标，要求被调查者围绕各指标对新冠肺炎疫情期间的数字阅读体验进行评估，具体以"非常不同意""不同意""一般""同意""非常同意"5 级量表反映其同意程度。

3. **人口统计学特征**。该维度主要包括性别、年龄、职业背景、教育程度、月收入水平等指标。研究调查人口统计学特征，有利于了解不同特征群体在数字阅读行为存在的差异，为推广个性化阅读服务提供参考依据。

---

① 以武汉封城时间作为新冠肺炎疫情时间轴起点，即 2020 年 1 月 23 日。
② 数据来源：《2019 中国数字阅读行业年度报告》，2019 年 6 月 23 日由艾瑞研究院发布。
③ 魏莉莉.青年群体的代际价值观转变：基于 90 后与 80 后的比较[J].中国青年研究,2016(10):64-75.

四、研究实施

经修正后的问卷发布时间为 2021 年 2 月 15 日至 2021 年 2 月 27 日，本次调查共回收 335 份问卷，剔除无效问卷 21 份，实际有效问卷 314 份，问卷回收有效率为 93.7%。调查样本分布在广东、湖北、河南等全国 28 个省市，并涵盖了 18 至 40 岁、各学历层次、不同收入水平和职业类别的人群。男性占比 42.7%，女性占比 57.3%，性别比例趋于平衡。年龄结构上，86.6% 样本分布在 18 至 30 岁，其中 18 至 25 岁群体占比超半数。教育程度上，本科、硕士及以上学历的群体占比 79.6%。

五、数据分析

（一）数字阅读接触率

数据显示，新冠肺炎疫情期间，青年群体数字化阅读方式（包括电脑阅读、手机阅读、电子阅读器阅读等）接触率为 85.7%，数字阅读习惯显现。移动阅读依然是数字阅读的主流趋势，手机成为青年读者在新冠肺炎疫情期间进行数字阅读的主要载体（占比 88.7%），移动媒介以其便携性与信息获取的快捷性，成为青年读者偏好的数字化阅读方式。

（二）数字阅读时长

数据显示，新冠肺炎疫情期间，青年群体日均数字阅读时长主要集中在 30 分钟至 1 小时（占比 34.6%）。通过两期数据对比可以发现，新冠肺炎疫情期间（2020 年 2 月至 2021 年 1 月）较新冠肺炎疫情发生之前（2019 年

2月至 2020 年 1 月）青年群体日均累计数字阅读时长明显增加，表现为数字阅读时长在 30 分钟以下的人数占比减少 4.1%，30 分钟至 1 小时的人数占比减少 3.7%，1 至 2 小时的人数占比增加 3.3%，3 至 4 小时的人数占比增加 1.2%，4 至 5 小时的人数占比增加 1.0%，5 小时以上的人数占比增加 1.4%。

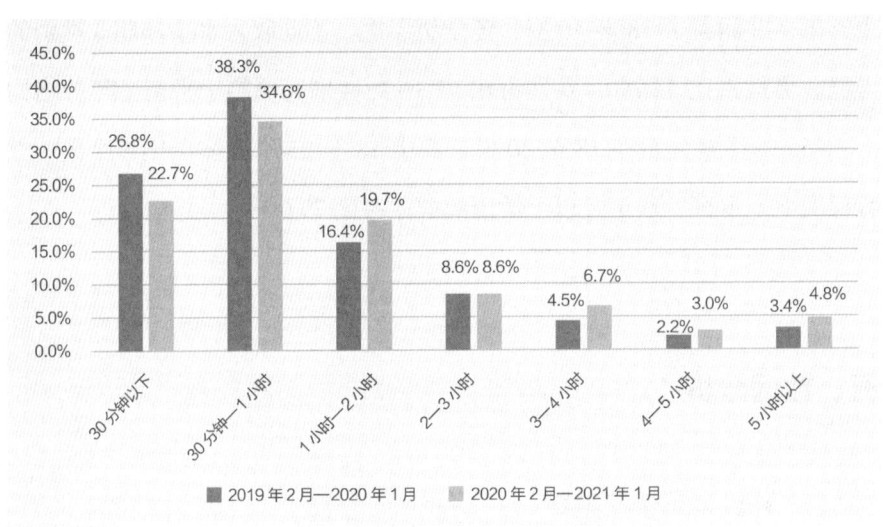

图 6-1　新冠肺炎疫情前后青年群体数字阅读时长

谈及新冠肺炎疫情期间选择数字阅读的原因，72.1% 的青年读者认为新冠肺炎疫情期间不能出门，读书是很好的消遣方式；25.3% 的青年读者表示，各大数字阅读平台在新冠肺炎疫情期间开放了免费阅读资源，提供了阅读好书的条件。新冠肺炎疫情在一定程度上为青年群体数字阅读创造了有利的空间、时间及资源条件。

（三）数字阅读平台

数据显示，新冠肺炎疫情期间，青年读者主要在微信公众号（占比

75.8%)、读书类 App（占比 59.5%）、新闻类 App（占比 37.2%）等平台进行数字阅读。其中，微信公众号（排序平均综合得分 4.9）成为青年读者阅读时间花费最长的平台，这在一定程度上得益于微信平台的引流。青年读者使用豆瓣阅读、微信读书、句读等读书类 App（排序平均综合得分 3.8）的阅读时长仅次于微信公众号，使用人民日报、澎湃新闻等新闻类 App（排序平均综合得分 2.1）的阅读时长紧跟读书类 App 之后。使用喜马拉雅、懒人听书等听书类 App 的青年读者占比 35.2%，但就阅读时长而言，仅有 5.6% 的青年读者在该平台花费时间最长。另有 5.6% 的读者在"其他"选项中提供了学习强国、学习通、读秀等数字阅读平台进行选择。

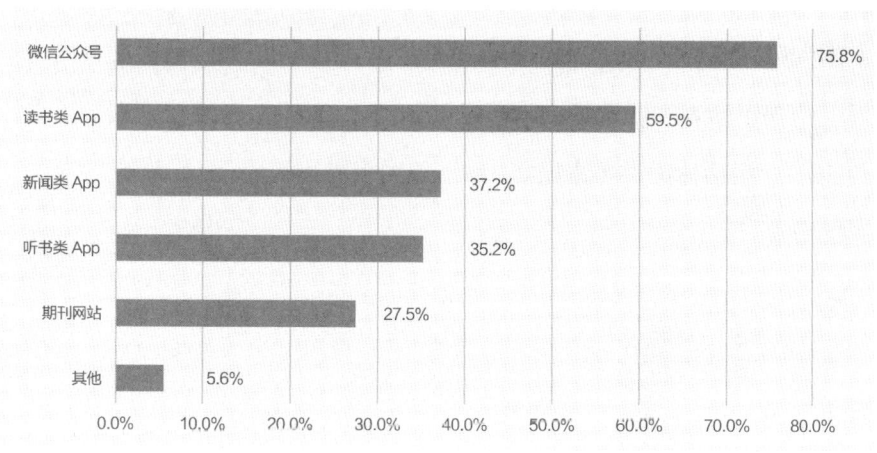

图 6-2 新冠肺炎疫情期间青年群体数字阅读使用平台

研究进一步调查青年读者数字阅读需求，数据显示，新冠肺炎疫情期间，青年读者主要基于摄取知识（占比 68.8%）、娱乐消遣（占比 74.3%）、保持社交话题（占比 16.0%）、了解热点信息（占比 68.8%）等需求进行阅读，近半数青年读者将信息需求排在首位。新冠肺炎疫情时有起伏，不少人紧迫关注各类新闻，获取疫情实况；通过微信公众号阅读抗疫日记与时文，了解抗疫知识，数据结果在一定程度上为青年读者的数字阅读平台选择结果提供了证明。

（四）数字阅读内容

1.电子图书。数据显示，新冠肺炎疫情期间，青年读者电子图书阅读量主要分布为1至3本（占比39.8%），阅读量在31本以上的人数仅占比4.5%，最高阅读量达65本。但同期对比上一年数据，可以发现新冠肺炎疫情期间电子图书综合阅读量有所增加，具体表现为没有阅读过电子图书的人数占比减少2.2%，电子图书阅读量为1至3本的人数占比减少3.0%，4至6本的人数占比减少1.1%，7至10本的人数占比增加4.5%，16至20本的人数占比增加0.4%，31本以上的人数占比增加3.0%。在阅读内容偏好上，青年读者主要选择文学艺术类（占比51.0%）、经济管理类（占比29.5%）、生活休闲类（占比27.0%）等图书进行阅读。

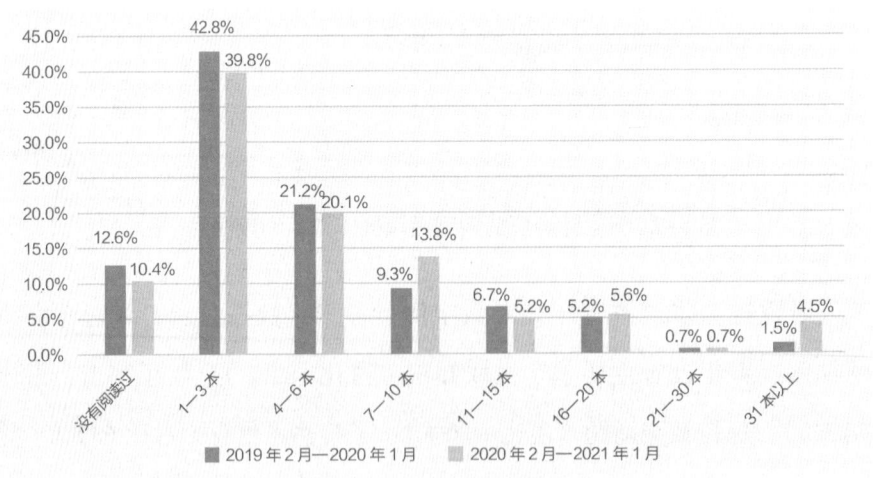

图6-3 新冠肺炎疫情前后青年群体电子图书阅读量

2. 网络小说。 数据显示，新冠肺炎疫情期间，青年读者网络小说阅读量主要数量分布情况与电子图书一致，集中在 1 至 3 本（占比 30.5%），网络小说阅读量在 31 本以上的人数占比仅为 2.6%，最高阅读量达 96 本。但对比同期数据，可以发现新冠肺炎疫情期间网络小说综合阅读量有所增加，具体表现为没有阅读过网络小说的人数占比减少 1.5%，电子图书阅读量为 1 至 3 本的人数占比减少 6.3%，4 至 6 本的人数占比增加 3.0%，7 至 10 本的人数占比增加 2.2%，21 至 30 本的人数占比增加 0.4%，31 本以上的人数占比增加 0.7%。

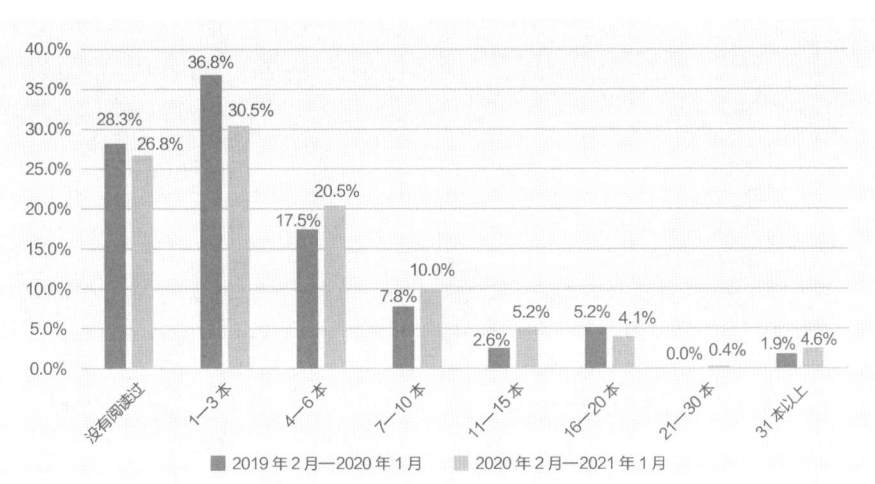

图 6-4 新冠肺炎疫情前后青年群体网络小说阅读量

在网络小说阅读内容偏好上，都市（占比 52.3%）、言情（占比 47.2%）、玄幻（占比 36.0%）、仙侠（占比 31.5%）等类型网络小说深受青年读者喜爱。从阅读时长来看，都市（排序平均综合得分 5.31）是青年读者花费阅读时间最长的网络小说类型。

(五）数字阅读付费

1.数字阅读付费状况。数据显示，新冠肺炎疫情期间，青年群体从未进行数字阅读付费的人数接近半数，占比42.8%，青年读者进行数字阅读付费的额度主要集中在10至30元（占比35.8%），数字阅读付费金额达200元以上的人数仅占比5.2%。2019年全国国民阅读调查报告数据显示，从未进行数字阅读付费的人数占比半数以上，国民数字阅读付费的意识还未培育，研究进一步验证了这一现象。

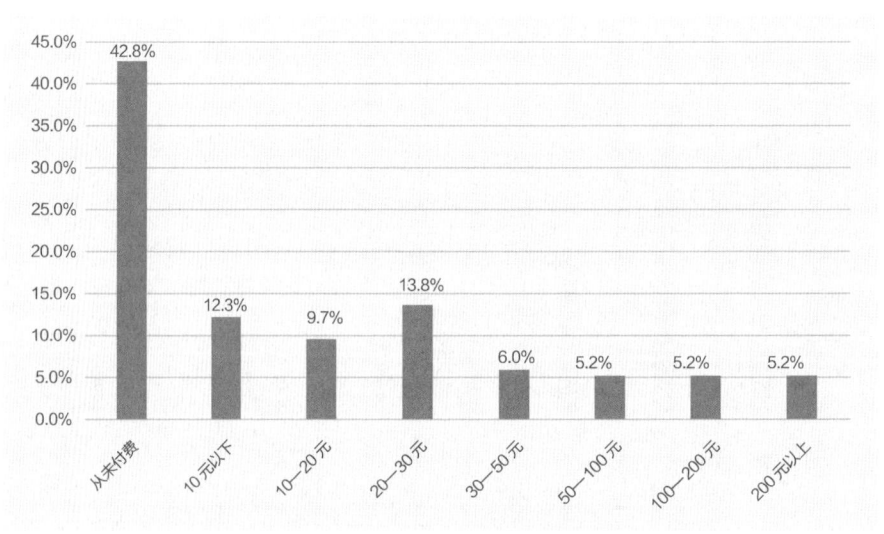

图6-5 新冠肺炎疫情期间青年群体数字阅读付费状况

2.数字阅读付费内容。数据显示，新冠肺炎疫情期间，青年读者数字阅读付费内容主要为电子图书（占比52.6%）、网络小说（占比45.5%）、电子期刊（占比40.3%）。从付费金额来看，新冠肺炎疫情期间，青年读者在电子图书上消费最高（排序平均综合得分3.49），有声读物消费最低（排序平均综合得分0.83）。有声读物丰富阅读形式，成为青年读者数字阅读的新选择，但相对于实体书籍付费观念而言，有声读物付费意识还未充分形成。

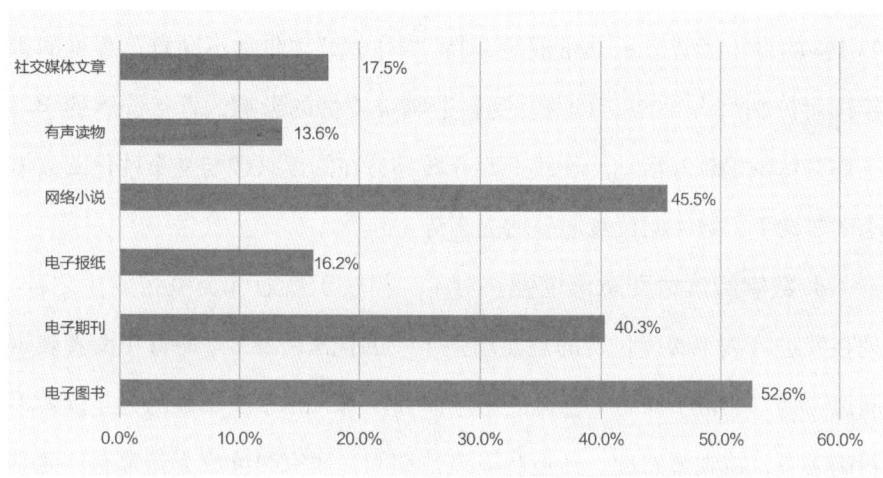

图 6-6　新冠肺炎疫情期间青年群体数字阅读付费内容

（六）数字阅读体验评价

1.阅读兴趣提高。对于"新冠肺炎疫情期间，我通过数字阅读提高了阅读兴趣"的说法，38.0%的青年读者表示同意，26.4%的青年读者表示非常同意，持"不同意""非常不同意"意见的青年读者分别仅占4.8%、1.1%。数字阅读实时更新和交互反馈的特点实现了青年读者在新冠肺炎疫情期间对信息、社交、知识需求的满足，并进一步激发其阅读兴趣。

2.个性化需求得到满足。对于"新冠肺炎疫情期间，数字阅读使我的个性化需求得到满足"的说法，40.2%的青年读者表示同意，28.6%的青年读者表示非常同意，持"不同意""非常不同意"意见的青年读者分别仅占3.7%、0.7%。新冠肺炎疫情期间，各大数字阅读平台为增加用户粘性，持续推出阅读定制服务，根据阅读偏好精准分发内容，满足青年读者数字阅读个性化需求。

3. 数字阅读意愿增强。对于"相较于新冠肺炎疫情发生之前，现在我进行数字阅读的意愿增强了"的说法，34.6%的青年读者表示同意，23.1%的青年读者表示非常同意，持"不同意""非常不同意"意见的青年读者分别仅占6.7%、1.1%。受新冠肺炎疫情的影响，青年群体的学习工作、休闲娱乐等活动均往线上媒介转移，在阅读兴趣与受个性化阅读需求的驱动下，数字阅读意愿呈增强态势。

4. 数字阅读付费意愿增强。对于"相较于新冠肺炎疫情发生之前，现在我进行数字阅读付费的意愿增强了"的说法，28.3%的青年读者表示同意，持"非常不同意"意见的青年读者仅占3.0%。37.6%的青年读者不明确表态，持观望态度。新冠肺炎疫情期间，居家阅读成为新常态，尤其在疫情伊始，受物流及防疫要求影响，部分读者从外出购买纸质书籍转向线上付费阅读。

（七）个人特征因素对数字阅读行为影响

1. 性别与数字阅读接触行为交叉分析

数据显示，在新冠肺炎疫情期间没有接触数字阅读的男性与女性的比例分别为13.5%、14.9%，接触过数字阅读的男性与女性的比例分别为86.5%、85.1%。卡方检验结果显示，sig=0.730<0.05，表明在数字阅读接触行为上，男性与女性没有显著差别。

表 6-1 性别 * 新冠肺炎疫情期间数字阅读接触 交叉列表

			新冠肺炎疫情期间数字阅读接触		总计
			没有	有	
性别	男	计数	18	115	133
		占比	13.5%	86.5%	100.0%
	女	计数	27	154	181
		占比	14.9%	85.1%	100.0%
总计		计数	45	269	314
		占比	14.3%	85.7%	100.0%

表 6-2 卡方检验

	值	df	渐进显著性（双侧）	精确显著性（双侧）	精确显著性（单侧）
皮尔森（Pearson）卡方	.119a	1	.730		
连续性修正 b	.033	1	.855		
似然比	.120	1	.729		
费尔希（Fisher）精确检验				.748	.430
有效个案数	314				

a. 0 资料格（0.0%）的期望计数小于 5。最小期望计数为 19.06。
b. 只针对 2x2 表进行计算

2. 教育程度与数字阅读时长交叉分析

数据显示，不同教育背景的群体在新冠肺炎疫情期间日均数字阅读时长上呈现一定差异，在 30 分钟以下的阅读时长区间内，小学、初中学历读者占比高（分别占比 80.0%、60.0%），高中、大专、本科、硕士学历读者占比较低（分别占比 6.7%、15.0%、23.3%、21.0%），在 5 小时以上的阅读时长区间内，大专、本科、硕士学历读者占比（分别占比 5.0%、5.6%、5.0%）高于小学、初中、高中学历读者（均为 0.0%）。

表 6-3 教育程度 * 新冠肺炎疫情期间数字阅读时长 交叉列表

			新冠肺炎疫情期间平均每天累计数字阅读的时长							总计
			30分钟以下	30分钟至1小时	1至2小时	2至3小时	3至4小时	4至5小时	5小时以上	
教育程度	小学	计数	4	0	0	0	1	0	0	5
		占比	80.0%	0.0%	0.0%	0.0%	20.0%	0.0%	0.0%	100.0%
	初中	计数	3	1	0	1	0	0	0	5
		占比	60.0%	20.0%	0.0%	20.0%	0.0%	0.0%	0.0%	100.0%
	高中/中专/职高	计数	1	6	5	1	1	1	0	15
		占比	6.7%	40.0%	33.3%	6.7%	6.7%	6.7%	0.0%	100.0%
	大专	计数	3	9	5	0	1	1	1	20
		占比	15.0%	45.0%	25.0%	0.0%	5.0%	5.0%	5.0%	100.0%
	本科	计数	29	43	26	10	9	0	7	124
		占比	23.3%	34.7%	21.0%	8.0%	7.2%	0.0%	5.6%	100.0%
	硕士及以上	计数	21	34	17	11	6	6	5	100
		占比	21.0%	34.0%	17.0%	11.0%	6.0%	6.0%	5.0%	100.0%
总计		计数	53	61	93	53	23	18	13	269
		占比	19.7%	22.7%	34.6%	19.7%	8.6%	6.7%	4.8%	100.0%

六、研究思考

（一）数字阅读势头向好，着力关注新变化

研究数据综合表明，相较于新冠肺炎疫情发生之前，新冠肺炎疫情期间青年读者数字阅读接触率、数字阅读时长、电子图书阅读量、网络小说阅读量呈增长趋势，数字阅读意愿及付费意愿明显提升。数字阅读行为的变化固然是各类复杂因素共同作用下的产物，但新冠肺炎疫情作为客观环

境因素，切实影响着包括青年群体在内的全国居民的生活习惯，研究有理由认为新冠肺炎疫情的产生在一定程度上对数字阅读的发展起到积极推动作用，并侧面证明了当前市场推广数字阅读产品及服务的可行性。

后疫情时代，数字阅读行业发展形势向好，在新媒介、新技术的驱动下，数字阅读服务也呈现了一系列新的特点与趋势。在方式创新上，新冠肺炎疫情期间，公众对直播、在线会议等线上联动形式接受度提升，催生直播卖书、线上读书沙龙、直播阅读课程等一系列新的阅读体验服务，开启线上线下阅读融合模式；在场景化服务上，据艾媒咨询数据显示，如厕、睡前、通勤途中等碎片化场景成为2020年上半年用户数字阅读的重要场景[1]，移动阅读端以其便捷特性全方位融合多场景；在内容形态上，有声读物或迎来发展契机，《国际出版周报》指出，新冠肺炎疫情期间，法国有声读物大受欢迎，阅读率呈不断上升趋势[2]。新需求、新变化不断更迭，数字出版业具有更广阔的创新空间。

（二）数字阅读付费意识不足，培育需要耐心

从研究数据中不难看出，青年读者数字付费情况及意愿并不乐观，而在近年各大数字阅读调研报告中，这已然不是新鲜话题。中国新闻出版研究院出版研究所所长徐升国指出："人们的数字阅读付费意愿之所以低，主要还是网络资源等于免费的惯性思维造成的。"互联网自兴起，就以崇尚免费和共享的精神大受追捧，直至知识版权受法律保护，各大知识付费平台相继诞生，仍有不少"盗猎者"举旗高歌"互联网的本质即共享，万

---

[1] 数据来源：《2020中国数字阅读行业创新趋势专题研究报告》，2020年12月由艾媒咨询发布。
[2] 疫情下的全球阅读市场[N].国际出版周报,2020-04-27(001).

物皆 free"。树立关于互联网知识产权的正确意识是数字阅读良性发展的基本保障，在对其进行大力宣传的同时，或许我们可以期待国家版权局连同执法部门再一次开展针对网络文学、新闻、知识分享、有声读物等侵权行为的"剑网行动"。

再者，相比于传统阅读付费方式，数字阅读付费在我国发展仍处于初级阶段，尤其是有声读物类新生阅读产物，缺少一般"看得见摸得着"的购物获得感，在打破常规阅读消费体验、摸索可盈利的阅读付费模式上需要耐心。因此，数字阅读付费意识虽亟须培育，但仍是一个漫长的过程。

（三）数字阅读弊端显露，亟须优质内容供给

研究数据表明，青年读者数字阅读的主要内容为微信公众号文章，且娱乐需求占主导，不少被调查者表示移动阅读的内容超载，难以在短时间内回想留有深刻印象的内容。数字阅读市场发展迅猛固然可喜，但随之带来的浅阅读现象亟须引起关注。在数字环境下，超文本的碎片化特性使得人们浏览和扫读时间增加，跳转、频繁页面切换等行为分散阅读注意力，降低阅读专注度。长期大量的浅阅读易使读者缺乏深度思考，产生思维的惰性。这样看来，也就不难理解学术界为何在"数字狂欢"之后集体转向数字批判甚至"数字恐慌"。

聂震宁指出，新冠肺炎疫情期间，移动互联网碎片化阅读表现出的最大弊端即内容质量问题严重[1]。当前，数字阅读内容质量良莠不齐，层次不一，尤其是一些自媒体平台文章缺乏有效把关，内容同质化、标题党现象泛滥，作品呈低俗化、萎靡化，亟待整改净化。借用冰心的读书真言，

---

[1] 聂震宁. 后疫情时代我国出版业面临的变化预测与应对[J]. 出版发行研究,2020(06):27-33.

"读书好,好读书,读好书",研究认为数字阅读率虽是衡量数字阅读发展的重要指标,但数字阅读要持续良性发展,优质内容资源供给是基石。

雷月秋,深圳出版集团综合事业部品牌管理专员

阅读活动研究

深圳全民阅读
发展报告
2021

书香促履职　读书凝共识
——深圳市政协"书香政协"第一期委员读书活动总结

政协深圳市委员会办公厅

为深入贯彻习近平总书记关于加强读书学习的重要论述，落实全国政协关于开展委员读书活动的要求，深圳市政协在2020年7月至11月集中开展了"书香政协"第一期委员读书活动。全体市政协委员和全体机关干部参与活动，发言总数超两万条，发言总字数超110万字，梳理意见建议超2000条，这些意见建议部分吸纳进市政协专题议政材料，部分转化为委员提案和社情民意信息等。

一、主要做法

（一）领导重视，确保委员读书活动开好局、起好步、谋好篇、收好尾。2020年7月初，全国政协第一期委员读书活动综合线下交流会深圳分会场活动顺利结束后，深圳市政协领导班子迅速响应全国政协号召，首先成立由主要领导担任组长、所有领导班子成员、专委会主任和深圳出版集团有限公司董事长尹昌龙、深圳图书馆馆长张岩为成员的读书活动指导组。深圳市政协党组书记、主席林洁同志亲自抓、具体抓、带头抓，高位推动，有效确保了委员读书活动顺利开局、有序推进。林洁同志还亲自带头，面向全体委员做《习近平谈治国理政》第三卷的首次导读，为班子成员做出表率。作为全国政协读书群群主，深圳市政协原主席戴北方同志悉心传授读书群工作经验，提出指导意见。在读书群的日常活动中，深圳市政协领导班子成员带头分享读书体会，谈认识，讲体会，说感受，把方向，做到学先一步、学深一层，极大地调动委员读书交流的热情，引导读书群营造了畅所欲言的氛围。办公厅和各专委会的主任、副主任身体力行，全情投入，不仅是自身带头学习，还带领机关干部为委员读书活动提供各项服务保障。

（二）找准工作切入点，注重出实招、用实功、求实效，保障读书活动顺利进行。一是坚持制度先行，建章立制，做好规范和引导。深圳市政协打通委员读书活动与委员履职相关制度的衔接路径，将委员参与读书活动情况纳入委员履职信息记录和履职考核评价，制定了委员读书活动指导组、读书群管理和工作简报等3个制度。二是设立工作机构负责推进落实。读书活动指导组办公室设在联络工作委，负责活动日常工作，短时间内就制定了第一期读书活动工作方案，组织了读书活动的启动仪式，向全体委员发出了读书"倡议书"。在历时3个月的活动中，共组织召开了3次指导组工作会议、6次群秘书座谈会等，编发简报11期。三是探索政协常规履职品牌与委员读书活动的有机衔接。深圳市政协总结吸收了既有的"书香政协"机关干部培训工作经验，推动委员日常培训与读书活动实现有效结合，注重推荐委员在参与"政协热线"直播节目等履职活动过程中分享读书体会，推介读书成果。四是努力对接委员读书需求，做好服务保障。把读书群移植到腾讯"企业微信"，方便委员发言、发文、贴图、转发、点赞等；接入深圳图书馆、深圳出版集团提供的优质电子图书资源，为委员拓展阅读提供便利；开设精华帖展示模块，便于委员在短时间内浏览有用信息，提高效率；及时购买图书寄送给委员，在群里提供电子版，或把纸质书拍照制作成 PDF 文件；专委会工作人员还积极协助委员熟悉企业微信，协助群主和委员发布内容，按时提醒委员参加读书，及时汇总归档意见建议，保障了读书活动的顺利开展。

（三）群主积极，委员支持，形成了"群主主导、领导引导、委员参与"的学习格局。第一期委员读书活动共成立了 9 个读书群，其中各专委会各设 1 个群，另外还面向全体委员成立了"十四五规划征编"读书群。19 位群主积极作为、乐于奉献，组织起读书群骨干队伍，接力导读，积极发声，为委员提供帮助，促进委员学习。例如，经济委读书群既有张国钧、王业、沈丹、高瞻、邬建辉、夏俊等 6 名委员负责日常学习，又有李真、张少华、朱文豪等 3 名委员主导《习近平谈治国理政》第三卷的专题学习；社法民宗委读书群群主张斌委员创新导读形式，推出"100 天民法典"导读音频，帮助委员利用碎片化时间在线学习；人资环委每周设立轮值群主负责周一发帖导读、两次集中导读、每天设立一名导读委员负责当天读书交流；联络工作委针对委员队伍主要由区政协主席和统战部部长组成的特点，实行全员导读、全体精读。

（四）采取多种形式，克服困难，打造出线上线下结合、灵活有效的读书模式。各读书群都坚持"三天一导读"，开展形式多样的读书活动。如港澳台华侨和外事委针对委员因疫情分散在深、港、澳三地的实际情况，召开了多场线上线下交流会，力求覆盖到所有委员。提案委每周选取 2 个专题，固定每周六晚上一小时进行线上集中交流，开辟"每日优秀提案分享"专题栏目，推送优秀提案和相关知识。同时，各读书群主动邀请专家学者和作者进群辅导，提升学习效果。如提案委读书群邀请全国政协委员、省政协提案委专职副主任熊水龙委员进群指导，经济委邀请华为公司高级顾问、图书作者田涛进群解读案例，科教卫体委邀请市卫健委、应急管理局、疾控中心、传染病专科医院等单位的专业人士进群分享新冠肺炎疫情防控工作经验，文化文史委邀请市委党校袁晓江教授专题解读《习近平谈治国理政》第三卷，联络工作委邀请《岁月山河》的作者蒋荣耀做了"人来人往——《岁月山河》的画外音"的精彩导读，等等。部分专委会还组织政协委员到图书内容相关历史文化场所实地走访，部分委员则走进电视、电台，介绍读书经验，畅谈学习体会。

二、主要成效

（一）通过读书，委员们读出了共识，夯实了共同思想政治基础。读书活动启动以来，深圳市政协领导班子成员围绕学习《习近平谈治国理政》第三卷共发表导读稿 5 篇，每篇导读内容委员阅读率超 90%，委员变"潜水"为"冒泡"，积极思考，深入讨论，统一思想，取得共识。各专委会以界别为依托，由界别召集人牵头开展了 12 场线下读书会，实现了读书活动界别委员全覆盖，拉近了委员与委员、委员与领导、委员与机关干部的距离，进一步扩大共识。

（二）通过读书，委员们读出了责任担当。委员们克服现实困难，在线交流互动，积极结合履职参与读书活动，展现了高度的自律自觉性和组织纪律性。有的委员身为单位一把手，在繁忙的工作之中，挤出时间担任读书群群主，组织开展读书群的活动；有的企业家委员结合当前形势下本企业实际，提出有价值有见地的意见建议；有的委员积极分享学习心得，把读书活动不断推向深入……即使在中秋国庆双节假期，读书群依然热度不减，委员们即使身在他乡异国，仍然心系读书活动，集思广益，建言献策，为推动深圳"双区"建设贡献力量和智慧。

（三）通过读书，委员们读出了履行使命和做好工作的方法要义。委员们坚持知行合一、学思贯通，在专委会推动下形成了许多读书学习成果。如深圳市政协的"十四五规划"读书群，面向全体委员收集有价值的读书体会，及时纳入深圳市政协关于"十四五"规划的调研报告；经济委委员细致研读《习近平谈治国理政》第三卷的"推动经济高质量发展"，对重点调研报告提出修改意见建议；人口资源环境委在重点研读基础上，通过读书群收集建议，丰富完善了专题协商调研成果，形成了《关于培育数据要素市场、激活发展新动能的提案》和《加大新时代大数据应用管理，全面提升城市功能品质》的社情民意信息；科教卫体委及时整理委员发言内容，选取具有较高参考价值的意见建议形成了《关于调整大浪时尚小镇 25 号园区隔离酒店的建议》等 5 篇社情民意信息，获深圳市新冠肺炎疫情防控指挥部及龙华区政府的支持，圆满解决园区道路交通等问题。

三、工作经验

（一）开展读书活动，要实现组织领导与政协优势相结合，充分发挥指导组作用。第一期委员读书活动林洁同志亲自挂帅，深圳市政协领导班子亲自参与，专委会主任、副主任亲力亲为，为委员读书活动提供坚实有力的支撑。

（二）开展读书活动，要选好读好用好图书。读书活动的书目选取要坚持正确导向，紧扣当前履职所需，胸怀"两个大局"。深圳出版集团董事长尹昌龙和深圳图书馆馆长张岩充分发挥了指导组成员的作用，为各专委会选书用书提供指导、支持和便利，积极协助开展线上线下活动。

（三）开展读书活动，要发挥好群主和读书骨干的作用，聚焦履职，保持热度。群主主动作为，发动委员积极参与，读书群越来越热闹；群主找准话题、选好热点、做足功课，委员们畅所欲言，读书群精彩观点越来越多；骨干委员围绕话题不断结合工作经验和履职实践接力发言，探讨更深入。

（四）开展读书活动，要坚持以委员为主体，推动委员学有所思、学有所悟，彰显履职担当。读书学习是政协传统，但线上读书交流学习却是新鲜事物。委员在繁忙的工作之余，抽出时间参与学习，不仅勤读善思、做好学习者，又学思贯通、做导读者，还建言献策、做实干家。

（五）开展读书活动，要因时制宜、因势利导，不断丰富活动形式，不断扩大有效覆盖面。一是要用好企业微信读书群，克服疫情影响，探索利用音视频、网络直播等形式，为委员学习交流提供便利；二是要适时开展线上线下的读书分享会、研讨会、读者见面会和实地考察，推动学习逐步深入；三是执行好委员读书学习的相关制度，选准履职角度、方位，做好发动和引导工作。

（六）开展读书活动，要聚焦履职，围绕中心大局，转化更多更好更实的读书成果。一是要推动各专委会实时跟进读书群活动情况，及时梳理总结高质量的读书心得和学习体会，挖掘闪光点，及时汇总整理，转化为履职成果；二是要结合年度专题协商任务，找到适宜的切入点，努力实现读书学习与协商议政相结合；三是要争取通过读书学习，催生出新的工作思路，用读书学习来促进履职作为，不断巩固立身之本、夯实履职之基。

第一期委员读书活动已初见成效，但也存在一些问题。比如，形成的意见建议与现实需求仍存在较大差距，高质量、高水平的读书成果数量有限；读书群的活跃程度存在差异，发言数量不均衡，委员参与度有待提高；个别读书群缺乏有效的引导措施，出现了短暂冷场等等。

2020年11月18日，深圳市政协召开了第一期读书活动总结交流座谈会并启动第二期委员读书活动。下一步，深圳市政协将深入学习贯彻习近平总书记出席深圳经济特区建立40周年庆祝大会和视察广东、深圳重要讲话、重要指示精神，以钉钉子精神确保深圳市委政协工作会议精神落实到位，勠力服务"双区"建设，强化思想引领，增进政治共识，进一步提高活动质量；加强与全国、省和区政协的系统联动，细化读书安排，健全委员读书评价激励机制，实现委员读书活动常态化；推进"委员讲堂""委员议事厅"等市政协履职品牌项目与委员读书活动实现更好地衔接，把读书收获更多地转化为社情民意信息、调研报告等形式的履职成果，不断擦亮"书香政协"品牌；更好地凝聚各党派团体和各界别人士的智慧力量，为深圳建设好中国特色社会主义先行示范区作出政协新贡献。

书香党建 共融共促
——从深圳出版集团的实践探讨党建对全民阅读的作用

曹宇

党建即党的建设,是中国共产党赢取各种胜利的重要法宝。党的十九大以来,党建被提高到一个新的时代的高度,不仅作为我党为提高长期执政能力、保持先进性和纯洁性而采取的自我完善行动,而且被党委部门普遍作为一种重要的工作抓手,引领、推动重大任务的完成,并在实践中与业务融合,让党建作为内容本身,实现创新发展。在这一宏大的体系下,如何在具体工作和微观层面上发挥党建作用,以党建引领全民阅读,推动书香社会建设?深圳作为中国全民阅读开展较早并持续领先的城市,在这一方面进行了丰富的实践探索,党建引领下的学习型城市和学习型机关建设富有成效;而深圳出版集团作为本土的出版发行企业,体现出国有文化集团的社会担当,在这个城市的党建书吧建设发展中主动策划,积极参与,并充分发挥利用自身资源,与多个机关、部门、协会和企业广泛合作,同时创新开展书香支部建设考评等工作,党建与阅读文化事业和企业文化建设形成一种引领推动、融合发展的良性局面,全民阅读生态建设态势喜人。

一、党委重视，让深圳遍布书城书吧，城市充盈迷人的书香

在城市和社会发展的诸多要素中，文化既是根，更是魂，推动着和谐社会的建设，引领城市繁荣发展，让人民群众过上更为美好的生活，这既是中国共产党的初心，是各级党委、政府的职责，也是党建工作的题中应有之义。在深圳经济和社会迅猛发展的过程中，深圳的文化建设也从未缺位过。20世纪80年代，深圳市委领导提出"再穷也不能穷文化"，城市历经三批次"八大文化设施"建设，让文化建筑成为城市亮丽的风景线。其中，深圳图书馆、深圳书城等均可作为不同年代阅读文化建筑的代表作。不仅如此，各类阅读文化设施更是被不同程度地纳入各项建设发展规划之中，"图书馆之城"等目标实施顺利，"一区一书城，一街道一书吧"，这些宏大蓝图被写入深圳市第六次党代会报告，纳入深圳"十三五规划"，并正在逐步变成现实。截至2020年底，仅深圳出版集团建设和运营的大型书城就有7座，书吧53个，在阅读文化硬件建设上体现出如此的大手笔。此外，深圳还率先在全国创办了以整个城市为规模的读书文化活动——深圳读书月，由深圳出版集团总承办，以此带动全民阅读活动蓬勃开展，并在机制上不断创新，在全国持续领先。深圳党政部门也身体力行，从市委印发加强学习型城市建设的意见，到给予读书活动经费支持；从出台全民阅读促进条例，到邀请海外专家来深圳与会参观和进行全民阅读学术交流，以及市几套班子领导出席读书月启动式等重点主题活动，无不体现出对阅读文化工作的重视，并得到了各方的赞誉。中宣部和国家新闻出版行政部门两次在深圳召开全国全民阅读活动经验交流会；2013年10月，深圳被联合国教科文组织授予"全球全民阅读典范城市"称号，这是阅读界唯一的全球性殊荣。

二、转换思维，把党建本身作为书吧的内容，实现特色化发展

作为国家级出版传媒集团，深圳出版集团是深圳全民阅读的重要力量，在大书城建设和营运的基础上致力于简阅书吧社会化、网格化和社区化发展。2018年3月，为深入学习贯彻习近平新时代中国特色社会主义思想和党的十九大精神，推进全市党群服务中心联盟建设，中共深圳市委组织部印发了关于打造市、区、社区（园区）三级党建书吧的通知，明确按照"集约建设、统一标识、集中配置"的原则，全面建立覆盖市、区、社区（园区）三级的党建读物平台，为全市各级基层党组织和党员干部增强党性意识、普及党建知识、提升理论素养提供保障，实现党建读物平台真正建在党员群众身边，最大限度方便党员群众阅读。

深圳出版集团迎势而上，积极配合并主动参与这一党建工程。在各级党委部门的主导下，截至2020年8月，深圳全市共建成市级党建书吧1个、区级党建书吧10个、社区（园区）级党建书吧1039个，党建书吧总数约1050个点，基本形成市、区、社区（园区）三级的党建读物平台服务体系。其中，由深圳出版集团及所属企业深圳书城文化投资控股有限公司直接运营的党建书吧11家（分别为市级1家、区级5家、社区园区级5家），参与图书配送及更新660家。经过两年多的运营，党建书吧社会效益良好，品牌效应逐渐凸显，丰富了党群活动中心的职能，成为最受党员群众欢迎的场所之一。一是图书更新速度快。截至2020年12月31日，共配送党建图书近40万册，更新约150万册，让图书能够在各党建书吧进行"漂流"，党员群众第一时间可以阅读最新出版的书籍。二是党建活动精彩纷呈。从2018年起至今，共举办党建活动约300多场次，市区一

级及街道级党建书吧分别举办了不同类型的活动,受益党员群众万余人次。三是社会效益逐步显现。深圳书城文化投资控股有限公司直接运营的11家党建书吧,为各区提供设计、运营一体化服务。党建书吧设计时尚、环境雅致,部分党建书吧还融合了"四点半学校"等功能,已经成为党员群众读书交流的重要场所。深圳党建书吧还得到了媒体的争相报道,2018年和2019年,分别在全国书博会和深圳读书月相关活动中入选"新华书店系统名店"以及"深圳最美小书店"。

深圳市一级党建书吧位于福田区南园街道东园社区深南中路1033号档案大厦三楼,面积约150平方米,由市党群服务中心负责建设,委托深圳出版集团及所属企业深圳书城文化投资控股有限公司运营维护,并自负盈亏,其业务包含党建图书、经典读物和文创用品的销售,还为读者提供咖啡饮料以及开展阅读文化和党建活动等。在图书配置方面,市级党建书吧年总图书吞吐量达到22万册,其中党建书籍占比60%,包含红色读物、时政书籍以及党员学习书籍等。同时,市级党建书吧还通过深圳智慧党建线上党建书吧系统,每周向全市党员群众推荐书单,线上党建书吧平台内含近20万册电子书和200多门音频课程;在文化活动方面,市级党建书吧年均举办"听我们的歌"等各类活动50场以上,其中联合党群中心共同举办的周末读书会已形成品牌文化活动。

三、创新方式,让党建引领全民阅读,推动书香社会建设

除了书城和书吧建设,以及基于这些全民阅读文化设施的日常营运,深圳出版集团还充分利用自身所具有的阅读资源,与深圳的党政机关和企

事业单位广泛合作,开展各类阅读文化活动,其中不乏以党建为特色的创新活动,为城市的阅读风景线增添新的亮色。

第一,携手市直机关工委,联合举办青年读书会。深圳出版集团属于宣传文化系统,单位的党组织关系在市直机关工委,近年来不断加强与市直机关工委的工作交流,并在其指导下到一些机关学校举办读书分享会,邀请一些作家名人深入基层开讲座,作报告。2020年5月,深圳市委办公厅印发《关于加强和改进市直机关党的建设的实施意见》,提出"加强青年理论学习教育",建立机关青年读书会和理论学习小组,打造市直机关青年学习交流机制和线上线下学习交流平台。为此,深圳出版集团根据文件精神,在既有工作模式的基础上,与市直机关工委商议将市直机关青年读书会在深圳最为重要的阅读文化设施深圳书城中心城直接落地,既作为该读书会各项线下阅读活动的配套场所,同时引入云展示手段,运用数字技术打造一个线上展示平台,将各单位党建工作予以滚动宣传播放。

第二,与帮扶点结对子,突出文化的脱贫效力。开展党建引领"结对下级单位""结对社区""结对企业""结对帮扶点"行动,是新时期党建工作的崭新做法。深圳出版集团在对口扶贫点广东省清远市东源县樟溪乡鹊田村,近六年来共组织投入资金980多万元,其中自有资金达440余万元,为全村完成扶贫脱贫项目20余个,帮助全村50名绝对贫困户百分之百脱贫。在这一过程中,深圳出版集团党委着力强调文化的脱贫效力,每年深圳读书月举办的"赠书献爱心"活动,受赠单位名单中总少不了这一对口帮扶点。2021年春节刚过,深圳出版集团就派出专车,在深圳出版集团党委委员、监事会主席石克平带领下,满载着3200多册由深圳出版集团各支部党员捐献的爱心图书,到鹊田村开展"扶智扶志"行动,并作为深圳市2021年度"关爱行动"重点活动,被媒体广泛报道。

第三，与吉华街道党组织结对子，开展以"阅读文化交流"为主题的共建活动。2021年初，笔者参加市委组织部统一抽调的全市防疫抗疫指导组，被选派到深圳市龙岗区吉华街道工作数月，由此结下了不解之缘。随后，深圳出版集团党委与街道党委实施共建，以"党建引领、双融双促、共谋发展"为宗旨，以阅读文化和社区资源为纽带，以点带面，从细微之处为书香社会建设尽力。该共建活动于2020年7月10日正式启动，相继举办了"阅读，当我们以书法的方式"专题书法创作展，用书法作品展示深圳读书月历届年度主题，传播读书月有关理念和金句，别开生面，广受欢迎。2020年12月21日，深圳出版集团党委书记尹昌龙率队应邀赴吉华街道，面向街道党员干部、青年团员举办《阅读与人生》主题分享课，以"最是书香能致远——谈阅读的意义与方法"的主题，深切鼓励青年人重视阅读，多读书、读好书，全力推进全民阅读典范城市建设。讲座氛围热烈、反响积极。2020年12月底，第二届深圳书展在深圳书城中心城举办，吉华街道党工委宣传部组织一批机关青年干部专程参观书展和新装开业的中心城，一些家住龙岗，长期在基层工作的青年首次参观书展和书城，为深圳的文化建设备感骄傲，并踊跃购书。自结对共建以来，深圳出版集团与吉华街道已通过《习近平谈治国理政》（第三卷）、《为什么是深圳》等图书发行进行了多次业务联系。同时，为助力吉华街道书吧建设，深圳出版集团旗下深圳书城文化投资控股有限公司直接点对点与吉华街道及其社区的书吧建设达成了合作协议，全力配合做好吉华街道书吧建设工作，推动深圳出版集团"一区一书城，一街道一书吧"的战略部署落实落地。

四、深度融合，让书香融入基层党建，党建工作特色突出

基层党支部日常工作中的一个难点，是党建工作与行政业务容易脱节，形成"两张皮"。针对这一问题，深圳出版集团党委努力拓宽结对共建工作范畴，创新推动"党建＋业务"扎实落地，紧密围绕深圳出版集团的业务特点，开展书香党建活动，激发了各基层支部党建工作的活力，也通过党建与业务的双融双促，激活了资源，推动了业务的发展。这些鲜活事例，体现出党建工作在具体实践中创造价值的能力，也符合深圳出版集团党委提出的党建工作要与经营工作和改革发展相结合的思路。

（一）以文件制度为保障，促结对共建规范化。深圳出版集团党委以与吉华街道党工委结对共建为示范，进一步提出"党建＋"模式、内容、工作机制，全面实施"融合"工程，组织开展"党建＋"业务品牌活动评选，推动各部门、各所属企业党支部走出去，就党建共建途径及业务合作领域、合作方式等积极开展探索、形成规范。并要求每个支部全年至少开展一次共建活动，与结对单位构建互相学习、交流的平台，共建必须有方案、有规划，活动做在实处、成效实实在在。这些要求，年底均在党支部考核中一一考评。

（二）以先行个案为示范，促共建行动全面深入。深圳出版集团党委与吉华街道的共建活动，为集团各支部提供了示范，集团"行动方案"发出了先声，使集团党建＋业务工作取得了丰硕成果。

一是党组织共建行动全面开展。一年来，各支部党建活动丰富多彩，在深圳出版集团党委岁末开展的"十大书香支部及十大党建＋业务品牌活动项目"评选中，深圳出版集团28个支部共有18个书香支部、21个党建＋项目参与评选，涌现出一批优秀书香支部、优秀党建活动项目。深圳

书城南山城、中心城与深圳书城文化投资控股有限公司等10个支部以党员骨干为核心，积极开展各类阅读活动，荣获"书香支部"称号；"外联内引强服务""领航读书会""破冰行动"党员先锋队等10个支部党建活动成为先进典型，深圳出版集团党群工作部与机关工委"青年读书会"共建合作，资产运营分公司党支部与莲花街道进行党建结对子行动，龙岗区新华书店、深圳书城龙岗城党支部与葵涌公共事业服务中心文体部党支部联合开展主题党日活动，等等，内容扎实，成效显著。二是开启"阅读+"共建模式。深圳书城南山城党支部以"阅读+"共建的模式，充分发挥资源优势，与粤海街道办机关一支部、海珠社区党委等共建开展"深圳书城选书""一本书改变人生""海珠社区红粉佳人提升计划"等活动，直接创造经营业绩27.46万元。深圳书城罗湖城党支部深入罗湖区新围社区开展"书香社区 悦读新围"共建活动获得社区广大党员的一致好评。三是打造共建综合治理体系。借助党建引领平台，以问题为导向，深圳书城宝安城党支部联合宝安区新桥街道沙企社区建立以社区治理、说事评理、馨和家园三位一体的服务、预警、干预的共建综合治理体系，打造"战疫有我，志愿同行""共建共享综合治理基层调解示范窗口建设""智慧图书馆进社区"等品牌活动，充分发挥了区域文化企业的责任担当。

（三）以社会效益为导向，共创城市文明典范。深圳出版集团作为深圳三大国有文化集团之一，旗下有出版物内容生产、发行销售、大书城建设营运以及文创等多元化业务四大板块，其中的许多业务都属于窗口行业，尤其是旗下几大书城，均是深圳市和所在辖区的文化生活中心，直接与市民接触，承担着社会文化安全和城市文明形象的重任。深圳出版集团将这两项工作纳入党建考核范畴，作为基层党支部书记的考核前提，若年度内有发生此类事故的，对支部书记一律实行一票否决制的"零容忍"；

各支部书记结合业务工作，牢牢绷紧社会责任之弦，主动加强意识形态和文化安全学习。而在书城卖场内，张挂有"党员先锋岗""文明窗口"等牌匾，党员自觉佩戴党徽上岗，发挥其先锋模范作用。位于深圳出版集团总部23楼的员工活动室，既是职工之家，又是党群活动中心。这里除了有乒乓球、台球、跑步机等体育健身器材，还提供笔墨纸砚等书法工具，墙面书架上更有精心挑选的党史、党建、时事政治、红色经典以及中国优秀传统文化等方面的图书，供大家取阅；每年7至9月，深圳出版集团通过各支部发动开展的"红旗赞""清风荷韵"主题书画摄影和征文活动，吸引党员和员工踊跃参加，以书画摄影作品、书评、读后感和言论散文，表达对党的热爱之情，体现荷花所载之清廉寓意，获奖作品在此展览，使其成为深圳出版集团党建成果的一个重要展示场所。2020年，该员工之家被市直机关工委评选为"机关党群书吧示范点"。

曹宇，深圳出版集团党委副书记、董事、工会联合会主席

书香战疫，深圳民间阅读组织在行动
——深圳市阅读联合会 2020 年工作总结暨 2021 年工作计划

深圳市阅读联合会

2020 年是深圳经济特区建立 40 周年，是粤港澳大湾区和中国特色社会主义先行示范区建设全面铺开、纵深推进的关键之年。在深圳市新闻出版局的关心指导与全体会员单位的大力支持下，深圳市阅读联合会（以下简称"联合会"）学习贯彻习近平总书记"提倡多读书，建设书香社会"的重要讲话精神，贯彻落实中宣部《关于促进全民阅读工作的意见》，依据《深圳经济特区全民阅读促进条例》，按照一届九次理事会确定的目标任务，有序地从活动组织、会员服务及自身建设等方面开展工作，较好地完成了全年各项任务。

一、2020 年工作总结

2020 年是极不平凡的一年。面对突如其来的新冠肺炎疫情，联合会会员攻坚克难、及时调整，在短暂蛰伏后以更加积极的面貌、更加昂扬的斗志投入阅读文化事业，工作成果受到社会各界的广泛认可。

其中，联合会理事单位南山图书馆和会员单位深圳书城罗湖城、盐田区习学书院荣获"2018—2020年度广东省文明单位"称号，理事单位宝安区图书馆荣获"广东省基层文化工作先进单位"称号，理事单位深圳图书馆、福田区图书馆"绘本嘉年华（深圳·福田）"项目分别荣获中国图书馆学会颁发的"阅读推广星级单位""阅读推广优秀项目"称号，理事单位深圳市爱阅公益基金会、会员单位深圳书城宝安城分别荣获第十七届深圳关爱行动"十佳公益机构""十佳爱心企业"称号，理事单位罗湖区图书馆"同享康乐"项目、光明区公共文化艺术发展中心"星阅光明·图书馆第一课公益活动"荣获第十七届深圳关爱行动"百佳市民满意项目"称号，联合会副会长单位友谊书城荣获深圳市商业联合会颁发的"深圳老字号"证书，会员单位深圳书城中心城、南山城、宝安城在中国书刊发行业协会、韬奋基金会联合主办的第二届"全民阅读·全国书店之选"活动中获得"百佳参与单位"荣誉。

（一）认真策划，坚持开展全年阅读活动

2020年，联合会会员单位共举办各类常态化阅读推广活动上万场，吸引近千万人次参与。其中，市、区两级公共图书馆开展阅读推广活动近8000场，书城、书吧、报业、广电、邮政等15家企业单位开展阅读推广活动1800余场，26家民间阅读组织开展阅读推广活动1600余场。

从形式上看，联合会会员单位顺应疫情防控工作常态化形势，积极运用互联网技术将线下活动搬到线上，全年开展线上活动近4000场，比2019年增长了三倍。

从内容上看，联合会会员单位重点围绕四大主题亮点开展活动：

1. 以"读"攻毒，书香战疫。在疫情防控形势较为严峻的时期，联合会会员单位组织开展一系列线上活动倡导以"读"攻毒，引领市民读

者获取知识力量，积蓄前行动力。深圳图书馆推出"数字阅读馆"平台小程序，为读者提供包括电子图书、电子期刊、课程和音视频等30万种数字阅读资源；深圳书城、简阅书吧等实体书店依托短视频平台、直播平台、微信公众号等新媒体平台打造直播荐书、线上讲座、社群运营等文化菜单；深圳晚报社联合喜马拉雅开展"众志成城 圳在声援——深圳市民抗击疫情全民朗读行动"，用声音引发广泛共鸣，传递共克时艰的情感和力量；三叶草故事家族推出"共读：书香少年 知识战疫"线上科普系列讲座，科学讲解病毒知识；深圳读书会聚焦心理健康教育，推出"战'疫'不焦虑指南"系列公益直播分享，帮助读者缓解疫情带来的负面情绪和压力。

2. 主题鲜明，献礼特区。紧扣深圳经济特区建立40周年主题主线，以阅读为视角生动展现"四十载波澜壮阔"的发展历程，积极吹响"新征程催人奋进"的时代号角。深圳出版集团旗下六大书城共同举办"庆祝深圳经济特区建立40周年"主题书展，展销《习近平谈治国理政》第三卷、《在深圳经济特区建立40周年庆祝大会上的讲话》等近300种主题出版物，掀起学习庆祝热潮；深圳报业集团商报社策划举办"40年，奋斗在特区"剧院式演讲秀，通过知识分享真人秀的创新形式，邀请马立安、胡野秋、张梁、孙霄、王诺诺等不同领域的特区奋斗者代表登台讲演，通过个性化的深圳故事，带领读者从不同角度重新认识深圳；深圳图书馆组织开展"从文献看深圳——深圳经济特区建立40周年地方文献展""筑迹——基建工程兵拓荒记忆照片展""春暖花开四十载——阅读·深圳经典诗文朗诵会"与"深圳知多少"云上知识大闯关活动等系列活动，通过大型展览、艺术表演等形式，追寻深圳城市发展脉络，展现深圳历史文化风貌和特区四十年伟大历程与成就。

3.创新策划,亮点纷呈。深圳书城中心城创新策划重磅文化活动"名家私人书单",聘请文化学者、知名作家、媒体人担任"选书顾问",为读者开具更多高品质、高水准、个性化的"私人书单",进一步建构名家与读者深度交流的路径,提升读书品位与文化氛围;深圳书城南山城创新开展"轻松学会发明创新"系列科普讲座,以发明知识科普、创新方法讲解、创意灵感启发为主要内容,通过宣扬科普阅读提高广大群众特别是青少年的科学文化素质,形成爱科学、学科学、用科学的良好阅读氛围,促进全民科学素质的提升;市、区两级图书馆共同参与的第五届"共读半小时"活动,与荆楚大地特别联动,促成粤鄂澳三地市民"云相聚",以共读的方式传递对抗"疫"主战场湖北地区的祝福和关爱,活动直播在线观看量超过53万人次;本来书店策划举办的"深港共读,双城同感"深港青年阅读交流活动,首次推动深圳出版、深圳选书在香港20余家实体书店设立专柜大规模展销,并组织两地作家学者与市民读者围绕共读人物金庸、张爱玲展开分享交流,吸引6000余人次线下参与、上万名读者线上观看,获评第二十一届深圳读书月"最具创意活动奖";时间行者文化书店创新打造"阅行深圳"城市文化公益导览活动,进一步推动文旅融合,结合深圳主题读物与深圳文化地标策划设计多条主题导览线路,并配套多语种服务,为游客、来深建设者及深圳本地人更直观、更深入地了解深圳文化搭建桥梁。

4.阅读关爱,传递温暖。学习贯彻深圳市委书记王伟中"读书让生活更加多彩,阅读让城市更有温度"的重要批示精神,进一步关爱帮扶弱势阅读群体,组织开展贯穿全年的阅读关爱活动。彩虹花公益小书房"梦想书包"为深圳市流动儿童家庭提供书籍及儿童阅读指导,2020年共服务10所来深建设者子女聚集学校,174个班级,涵盖一至六年级,投放书籍近两万册，服务教师200名，受益流动儿童家庭超过1万户；爱阅公益基金会"阅芽计划"为深圳市0-6岁儿童免费发放"阅芽包"并提供早期阅读指引，2020年上线"爱阅公益"小程序，发放"阅芽包"约35201个，五年来累计发放"阅芽包"近136089个，受益家庭超10万户；幸福慈善基金会"悦读童年"童书共读公益项目服务龙岗区29所来深建设者子女聚集学校，五年来共送出优质童书超过两万册，阅读课程460场，受益孩子、家长及教师达32000名。

（二）精心组织，完成上级部门委托工作

联合会秉承主动承接、高效落实的原则，积极完成深圳市委市政府委托交办的各项工作，得到上级主管部门的肯定。

1. 开展2020年"全民阅读典范城市推广计划"组织工作

2020年"全民阅读典范城市推广计划"（以下简称"推广计划"）资助项目由深圳市委宣传部负责统筹主办，推广计划评审委员会办公室设在深圳市委宣传部出版和电影处。联合会受深圳市委宣传部委托负责2020年推广计划资助项目的申报、专家评审、协议跟进、项目追踪和项目结项等组织工作。2020年推广计划资助的42个项目754场阅读推广活动基本都按协议期限完成全年活动计划，进入结项阶段。

2. 承办2020年"阅读推广人下基层"公益阅读推广活动

受深圳市新闻出版局委托，联合会连续六年承办"阅读推广人下基层"公益阅读推广活动。受疫情影响，2020年下基层活动推迟至9月开展，联合会组织28名公益阅读推广人在深圳市8个区的街道图书馆、社区党群服务中心、社区书吧、来深建设者子女聚集学校等35个基层阅读点开展100场公益阅读推广活动，活动吸引约6000余人次参加，带动基

层阅读，社会反响良好。

（三）不忘初心，强化会员单位服务

会员单位是联合会开展各项工作的重要资源和坚强后盾，得到广大会员单位的认同与支持是联合会顺利运行的基本保障。按照疫情防控常态化工作相关要求，2020年联合会努力为会员单位做好服务工作，主要体现在以下四个方面：

1. 争取经费资助。组织会员单位申报2020年"全民阅读典范城市推广计划"资助项目，经专家评审，联合会30家会员单位申报的35项阅读推广活动入选，获资助资金277.5万元，截至2020年12月31日已实际到账203.5万元。

2. 开展对外交流。组织联合会会员单位代表、深圳市作家赴南京开展2020南京·深圳城际阅读交流系列活动，举办全民阅读城市推广经验交流会和两地作家阅读创作分享会，分享各自全民阅读推广做法和经验，签署两城战略合作框架协议，推动两座城市发挥各自区位优势，在阅读交流和阅读研究等方面展开合作。

3. 组织业务培训。在深圳市新闻出版局指导下，组织召开2020年深圳市民间阅读机构业务交流会，邀请深圳市委宣传部出版和电影处领导传达中宣部《关于促进全民阅读工作的意见》文件精神，解读"全民阅读推广计划"资助项目申报相关流程及要求，帮助会员单位及时了解国家相关政策，以及政府专项资金申报注意事项，提高申报成功率。同时，邀请友谊书城分享书店阅读活动组织策划经验，为进一步提升活动质量提供参考借鉴。

4. 举办评优活动。为鼓励会员单位加强阅读品牌建设，促进阅读活动

可持续发展，联合会自2014年起每年都举办"全民阅读推广活动优秀组织奖及优秀项目奖"评选活动，2020年从23份优秀组织奖、31份优秀项目奖申报材料中，评选出深圳市宝安区图书馆、深圳市友谊书城有限公司等优秀组织10家，2020年家庭教育讲座、2020年度"山海之旅·走读盐田"系列活动等优秀项目10个，给予表彰奖励。

（四）多措并举，确保文化安全

联合会高度重视意识形态和文化安全工作，防微杜渐，做到全年意识形态工作零事故。一是邀请深圳市委宣传部理论处领导做阅读活动意识形态安全专题辅导；二是严把活动安全关，对推广计划资助项目的活动方案、活动流程和邀请嘉宾做到事前审核，事中监督。读书月期间，配合读书月组委会办公室对会员单位开展的活动信息进行审查把关，确保意识形态导向正确；三是设置舆情专员，及时了解掌握联合会及民间阅读机构的网络空间实时信息，做好及时应对；四是参加意识形态工作分析会和意识形态安全培训会，及时掌握意识形态重要情况，并向会员单位传达。

（五）夯实基础，加强自身建设

1. 壮大会员队伍。2020年秘书处积极发展新会员，新增深圳市弘文传媒有限公司、中教华阅（深圳）教育科技有限公司等6家会员单位，联合会现有会员单位121家。

2. 加强自身学习。秘书处2020年参加了深圳市财政局、深圳市民政局举办的社会团体电子票据开票业务、社会组织年度工作报告填写等专题培训2场，以及深圳市社会组织总会举办的"益说深圳"、《民法典》宣讲等线上讲座4场，通过学习提升业务能力，更好地服务会员。

3. 优化媒体运营。"深圳全民阅读"微信公众号迁移至联合会运营一年来，迄今培育粉丝 5680 人，发布图文 311 篇，其中原创文章 128 篇，总阅读量近 7 万人次，好友转发与朋友圈分享两万余次。通过优化版面，扩充栏目，完善信息发布及审核机制，"深圳全民阅读"微信公众号逐渐成为会员单位及广大市民了解深圳市全民阅读信息的重要互动媒体平台，提高了联合会在推进全市全民阅读工作中的影响力。

一年来，联合会工作受到上级主管部门和会员单位的充分肯定，但号召力和凝聚力仍需进一步增强，会员服务水平仍需进一步提升，制度和队伍建设仍需进一步完善。联合会将在今后的工作中正视不足，对标先进，改进完善，进一步发挥好桥梁纽带作用。

二、2021 年工作计划

2021 年，联合会要深入学习贯彻习近平总书记在深圳经济特区建立 40 周年庆祝大会上的重要讲话精神和党的十九届五中全会精神，紧紧抓住"双区驱动"重大历史机遇，结合联合会工作实际，总结经验，加强学习，提升能力，强化服务，开拓创新，推动联合会发展再上新台阶。主要工作计划如下：

（一）加强文化安全管理

联合会始终把意识形态工作放在首位，计划进一步落实意识形态工作责任制，强化舆情监测，组织意识形态安全培训，确保实现全年文化安全零事故。

（二）完成换届工作

换届工作是联合会 2021 年工作重点，计划按照联合会章程，召开二届一次会员大会，完成二届理事会、监事会换届选举。

（三）组织策划重点节庆活动

2021 年是中国共产党建党 100 周年，组织会员单位策划开展热烈隆重庆祝建党 100 周年系列读书活动；组织会员单位积极参与"4·23 世界读书日"、第三届深圳书展和第二十二届深圳读书月等重点节庆活动，认真策划，推陈出新，举办更多高品质的阅读活动。

（四）重点打造联合会品牌活动

1. 举办第六届"领读者大奖"评选活动。组委会将进一步创新活动形式，加强与全国各省市全民阅读促进会的协作，扩大活动影响力。

2. 举办 2021 年深圳读书月"年度十大童书"评选活动。

3. 举办 2021 年"看见城市的光——最美校园图书馆"评选活动。

4. 举办城际阅读交流活动，计划与青岛、杭州等城市互动交流。

（五）主动承接政府职能转移和购买服务项目

1. 承接 2021 年"全民阅读典范城市推广计划"组织工作。

2. 承办 2021 年"阅读推广人下基层"公益阅读推广活动。

3. 承接深圳市公益阅读推广人聘用工作，建立公益阅读推广人服务时间累计制度。

4. 承办第 26 个"4·23 世界读书日"暨第 6 个深圳未成年人读书日系列活动。

5. 争取承办市文明办"文明第一课"进基层公益活动。

（六）继续做好会员服务工作

1. 组织会员申报 2021 年"全民阅读典范城市推广计划"资助项目，指导会员单位做好资助经费使用及结项工作。

2. 组织会员单位参加第三十届全国图书交易博览会、2021"南国书香节"等国内大型书展活动。

3. 举办联合会"2021 年全民阅读推广活动优秀组织奖及优秀项目奖"评选活动。

4. 组织会员单位开展业务交流，举办"走进阅读现场"等联谊活动。

（七）加强对外宣传

1. 加强联合会重点工作与重大活动的媒体宣传，扩大社会影响力。

2. 加大联合会"深圳全民阅读"微信公众号的推广力度，提升公众号的权威性和认知度。

（八）积极发展会员，壮大队伍

（九）认真做好上级主管部门交办的工作

一元复始，万象更新。新的一年，联合会在深圳市新闻出版局的坚强领导下，以习近平总书记"提倡多读书，建设书香社会"重要讲话精神为目标，贯彻落实《中共中央 国务院关于支持深圳建设中国特色社会主义先行示范区的意见》与中宣部《关于促进全民阅读工作的意见》，按照理事会确定的目标任务，不忘初心，牢记使命，奋力开创工作新局面，为深圳加快建设全球区域文化中心城市和彰显国家文化软实力的现代文明之城作出贡献。

深港共读 双城同感
——打造大湾区人文交流基地

唐建元 郑喻心

2020年11月8日下午，正值第二十一届深圳读书月如火如荼开展之时，首届"深港共读，双城同感"深港青年阅读交流活动在福田区深业上城小镇的本来书店拉开序幕。深圳和香港两地文化与出版行业的领导嘉宾、专家学者、媒体代表以别出心裁的"深港视频连线"方式齐聚一堂、隔空对话，共襄深港两地和大湾区文化交流融合的盛事。

"深港共读"活动缘于深圳本来书店策划的一项"大湾区深港青年阅读交流计划"，后来这项计划得到了深圳市委宣传部的高度重视，便被纳入"深圳读书月"的重点活动规划之中，并邀请到深圳和其他地区知名的专家学者、作家，在深圳和香港两地的多家书店推出了多场两地互动的文学讲座与沙龙、读书会，及书单评选等一系列特色文化交流活动。该活动广受媒体及各界好评，并荣获"深圳读书月最具创意活动奖"与"全民阅读推广活动优秀项目奖"。

一个小书店，何以能成功策划和组织筹办如此高端的两地文化盛事？这缘于其背后的实际管理者和策划者——中华商务贸易公司对于"书店平台化"的经营管理理念。

本来书店是香港最大的中资出版机构——香港联合出版集团为响应

国家对大湾区的建设，由旗下香港商务印书馆于 2018 年在深圳投资开设的首家书店，也是集团在内地开设的第二家书店。第一家则是更早于 2009 年在广州北京路步行街开办的联合书店，这也是改革开放以来内地首家由境外投资开办的书店。2019 年，香港联合出版集团进行内地业务整合，先后将这两家书店交由中华商务贸易公司（以下简称"中商贸易"）经营管理。

香港联合出版集团于 1988 年在香港三联书店、中华书局和商务印书馆等知名出版机构的基础上组建而成，服务香港已逾百年。集团旗下拥有多个出版、印刷、零售品牌如香港三联书店、香港中华书局、香港商务印书馆、中华商务印刷厂等，在内地及港澳台地区，美国、加拿大、新加坡、马来西亚等全球各地拥有多个子公司和分支机构，其在香港的书店遍布各地，成为香港人购书的重要去处。

中商贸易是一家有着 60 多年历史的广州老牌国有进出口企业，以经营图书进出口贸易为主，也是香港联合出版集团的内地子公司。2012 年开始借助电商的力量大力发展进口原版图书电商零售业务，经过几年的发展，如今中商贸易已成为全国重要的港台及国际图书进口与批发、零售机构，也是英、美、日等许多国家及港台地区出版社在内地最大的经销商，在全国各大型书店、专业书店、国际学校、公共与少儿图书馆等领域的进口图书供应方面享有极高的专业威望，如北京图书大厦、广州购书中心，以及方所等全国排名靠前的大型知名书店，中商贸易都是他们主要的供应商之一。在电商领域，中商贸易更是内地各大电商平台均排名第一的进口图书领军者，占据了全国很大部分原版图书零售市场。

中商贸易接手后，经过对大湾区文化交融背景下的书店角色与定位的深度思考，先后对两家书店资源进行整合，利用中商贸易原版图书进出口及出版资源的优势，结合深圳、广州作为大湾区核心重点城市的国际化、创新化大都市形象，希望把两家书店打造成为"国际化、前沿性"的24小时线上线下一体化新型书店，走出一条新型书店经营的成功之路。更重要的是，中商贸易长期致力于推动港台及国际出版业内外循环，尤能发挥内地对香港文化输出、促进两地文化交流的战略性作用，将书店打造成为大湾区人文交流基地、深港澳文化聚合与融合的平台。

一、首届"深港共读"活动亮点颇丰，成功开启两地交流新格局

粤港两地因其人文地理而有着极为特殊的关系，国家提出的大湾区建设规划更是倡导了珠三角经济区全方位的协调融合发展。中商贸易与两家书店本身的香港基因更彰显了其在大湾区建设规划中得天独厚的文化资源优势。中商贸易多年来便是"南国书香节香港馆"的承办者，也经常举办各种粤港澳交流活动。

而广州和深圳的两家书店，更是直接承接了常态化的落地交流任务，起着平台化的交流作用。本来书店自开业以来，充分发挥深圳的地理优势，通过讲座、展览等方式，已多次举办香港商业、文化出版界、媒体界及香港青年的来深参观交流活动，成为联通粤港澳大湾区文化交流的一个平台。"深港共读"活动顺利举办，也是书店众多粤港文化交流活动中的一个例证。

2020年是深圳经济特区建立40周年，也正值"深圳读书月"二十周年。首届"深港共读"活动由深圳读书月组委会办公室、深圳市阅读联合

会联合香港出版总会、香港图书文具业商会、香港文化创意产业发展基金会共同发起，由深圳出版集团、香港联合出版集团、中华商务贸易公司、深圳本来书店等两地相关行业企业积极组织筹划。

"深港共读"活动充分利用两地资源，打造了一系列特色活动。以"视频连线讲座＋实体书店展示"等形式，在深圳和香港的多家书店邀请两地知名专家学者、作家举办8场线上线下文学讲座、沙龙和两地读书会。活动分别邀请了香港收藏家吴邦谋、内地研究张爱玲闻名学界的陈子善、英文版《射雕英雄传》的香港青年译者张菁、内地知名历史研究者吴钩，以及深港两地本土刊物《特区文学》与《香港文学》的总编和深圳城市文化研究学者等，通过视频直播连线、线上线下讲座，围绕"深港文学""双城交流"等话题展开探讨，以"文学"联动大湾区读者心灵。

此外，活动还推进了两地年度十大文学好书评选活动的开展。首次推出由两地行业专家推荐的"两地书单"，从文化交融的角度，展示两地出版和大众阅读取向的"共性"与"差异"。由行业专业人士评选推出的"两地书单"，包括"2020深圳读书月十大文学好书""2020深圳读书月十大童书""海天出版社、深圳报业集团出版社推选好书""深圳书城选书"以及"2020香港馆·悦读香港精选书单""内地畅销香港书单"等。读书月期间，书单在深圳本来书店、深圳书城中心城、深圳书城罗湖城，以及香港的商务印书馆、香港三联书店、香港中华书局等20多家书店专列展示，其中，"深圳书单"也是首次在香港实体书店大规模展示。

首届"深港共读"活动在深港两地出版、文化、媒体业界及两地民众间引起了较多关注，也受到了两地政府、业界代表的肯定，收获了行业专家、媒体等相关人士的好评。在深港共读活动的深港两地连线开幕式上,深圳市阅读联合会专职副秘书长于芃对"深港共读,双城同感"活动的持续开展表示期待,希望能通过此次活动,把两地的民间读书会和青年交流活动真正推到前台。

如何让"深港共读"活动举办得更有深度?有关人士给出了自己的建议与看法。深圳知名文化学者、作家胡野秋建议:"深港共读,双城同感"项目,可以像"深圳读书月"里的中小学生随笔作文大赛一样,拓展到粤港澳三地,让三地读书人、文化人、普通市民在共同的文化下找到自己的精神空间。香港出版总会会长、香港联合出版集团副总裁李家驹谈道,深港两地文化在国家粤港澳大湾区战略框架下,更表现出共感共生的关系。应向两地读者推出更多精选书单,多引导两地读者阅读经典,多举办两地学者、读者的交流活动,让深圳的读者读好香港,香港的读者读好深圳。香港图书文具业商会会长、香港联合出版集团副总裁吴静怡提议道:"深港两地应在更广阔的领域不断深耕,加强两地阅读推广的经验交流,增加两地读者的文化认识和文化认同,探索出更多更好的融合形式。"深圳联合数字出版公司和香港中和出版社总经理陈翠玲认为,两地应在"共读"的命题下,搭建文化交流平台、推动两地人才流通、促进两地出版融合,让大湾区青年更深入地进行实地交流。

首届"深港共读"活动获评"深圳读书月最具创意奖"殊荣,活动的成功开展既得益于国家推动粤港澳大湾区重大发展战略的历史契机,也是对深圳作为大湾区核心引擎、推动大湾区文化高质量发展的一次积极响应。

二、"深港共读"的未来：策划多元阅读活动，打造大湾区人文交流基地、深港澳文化交融平台

首届"深港共读"项目的正式启动，将助推粤港澳大湾区出版品牌的交流，增加相互影响力，并加强两地读者民众之间的文化交融与认同。中华商务贸易公司与本来书店作为此项目的策划与执行者，有着更为特殊的使命——中商贸易希望将书店打造成为大湾区人文交流基地与深港澳文化交融的平台。

深圳市委宣传部希望将"深港共读"项目形成常规交流专题，长期互通两地书单，共享两地新书首发资讯，举办"同一本书，两地共读""同一题材，两地共版"等讲座、创作交流活动。为此，我们计划与深圳出版集团一起为"深港共读"项目策划更多的常规交流专项，深耕"共读"概念，联动更多内地、港澳出版同业和同行一起，从"深港共读"辐射到"湾区共读"。

例如，集结全国范围内的多家优质内地出版社的新书资讯、推荐书单，定期输出到香港和澳门的书店，在港澳三十多家书店设立专区进行展销，并在联合出版集团的线上电商平台、媒体平台同步推广。同时，也将联合出版集团旗下出版社以及香港、澳门其他出版社联动起来，筛选进口优质港澳新书，在深圳各大书城、书店进行专题展销。

另外，选取更多如"粤港澳大湾区政策""城市风貌""岭南文化""科技科幻"等适合大湾区读者的题材书籍，开展更多人员交流互访与同业合作活动，以"文学"触动读者心灵的交融，纵深探讨城市与文学的关系。通过丰富多元的活动内容与形式，将书店打造成为大湾区人文交流基地的标杆，搭建深港澳、粤港澳文化聚合与交融的平台。

除"深港共读"大型项目,本来书店将继续举办已形成品牌影响力的常规活动。如"国际人文讲堂"活动持续邀请国内外各类型名家、学者,深受内地读者喜爱。目前,活动已邀请到英国著名人类学家艾伦·麦克法兰、国际教育学博士陈美龄、中国香港作家马家辉、中国台湾"民谣之父"胡德夫等嘉宾。同时,书店吸引到深港两地多家本土艺术画廊、工作室等平台入驻,定期举办作品展、艺术工坊活动,展示、寄卖其原创画作。书店也多次邀请海内外设计大师、艺术家、策展人开展讲堂,如香港设计师靳埭强、品牌设计师李永铨、香港建筑师许允恒等。

这些常规活动的持续开展,正体现了书店作为"大湾区人文交流基地"的作用与意义,也将与"深港共读"活动形成合力,拓宽两地文化交流的空间。

助力书店打造成为大湾区人文交流基地,中商贸易也对书店所提供的产品和功能有着深刻思考。深圳有"全球全民阅读典范城市""设计之都"之称。我们希望能为这个国际化都市带来更具国际化、前沿性的智慧成果与文化体验,为大湾区读者提供更广阔的前沿阅读视野。中商作为全国重要的图书进出口公司和进口图书大众消费领域的领军者,拥有极为丰富的海外出版资源,对内地需求有着充分的了解,这恰好可以为内地读者提供与很多书店不同的、极富特色的知识产品。因此,中商贸易结合自身优势在书店的产品定位上重点突出"国际化"与"前沿性"。

目前本来书店已经拥有15000种港台书、超过20000种英文图书、3000余种日文和部分西班牙文、法文图书,除了原版书外,来自港台地区及日韩、欧美等地的文创及其他产品也都体现了两间书店的国际化特色,而中商贸易专业的采选团队和丰富的海外出版渠道也进一步保证了这些图书的前沿性——这对高素质的大湾区读者的阅读需求具有超强的吸引力。书店还特别设置"香港元气""这就是深圳""红星照耀中国"等特色专题区，也进一步传达了"大湾区人文交流基地"的特殊意义。

除了产品特色，中商贸易对书店提出"线上线下一体化运营"的理念，则体现了书店作为一个文化平台所需要具备的"广度"。中商贸易希望利用自身作为国内最大的进口原版图书电商企业的优势，通过线上线下相互推动，相互吸粉引流，使书店既是线下活动的主场，也是线上商城的流量入口。如"深港共读"的系列活动，通过"线上线下活动直播"，真正实现同一场线下的大湾区活动，不只有现场的本地的百十人观众，在线上更有覆盖全国的庞大的直播观看人群，形成线上亿万级别的曝光，对于嘉宾、作家、出版社来说，既实现了传播最大化，同时极大地提高活动覆盖率和影响力，也正是"大湾区人文交流基地"所希望发挥的重要作用。

中商贸易以其自身连接内地与港台、国际图书进出口、出版交流的重要角色，充分发挥了其对促进大湾区文化交融的重要作用，而书店作为一个落地与聚集的交流场所，我们希望通过为大湾区读者提供国际前沿的智慧成果与文化体验，将书店打造成为大湾区人文交流基地、深港澳文化聚合与融合的大平台。

唐建元，中华商务贸易公司兼深圳本来书店总经理
郑喻心，深圳本来书店高级运营经理

阅读空间研究

深圳全民阅读
发展报告
2021

智能化阅读空间与智慧书城建设
——以深圳书城中心城改造中的智能化实践为例

尹昌龙

在传统书业剧烈转型的今天，实体书店如何获得更大的效益，是整个行业面临的问题。技术的变革必然带来生产方式的变化，这为实体书店实现供给侧结构性改革创造了条件。实体书店借力互联网、大数据与人工智能等高新技术，打破书店作为劳动力密集型产业的发展桎梏，为传统书业插上科技翅膀，逐步实现自动采购、智能展陈、个性荐书等功能，开展一系列基于数据采集与分析的科学管理和精准服务，实现线上与线下、文化与科技更深入的融合。

为适应读者对服务需求的转变以及满足实体书店多元多媒复合式发展的管理要求，怎样运用智能化手段打开封装在书本里的知识，进行全方位、多层次和立体化的传播？怎样建立文化综合体中"人—场—商—物"的连接？怎样实现多元化经营的一体化管理？怎样使离散繁杂的大数据产生价值？怎样围绕阅读服务和知识获取主动作为，精准推送，扩大服务领域，延伸服务链条，创新服务方式，最大限度满足读者需求，为读者打造崭新的智能化阅读空间？一系列新问题、新需求催生智慧书城的诞生。

一、智慧书城建设目标：构建都市文化生态圈

智慧书城的建设，不是单一的某个项目的数字化转化或者智能化提升，而是传统书业在数字化转型的过程中"文化+科技"融合发展的综合体现，是坚持全民阅读主阵地的宗旨，坚持"以场所精神为书城灵魂，做空间的生产者和体验的创造者；以业态组合为书城生命线，做平台的打造者和文化服务的提供者；以文化活动为书城使命，做内容的供给者和阅读的指引者"的定位，完成从为读者买书服务到为读书人服务的角色转变，最终形成以提升实体书城服务质量、丰富服务内容、延伸服务空间、提高管理效能为核心的一系列产品，打造聚合"智能化阅读空间+创意文化生活空间"的都市文化生态圈。

智慧书城应具有以下几个特征：

（一）便利性

科技手段的融入，不仅使智慧书城表现出炫目的科技感，更重要的是为消费者提供了便利。查询的便利，购物的便利，阅读的便利，活动的便利，生活的便利，等等，只要进入或者即将进入智慧书城，就可以通过智慧书城的各个自助式、互动式终端设备和智能小程序获得想要的资讯，完成购物的体验。

（二）融合性

智慧书城提供的是智能化阅读空间，是书业空间与休闲空间的融合，打造的是都市文化生活生态圈，是一站式综合性多样化的精神驿站。智慧书城既实现了线上线下一体化的融合，又实现了多元经营一体化的融合，

达到书业与非书业的融合。书城同时融合餐饮时尚、电影展览、创意创新等文化业态，以业态的交织创造崭新的活力，打造关于文化消费和精神体验的复合式城市文化生活中心。智慧书城更是知识文化服务供应侧数字化和知识文化服务需求侧数字化的融合，是"文化＋科技"融合的综合体。

（三）精确性

智慧书城实现了"人—场—商—物"的连接，通过大数据＋会员提供的主动式精准服务、特色推荐为消费者解决了读什么、看什么、吃什么、玩什么等选择性问题；同时通过大数据＋业务中台为商家、管理者解决了卖什么、提供什么、服务什么以及怎么服务等一系列经营选择性问题。通过这些精确的大数据定位，从供需两侧实现精准服务、精准营销，把大数据转化为生产力，产生价值。

（四）互动性

智慧书城强化了书城与消费者的互动，增强了实体书城的体验感。"云＋中台＋端"的架构应用，既提供了录播直播功能，记录消费者参与文化活动的音影资料，又提供分享路径；AI智慧互动屏则汇聚人像识别、会员服务、全景导航、智能游戏等多种互动功能；线上线下的融合打通使会员、"微社区"等不同地区、不同场景的消费者、读者可以随时互动交流。

（五）可视性

智慧书城"人—场—商—物"连接的实现，大数据中台的建立，解决了多元化经营中的管理盲点。通过智慧管理终端，将经营管理大数据可视化呈现，使经营者、管理者对业务经营状况一目了然；通过大数据智能分析终端迅速做出经营管理决策，下达业务操作指令，极大地提升管理效率；通过视频监控与警示，提升安防态势技术能力，化被动安防与事后追查为主动预防和提前示警；通过智能终端感应器的连接，实时监控并展示智慧书城的能源态势，可自动动态分配空调能量，动态调节灯光强弱。

二、智慧书城建设内容：智慧楼宇 + 智慧运营

人工智能技术、通信技术、大数据技术、存储技术、云计算技术、物联网技术等智能科技的快速发展和普及应用，为智慧书城的建设提供了充足的技术储备和选择，让我们在思考规划建设什么样的智慧书城时思路更开阔，内容更丰富。

智慧书城的建设内容从建设过程的先后来看主要由两大方面组成，一方面是智能楼宇建设，另一方面是智慧运营建设。两方面建设内容不是割裂的，而是交融的。智慧运营中涉及的基础设施、基础网络等包含在智能楼宇建设内容中。

智能楼宇主要通过智能安防、智能通信、智能影音、智能建筑、智能消防、机房建设、网络建设等在内的多维度智能化系统，提升书城楼宇系统动态感知、智能研判的全局处理能力，降低能源成本、提高效率、满足可持续发展并提高楼宇价值，打造一个"生态化程度高"的安全的智慧楼宇。

智慧运营包含新零售智能化、商业管理系统、物业管理系统、会员管理系统、移动终端系统、数据中台、管理中台、可视化管理终端等业务管

理支撑系统和中台建设。通过这些支撑系统将前端触点和终端系统采集的业务经营状态数据化，经过中台的大数据处理分析后进行可视化呈现。这样既提升了消费者的体验感又提升了商户和管理者的生产效能。

  2020年10月28日，开业运行14年的深圳书城中心城（以下简称中心书城）经过半年改造后，以崭新的面貌重新开业，成为国内首个AI智慧书城。中心书城建设了智能机房、全覆盖Wi-Fi、人体分析仪、人脸摄像头等智能化基础硬件设施，制定了智慧书城"云＋中台＋端"的体系架构和由大书城平台业务管理系统、大数据中台、硬件设备三部分共同组成的系统架构。

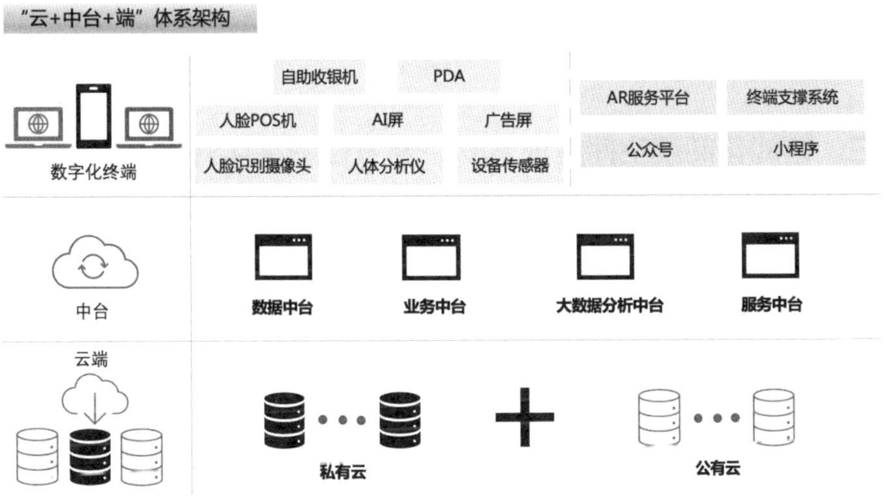

图 8-1 智慧书城体系架构

图 8-2　AI 智慧书城系统框架

三、智能化阅读空间呈现方式：全方位数字化升级

智能阅读空间通过六个"数字化"实现了全方位的升级改造。

（一）数据中心云化

中心书城的智慧化建设是深圳出版集团数字化转型的一部分，要为企业整体数字化转型服务。因此，数据中心的建设与企业数据中心是一体的，是可拓展和共享的，采用"企业私有云＋公有云"的混合云方式。

（二）前端触点数字化

借助物联网、移动互联网、人像识别、人工智能等技术，利用 PDA、

Rfid、AI智慧屏、PAD、传感器等智能设备和各业务小程序、终端系统实现消费者、员工、商户、合作伙伴、终端设备等"人—场—商—物"的全链路连接，使书城在全链路可多维度保持连接和数据获取能力。

（三）网络结构层次化

智慧书城要建立按不同业务功能划分的多层次多分区的网络体系，既要有完全封闭的内部业务局域网通道，又要有安全高速的外部互联网通道，还要有连通内外网的通道。

（四）支撑系统平台化

智慧书城前端不同触点的后台支撑系统平台化。如数据中心云化原则一样，一方面可以实现集团内的扩展，另一方面便于及时捕获前端各个数字化触点的数据，并及时形成数据联动。

（五）营销运营数据化

构建数据中台。通过完善的数据体系发掘数据价值，实现数据驱动业务，为书城员工和商户伙伴提供运营指导，实现降本增效。同时，提高商户及伙伴之间的协同效率，改善消费者体验。

（六）数据管理可视化

打造智慧书城数据管理可视化终端，将大数据处理分析后的营销运营数据，通过各个终端设备或终端系统进行分层次发布展示，使各层级的管理者、业务员能一目了然看到经营状态、设备运行状态，并理解数据含义，让数据会说话，活起来。

通过六个"数字化"方式,将顾客、书城、商家通过前端各数字化触点紧密联系在一起,以数据中台为中心,以数据为纽带,实现了"人—场—商—物"的全链条连通,建立"书城数字化运营大脑"。

建立书城数字化运营大脑

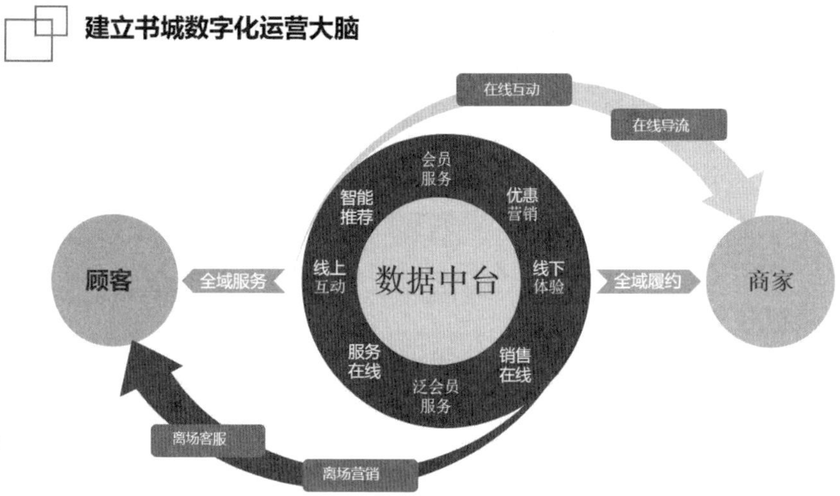

图 8-3　书城数字化运营大脑

书城端运营分析管理平台直观地展现了书城客流的分布情况和变化趋势,打通了客流系统、商业管理系统、信息发布系统、会员系统、停车场系统等业务系统,通过数据中台,并利用大数据分析技术,为书城综合体智能运营提供科学化参考,实现精准引流,定向拉新,提升竞争优势,精细化运营驱动业务增长。

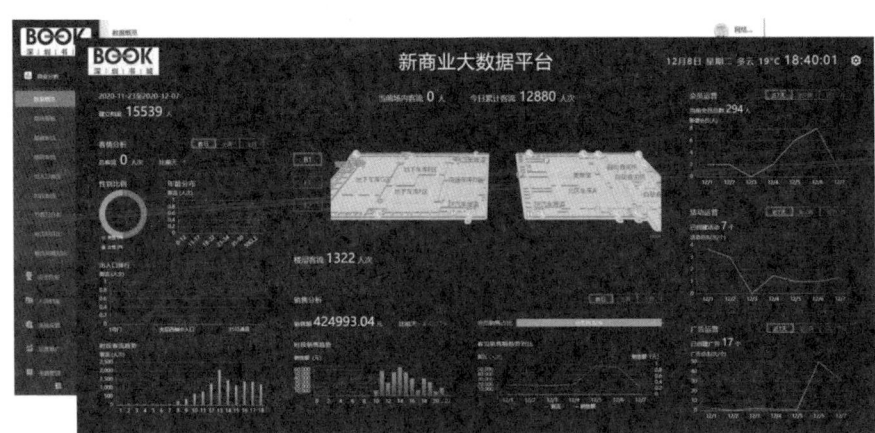

图 8-4 大数据管理平台

四、智能化终端互动体验：一部手机逛书城

前端数字化触点包括 AI 互动屏、听书瀑布屏、智能互动屏、大数据智慧屏、广告屏、录播设备、自助查书机、智能机器人等现场互动设备，以及"深 i 书城"移动端小程序。

（一）现场互动设备

AI 智慧互动屏可以根据读者人脸特征、屏幕浏览记录等人脸及行为信息个性化推荐图书；绑定人脸和会员手机号码还可以加入会员历史购买记录进行推荐；察看书城地图导航，扫码在手机上 AR 导航；绑定会员车牌号，一键寻车；察看书城推荐书单；查询书城的美食美味；获取各种优惠券等，甚至可以查询卫生间是否空闲。

在北区综合书店内，有深圳第一个听书瀑布屏。读者可以直接在瀑布屏上点击感兴趣的图书听书，也可以扫码在手机上听有声书。

为了增强消费者的互动体验，中心书城引进了包括体感互动屏、拍照互动屏和触摸互动屏三个智能互动屏。体感互动屏可以根据读者的身体动作变化剪影或者掉落鲜花；拍照互动屏可以让读者选择书城主题的背景合影，并扫码发送到手机上留念；触摸互动屏位于北区负一楼亲子水吧，小朋友可以触摸屏幕感受星空变化等。

录播设备通过统一的信发系统推流的活动直播视频，名家在大台阶演讲的时候，可以同步直播到书城场内和电梯口各个广告屏上，形成全场看直播参与活动的震撼画面。录播设备和系统，可以录制活动视频，还可以将活动推流直播到小程序、广告屏，实现在手机上、书城广告屏上观看实时活动直播。

大台阶正前方的 LED 屏在没有活动的时候可以变身成为大数据智慧屏，上面滚动变化着中心书城的实时数据，读者可以看到书城场内实时客流、人气图书、实时停车位空余数、推荐书单、书城活动等信息。

智能机器人与读者语音互动，咨询问答，还可以带领读者走到书城重点推荐图书和好店，是一名优秀的导航员，生动又有趣。

（二）顾客端小程序

顾客端综合体小程序"深 i 书城"不仅可以提供查书查店、一键连接书城 Wi-Fi、领取优惠券、会员积分兑换、停车缴费、AR 导航及探宝等服务，还会根据后台大数据算法为读者个性化推荐好书、好物、好店，提供个性化精准服务；读者即使不在书城现场，也可以通过手机查询书城各种活动资讯，通过直播参加文化活动，通过美味查询搜索书城的美食，并可线上预约,实现"一部手机逛书城"。

图 8-5　一部手机逛书城

五、智能化终端高效管理:一部手机管书城

智慧管理系统涵盖了数据采集、业务操作、经营管理等三个层次。

(一)数据采集

新零售自助收银机、自助查询系统、零售卖场统一收银系统、大客户签售系统全新升级,实现线上线下营销策略一体化,并打通停车系统,实现了读者消费后直接领取停车优惠功能。本次改造新增了商户销售采集器(数据盒子),是在商户的小票打印机外接的数据采集设备,可以采集到商户的实时销售数据。书城管理者可以完整准确地掌握综合体平台的

GDP，消除了对商户管理的盲点。智能手持 POS 机是用于提供给商户收取智慧卡和团体卡的移动 POS 设备，同时支持收取微信、支付宝、银联等其他支付方式。

（二）业务操作

PDA 是实现书业卖场商品管理的手持终端，升级之后具有到货验收、分发拣货、上架、盘点、库存调整、退货下架、图书价位定位等功能，卖场手持 PDA 操作轻巧便捷。

新增的店铺端小程序可以为商户赋能，商户可以在手机上查看商户的商铺经营状况：销售额、坪效、客群特征、员工工效等，还有商场公告、电子账单等。还可在小程序进行销售补录、物业报修、核销会员电子券等操作。

（三）经营管理

商场端小程序可以查询书城全场的销售数据、查询书城实时客流人次、小程序会员人数、活动及广告效果等书城经营情况，跳转到商管和物管系统的常用功能，实现"一部手机管书城"。

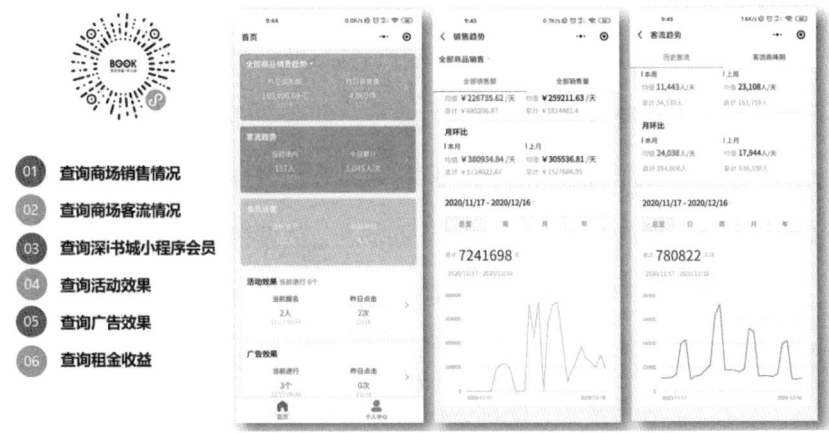

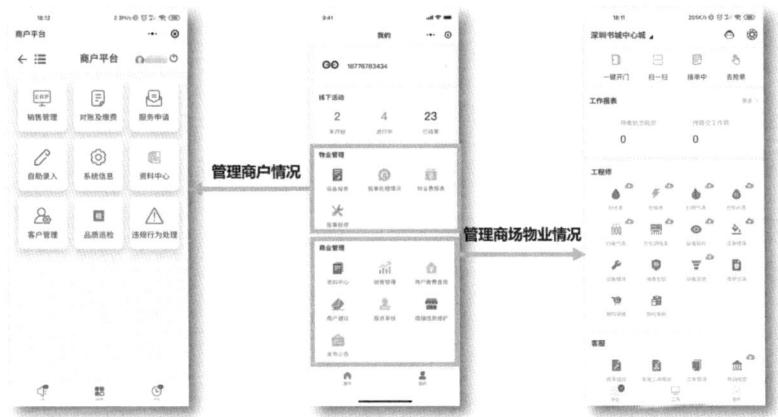

图 8-6　一部手机管书城

六、结束语

　　智能科技是人类当前最大的时尚，会使书店变得更加生动好玩，从一个单纯销售文化产品的场所，逐渐演变为提供多样文化生活和知识服务的意趣横生的文化综合体。未来的书店会是什么样子呢？智能机器人定位理货，大数据生成专属书单，读者在无人书店通过人脸识别完成支付……科技会把我们的传统行业带到很远的地方，营造"书香+智能"的阅读环境，供应超越人类能力本身的优质服务，提升消费体验，为读者制造更多喜悦感。智慧书城的建设不是一成不变的，会随着科技的发展不断丰富内容，不停创新形式。但以智慧书城促进阅读与科技的融合是永不停歇的。

尹昌龙，深圳出版集团有限公司党委书记、董事长

试论大型城市的社区阅读空间建设

丘千 关婷

城市化是全球社会经济发展的必然趋势,也是当今世界广泛关注的热点问题。随着我国城市化进程的不断推进,逐渐出现"城市群"和"大城市连绵带"发展形态,形成了人口规模超大的"巨型城市"。经济学家预测,未来我国的19个城市群将会用25%的土地吸引74%的人口聚集,产生全国90%的GDP(任泽平,2020)。城市发展阔步向前,人口资源不仅成为城市吸引力的重要指标,也不断为经济发展提供新动能。要推动城市化高质量发展,从人口学意义上的"城市化"迈向社会学意义上的"市民化",文化引领是重要维度之一。

我国自2006年开展全民阅读促进工作,阅读推广已逐步渗透到社会治理的方方面面,参与承接公共文化社会治理的部分政府职能,通过阅读凝聚文化共识和发展共识。社区是城市社会的基本组织细胞,是解决城市问题和推进城市发展的重要载体。习近平总书记指出,"社区是党和政府联系、服务居民群众的'最后一公里',要健全社区管理和服务体制,整合各种资源,增强社区公共服务能力"[①]。全民阅读要进一步深入基层、深入群众,社区阅读是重要抓手,积极推动大型城市社区阅读建设,搭建以

---

① 2016年7月28日,习近平在河北唐山市考察时指示强调。

融合发展、创新发展为特征的社区阅读空间，不仅有助于解决城市基层治理"最后一公里"的公共文化服务供给难题，提升城市居民文化素养，更有利于推动实现市民文化权利，强化市民归属感和获得感，进一步完善城市治理体系，推进书香社会建设，引领创建更先进的城市文明。

一、社区阅读空间的概念和内涵

社区是在地缘关系基础上结成的互助合作的共同体，用以区别在血缘关系基础上形成的互助合作的共同体。[1]在我国城市化急速发展的背景下，大型城市人口在短期内大规模流动和聚集，既缺乏亲缘性的族裔关系，又难以快速积累地缘性的人脉资源，社会关系相对松散，加上跨地域流动带来的身份差异和文化差异，不仅有碍于城市管理，而且容易滋生社会问题。社区作为城市居民日常生活的行动场域，在一定区域范围内形成了一个微观社会，不同于城市文化的宏大叙事策略，社区文化建设的重点在于构建当地性的生活方式，培养人与人、人与居住地之间的亲密感和认同感。

阅读空间（reading space）的概念由来已久，泛指以阅读为主要活动的、有一定容量的物理空间。当前国内的城市阅读空间已多样化，大到书城文化综合体、大型图书馆，小到特色书店、书吧和基层图书馆，从主题内涵、建筑风格、室内设计、展陈方式、受众体验等方面不断寻求创新和提升。

---

[1] 费孝通.中国现代化：对城市社区建设的再思考[J].江苏社会科学,2001.(1).

公共性是阅读空间的第一属性。无论是书"店"还是图书"馆",封闭式的物理空间实则提供了一个开放的"场",阅读本身蕴含的求知、爱智、沉思、内省赋予了空间特质,产生的吸引力形成一种文化磁场,是看不见的,同时也是客观存在的。阅读是一种公认的利他行为,由此决定了阅读空间的公共属性。无论是否由公共权力创建和运营,书店及各种阅读空间通常是被期待产生思想和交流意见的地方,是面向所有市民开放的、公共生活的最佳场所。

书是阅读空间的核心元素,决定了空间的文化属性。不同于其他消费场所或公共场馆的受众,进入阅读空间的人通常是读者——通过图书产生关联的特定群体,是存在精神追求和文化诉求的一类群体。亨利·列斐伏尔(Henri Lefebvre)提出的社会空间理论认为:"空间是一种社会关系,空间里弥漫着社会关系,它不仅受社会关系支持,也生产社会关系和被社会关系生产。"[①]阅读空间不仅连接人与书的供需关系,也承载了围绕书进行的各种文化服务和文化行为,通过阅读分享和互动构建了人与人的共享关系,同时提升空间的文化附加值,在文化建设中发挥公共服务功能和作用。

随着大型城市的社区规划管理日趋成熟,社区建设不断提出智慧社区、美丽社区、人文社区等特色理念,如何真正从根本上消解所谓"大城市病"带来的疏离感?基于文化治理的阅读空间建设是重要途径之一。在社区营造阅读空间,这是在一定区域内构建一种人与居住地紧密连接的、理想的公共生活空间,在满足居民日常生活文化需求的同时,重构空间的符号价值,建设有区域特点的文化地标和精神家园,培养市民意识,打造

---

① 王志弘. 文化治理与空间政治 [M]. 台北:群学出版有限公司,2011:77.

文化场景，形成社区记忆，让市民与城市共生共荣。

二、社区阅读空间的营造和拓展

社区阅读空间建设的基础条件是保证设施总量规模和人均分配比例。仅以公共图书馆为例，20世纪60年代末，欧美发达国家公共图书馆的平均服务半径已达到900米，远低于4公里的国际标准。我国公共图书馆覆盖率偏低，平均服务半径是32公里，也就意味着，4公里以外的人群基本上享受不到图书馆的服务。在美国，平均不到2万人一个图书馆，日本平均3万至4万人一个图书馆，对比来看，我国图书馆建设与发达国家相比还有很大差距。

中宣部《关于促进全民阅读工作的意见》（2020）指出，全民阅读要坚持公益性、基本性、均等性、便利性原则，面向基层、面向群众，优化资源配置，保障人民群众基本阅读权益，并提出建好用好阅读服务场所、鼓励各类书店开辟阅读空间、有效整合公共文化服务资源等举措。近年来，全国各地坚持推动全民阅读进基层、进社区，形成了基层阅读空间遍地开花的良好局面，然而在运营管理方面仍存在一些问题，与市民群众的期待和要求还存在一定距离。

当前，遍布城市社区的阅读空间大致分为基层图书馆、社区图书室（阅览室）、书店（书吧）等三个类别，建管主体性质不同，服务品质参差不齐，缺乏统一有效的管理模式和评估机制。图书馆总分馆制建立后，在一段时期内普遍存在"重挂牌、轻管理"问题，空间人气不足、效能低下；作为商品住宅小区配套公建的社区图书室或阅览室，运营权移交业主后通常做不到专业运营，实际用途往往让渡给文艺体育活动，居民阅读权益得不到基本保障；民营书店则普遍被城市高昂的租金成本困扰，缺乏造血能力和抗风险能力，一旦遭遇疫情或其他危机，业绩断崖式下滑，人气和效益都难以为继。

社区阅读设施"空心化"问题日趋严重，如果得不到有效解决，那么已有的阅读设施就如同僵化的躯壳失去灵魂和生命，不能成为标准化的"阅读空间"。为构建理想的社区公共生活空间，与城市发展需求相适应，社区阅读空间理应承载更多，做得更好，存在更久。

一是拓展空间外延，完善社区基本阅读保障。社区要发挥社会保障功能，必须针对日益密集和多元化的民生需求，提供精细和完善的服务。按照社区规划的"阿瓦尼原则"①，城市社区的规模应保持在一个面积足够小的地方以方便人们通过步行距离可以彼此相识，但同时要求有足够大的空间支持多种活动和设施。阅读是高层次的民生需求，以阅读为核心融合社区民生服务和居民文化生活，一方面能高效解决阅读空间总量不足的问题，另一方面则大大提高了阅读空间的兼容性。由于传统的公共服务设施存在大量的未开发空间和空置时段，造成资源严重浪费，社区阅读空间建设亟须打破建管主体的局限，大幅度拓展阅读空间的外延。除了图书馆、书店、报刊亭等传统阅读设施，可以推动学校图书馆、科研机构图书馆等机构分时段向公众开放，辖区内医院、银行、车站等服务机构和场所，以及街道、广场、公园、绿地等室外公共场所，都是可待开发的阅读空间。

二是丰富空间内涵，提升居民文化生活品位。现代城市居民需要的

---

① 1991年，美国新城市主义制定了阿瓦尼原则（Ahwahnee Principles）。1993年，第一届新城市主义大会提出"传统邻里开发""公共交通导向型开发"两大核心理念。

不再是冷冰冰的阅读设施,而是对阅读空间提出了更高的要求,包括内容品质、审美品位以及人文温度。社区阅读空间的规划设计要更强调多样性、社区感、人性化、风格化等价值标准,空间设计和展陈风格注重自我表达,增加空间吸引力。围绕阅读开展的文化活动也是空间构成的重要内容,要追求思想性、艺术性、精品化,从文化保障均衡的基础上继续推动效能和品质提升,进而提升市民文化素养,提高社区文明程度。

三是重构符号价值,建构市民的身份认同。社区承担社会融合功能,尤其在大型城市,流动人口通过社区的粘合效应融入城市社会,通过"社区化"完成"城市化"。赫勒[①]的"交往理论"认为,日常交往是社会关系的基础和反应。日常生活中形成的交往关系分为基本的两类:一类是以平等为基础的人际关系,一类是以不平等为基础的人际关系。阅读带来情感、认知、价值观上的一致性,弱化人与人之间相貌、身份、地位的差异性,是近乎完美的交往中介。社区阅读空间适合成为意见中心和公共生活中心,通过设置公共议题和开展相关活动营造"社区共同体",为居民化解个体困境、提升生活品质,强化居民归属感和认同感。

古希腊人认为,人只有成为城邦的公民,才能获得生存的真实意义,实现自身的价值。在欧洲,教堂是凝聚社区团结的场所。据统计,英国教堂数量超过4万多间,比酒吧数量还多,也远远多于其他主要公共建筑。教堂不只是礼拜的场所,许多社区活动也在教堂举行。英国每5间投票所就有1间设在教堂,教堂还举办音乐表演、咖啡聚会,甚至还有市集,也可作为紧急安置中心。教堂向社区民众开放,是民众可以聚会、讨论公共议题和共建社区的地方。理想的社区阅读空间可以成为类似教堂的公共场

[①] 阿格妮丝·赫勒(1929—2019):匈牙利思想家。

所，应该是人们生活的必需品、精神的栖息地，帮助社区居民确定和实现市民身份，完成社会学意义上的"市民化"。

三、社区阅读空间建设的实施路径

深圳作为中国城市化程度最高的城市，在城市治理方面不仅承担先行示范的历史使命，也拥有诸多创新性经验。深圳曾率先采取公益性文化场馆全面免费开放，保障市民参与文化活动的权利，形成"我是主角"的公民意识。"实现市民文化权利""来了就是深圳人"城市理念深入人心，增强了新深圳人尤其是年轻人的认同感和归属感。深圳率先提出"文化立市""文化强市"，建设"两城一都"(钢琴之城、图书馆之城、设计之都)，形成"十分钟文化圈"。党的十九大明确将打造共建共治共享的社会治理格局作为保障和改善民生的重要内容。深圳在国内率先提出基本公共服务常住人口全面实现均等化，完善社会治理服务化、精细化、人性化。

当前，深圳"十分钟阅读圈"基本形成，平均每1.4万人拥有一个公共图书馆。深圳共有公共图书馆(室)710家，街道以下基层图书馆698家；实体书店700多家，其中单体面积超过3万平方米的深圳书城6家，社区书吧50多家，未来将建成"一区一书城、一街道一书店、一社区一书吧"格局。深圳图书馆、深圳书城等大型阅读设施已基本满足了城市阅读空间在中心区集聚化的标志性需求，各区也在均衡布局，社区阅读空间则还处于从基础型向提升型发展的初级阶段，推动全民阅读深入基层任重道远。

截至 2019 年底，全市共有 74 个街道，其中约 25 个街道没有街道图书馆。面积超过 500 平方米的基层图书馆仅有 30 个，有些区的社区图书馆面积不足 100 平方米。社区书吧建成 50 多家，"一社区一书吧"完成率不足十分之一。

国家"十四五"规划纲要提出，"创新实施文化惠民工程，提升基层综合性文化服务中心功能，广泛开展群众性文化活动。推进公共图书馆、文化馆、美术馆、博物馆等公共文化场馆免费开放和数字化发展。""创新公共文化服务运行机制，鼓励社会力量参与公共文化服务供给和设施建设运营。"以深圳为例，社区阅读空间建设有必要探索一条"集约化建设、标准化管理、多元化运营"的实施路径。

一是统一规划全市社区阅读空间的区位布局，整合现有公共空间，快速推进深圳社区阅读空间建设，兼顾设施可达性、设施用途兼容性，在地理区位上形成社区市民中心和文化阵地。深圳共有 662 个社区，建有 1039 个社区以及商务楼宇、产业园区、商圈市场等新兴领域的党群服务中心，平均每 1 公里有 1 个基层党群服务中心，在空间定位和基础条件上具备先天优势，是城市进一步拓展社区阅读空间的有效载体。结合社区特色和实际情况，在小区、公园、商圈也可以作为选址区域，设立环境舒适、配套完善、人气旺盛的社区阅读空间。

二是统一制定空间建设标准和服务标准，以市民需求为导向，提倡高品位优质服务下沉社区，协调公共文化资源供给分配，把基层文化服务提升到一流水平。进一步提高空间利用率和服务效能，探讨空间延时开放和错时开放，比如在课余时间开放校园图书馆，四点半至六点向学生和老师开放，晚上七点之后向社区居民开放。有针对性地在不同时段、面向不同群体开展阅读资源和活动项目，让社区的老年人在白天有阅读和活动的场所，让上班族和孩子在晚饭后有静谧休闲的空间，满足所有居民的阅读需求。创建"书＋生活"模式，完善书目选配，推出社区阅读榜单，开展文化沙龙和互动体验活动，配套文创、咖啡、艺术品、展览等艺术资源，丰富阅读体验感，提升空间吸引力。

三是开放管理思路，打破运营主体局限性，鼓励企业和社会机构参与市场化运营，激活空间的内生动力，提高空间与居民需求、市场环境、社区发展的适应性。实体书店要发挥运营优势，承担社区阅读空间建设任务，履行开展公共阅读服务的社会责任。深圳"一区一书城、一街道一书店、一社区一书吧"战略将探索转向社区阅读空间的营造，通过连接作家、出版社、图书、渠道、读者等阅读产业链上下游，提高图书及相关内容资源的配置效率，协调名家名人资源下沉社区，开发公共空间的商业潜力，延续空间生命力。

全民阅读关系到国家发展和民族命运，已第八次写入国务院政府工作报告，是举全国之力推动的重要文化事业。大型城市社区阅读空间的建设将进一步推进全民阅读深入社会，惠及每一位市民，让阅读成为人民日常生活的重要组成部分，引领健康、美好、可持续的生活方式，为全面实现书香中国奠定坚实基础。

丘干，深圳出版集团有限公司党委委员、副总经理，
深圳市全民阅读研究与推广中心副主任
关婷，深圳出版集团有限公司综合事业部副部长

深圳书城中心城再出发 续写阅读新篇章

杨茜

作为深圳最负盛名的城市文化客厅，深圳书城中心城从诞生之初，就体现了一座城市的高贵与优雅。自2006年11月开业至今，她始终是深圳人气最旺的公共文化场所之一，也是当今世界单体经营面积最大的书城。中心书城陪伴深圳市民读者走过十四个春夏秋冬，用阅读治愈生活的日常。在这里，人与人、书与书、人与书相遇，以书为媒，交织思想，阅读世界。

让城市因为热爱阅读而受人尊敬。2013年，深圳荣获"全球全民阅读典范城市"称号，成为迄今唯一获此殊荣的城市，这是联合国教科文组织授予全球城市关于全民阅读的最高荣誉。颁奖典礼现场，联合国教科文组织总干事伊琳娜·博科娃充满感情地说道，她走过很多地方，去过很多城市，没有一个城市一个地方像深圳那样，那么多家庭那么多孩子，聚集在书城尽享读书之乐，那快乐温馨的场面，她永远都不会忘记。位于深圳文化CBD的中心书城，是这个年轻城市阅读的推动者和践行者。2020年4月27日，中心书城迎来开业14年来首次翻新改造，在"不变"的底色上，为读者构建全新的、多元化的艺文空间，更具智能体验的服务空间。面对未来，全新升级的中心书城将立足新时代，扬帆再起航，为城市阅读推广与城市文明创建贡献更大的力量。

一、市民读者的精神家园

国际设计大师卡斯特曾高度评价中心书城:"这座巨大书店对于深圳的意义,好比卢浮宫对于巴黎的意义。"中心书城经过十多年的沉淀,积极发挥城市文化会客厅的作用,已成为深圳市民读者的精神家园和心灵共鸣的文化场所。

中心书城是"深圳书城"模式的典型代表,她所打造的城市文化生活中心概念,以及她所创建的体验式书城业态和书业跨界运行的商业模式,至今影响着全国大书城的发展。中心书城首先是一个图书大卖场,这里汇集了20多万种中外出版物,是知识的集散地。中心书城又不仅仅是一个图书大卖场,还是一个公共文化生活中心,每年举行公益文化活动达800余场,年接待读者近千万人次,邀请到金庸、莫言等近千位名家来这里讲演,中心书城的文化活动数量之多、人气之旺,可以说创造了深圳公共文化设施之最。同时中心书城又不仅仅是一个公共文化生活中心,还是一个文化创意产业集聚基地,作为文博会分会场,作为深圳书展分会场,作为深圳首批文化产业基地,中心书城提供"积极休闲"和"能动生活"理念,激发了无数创意和灵感,成为创意的迸发地。

中心书城"以书筑城 以城筑梦",孕育了无数人的梦想,是梦想的发源地。在这里,无数青年人通过阅读找到自己的方位,踏上了成功的阶梯,开始怀揣梦想奋斗;无数的成功人士,在阅读之中实现了人生的价值,圆了自己的梦想。中心书城这座以书为基石的文化城堡,是梦想开始的地方,也是梦想实现的地方。十多年来,中心书城全方位演绎富有生活气息和书卷气质的"书生活",成为深圳人集聚内心情感、享受精神生活的文化空间。难以统计,有多少深圳人因为中心书城而改变了自己的生活方式，有多少孩子因为中心书城而丰富了童年的记忆，又有多少人在中心书城浓厚的人文关怀中找到了心灵的栖息地。所以，在 2016 年中心书城十周年之际我们说"十年了，可以叫做故乡"，中心书城是深圳人精神的家园和思想的故乡。

二、"新"书城的亮点与特色

为完善设备，创新服务，提升品位，中心书城按照"先北后南"施工，实现升级"不停业"、阅读不打烊。2020 年 10 月 28 日，北区惊艳亮相，为读者展现了灵动跳跃、科技感十足的阅读新美学，在第二十一届深圳读书月期间掀起全城阅读热潮。2021 年 2 月 9 日，南区在新春佳节来临之际新装开业，深圳人的城市客厅盛装归来，积极引领深圳这座文明城市对文明生活的期待和向往。升级改造后的中心书城更具品牌特色与辨识度，主要体现在空间多元、科技创新、功能丰富、设计美陈四个方面。

（一）空间多元化，书城的"变"与"不变"

中心书城的"不变"，体现在快速环流、四通八达的行进动线，读者享有广阔的阅读空间和移步自由，每一位爱书人都能快速抵达目的地，读者可保留原有的阅读习惯。但在"不变"的底色中，中心书城又将空间的变幻之美发挥得淋漓尽致。原本平直单一的空间规划，被打造成结构多元、层次丰富的文化天地，直观诠释着中心书城灵动跳跃的阅读新美学。

全新升级后的中心书城新增了"美学生活馆"，主要陈列艺术类、生活类图书以及各类音像、文创产品，在艺术中探寻当代生活美学。其中，馆内的"阅读绽放"是一个集阅读、时尚、美学、艺术、饮品于一体的VIP阅读区。在这里，花香、书香与咖啡香相互交融，是中心书城在新型生活方式和消费模式的一次全新探索。此外，在美学生活馆内有一幢颇具代表性的建筑，也是中心书城的亮丽景观之一——光之塔，有如一处通透明亮的阅读指向标，我们在这里包罗好书、交织思想、倡导分享。

书海梯田亦是中心书城改造后的一道美丽景观，错落有致的"书海梯田"，在创造更多阅读空间的同时，也大大提升了读者的空间体验感。读者在梯田上看书休息，可从不同高度俯瞰书城内景。同时，书海梯田宽敞的空间也可为各种展览活动提供场地。

中心书城南区艺术设计店为深圳市民读者打造更具多元化、国际化、前卫时尚的艺术空间。全新升级的艺术设计店定位为中高端艺术书店，以书法、美术、设计类图书为核心，涵盖现代建筑、鉴赏收藏、传统工艺等图书。南区艺术设计店主要有三个亮点：第一，陈列更具艺术性与设计感，搭配独一无二的艺术品，为读者精心打造极具美感的、时尚前卫的艺文空间；第二，空间更加多元化，店内的"艺术殿堂"可开展艺术沙龙，举办艺术展，召开新品发布会，陈列艺术图书；第三，图书更具艺术性与设计感，书城专业选品师将为读者精选优质的、有格调的艺术设计书籍，满足市民的艺术需求。

（二）"科技＋阅读"，智能引领阅读新风尚

全新升级改造后的中心书城，作为国内首个 AI 智慧书城，无处不在的科技感引领着阅读新风尚。大数据分析技术、移动互联技术、虚拟现实技术，各项走在时代前沿的技术手段在这里都演化为数字阅读、智慧书城的互动体验。

在这里，AI 互动屏可以通过人脸识别，智能推荐最符合读者气质的好书；深圳市首个听书瀑布屏将一本本好书行云流水般地送到读者眼前，更有免费在线资源可扫码倾听；可爱的智能机器人像是书城的小小向导，查书指路、荐书交流均"不在话下"；北区大台阶的大数据智慧屏，滚动变化着中心书城的客流、图书、停车位等实时数据；BOOKY JUICE 小布奇亲子水吧的一面多媒体互动屏，小读者用手触碰屏幕可以追赶小鱼或让花朵绽放……

此外，最具人气的北区大台阶也实现科技文艺升级，在保留曾被央视主持人白岩松赞为"中国最美风景"的台阶座位的同时，本次改造针对活动噪音过大问题，进行了围合式隔音处理，周边和座位下设置了吸音板和反声技术，使讲座声音更聚焦；引进了国内一流的高清微间距 LED 屏幕，配置了立体环绕音响和灯光舞美系统，运用国内先进的线性阵列、全频扬声器、追光灯、升降灯等，升级建构了一所沉浸式小剧场。

"科技 + 阅读"，使中心书城拥有了更加现代时尚的美感，打造出更具高附加值的文化空间，为市民读者创造了更加智能化的阅读文化生活体验。

（三）丰富功能性，提供一站式配套服务

此前，中心书城在休闲餐饮等服务上从选择与知名餐饮品牌合作到设计并创建独立休闲水吧，为读者提供一站式服务。24 小时书吧、首层 The Moment 文学吧、负一层 BOOKY JUICE 小布奇亲子水吧是中心书城本次升级改造的突出亮点，从硬装设计到经营理念全面提升，致力于打造生活方式的提案者。这 3 个灵活、具有个性的独立店，能够深挖细分客群的潜在需求，也具有和企业合作、输出书吧文化品牌的巨大空间，在大书城体量

下，打造"大书城+小书店"模式。

中心书城内的3个独立书吧，针对不同消费群体，提供一站式配套服务：24小时书吧是中国内地第一家真正意义上的24小时书店，是全国唯一连续经营14年、122640多小时不熄灯的书吧，全新升级后的书吧与Gaga鲜语跨界合作，新增了"旋转书架""阅读客厅""档案卡座""户外花园"等场景，读者可阅读学习，可小酌聚会，可参加文化沙龙，可参与时尚派对，构建了阅读生活的多元性；The Moment文学吧是深圳首家文学主题轻饮店，在这里读者抬头即与文学巨匠对视，俯身即和文学金句对话，有从文学而来的饮品，有爵士乐摇曳灵魂，可小聚轻饮，也可独自沉思；可包场沙龙，也可观看画展；可细品茶饮，也可安心阅读；"BOOKY JUICE小布奇"是中心书城全新推出的亲子主题饮品店，店内有绘本、有美食、有音乐、有花草、有图画、有朋友，是一个多感官培育儿童的成长空间，也提供温馨共读、小憩休闲的亲子时光。

（四）营造氛围，呈现更具美感与气质的文化场所

全面升级改造后的中心书城新增了许多兼具美感与艺术设计感的绿植，搭配时尚前卫的工艺品与温暖复古的氛围灯，为市民读者呈现更具美感与气质的文化场所，让阅读之光点亮每一个平凡日子。

在灯光营造方面，综合书店内无数读者竞相打卡的"星空吊顶"，重新演绎为球形LED屏幕与点阵LED装置包裹的视觉中心，呈现出独具特色的时代先锋性；北区"天圆"玻璃景观内新增"蒲公英"造型，以LED灯光造型树和地面布满飞舞的萤火虫灯为灯光载体，营造出浪漫文艺气息。

在绿植搭配方面，中心书城在各个重要点位放置了造型各异的绿植点

缀，让书城绿意盎然，生机勃勃，宛如一个清新自然的城市中央花园；在书城1号门附近，精心打造了一面书与绿植融合的多元森林书墙，森林是万物的栖息地，书城是深圳人的精神栖息地。中心书城以书为墙，构建读书人的文化堡垒。

三、"新"阅读，再出发

2021年，对于全面升级改造的中心书城是一个全新起点，充满无限可能。中心书城将重"新"出发，续写阅读新篇章。未来，中心书城主要从活动创新、优化服务、专业选书与气质美陈四个方向持续发力：

（一）创新活动模式，打造文化品牌

自2006年开业至今，中心书城策划开展了"深圳晚八点""沙沙讲故事""年度十大童书""名家私人书单"等品牌文化活动，极大地丰富了市民读者的文化生活，大力提升了书城的品牌影响力。

下一步，在文化活动策划方面，中心书城将积极联动出版发行界、媒体界、金融界、文艺界、时尚界等优质高端资源，为市民读者精心策划更具创意的、有国际影响力的现象级文化活动，全力提升书城的文化感和品位。

此外，依托中心书城全新的多元化阅读空间，结合当下热点与时尚潮流，策划开展各类艺术展、摄影展、时装展等主题展览，让市民感受到沉浸式的、有创意的、新奇有趣的展览体验，为读者提供情景式体验感，提升品牌的情感价值，获得读者的情感共鸣和偏爱。

（二）优化服务水平，提升读者体验

作为全国首家"体验式书城"，中心书城在各个阶段不断完善硬件与软件配套服务，致力于为市民读者提供恰到好处的体验感，满足其日益增长的精神需求。

2021年，中心书城将着力优化服务水平，提升市民读者的购书体验，让其感受到无处不在的文学气质与细致到位的优质服务。在基本服务方面，制定详细的、标准化的、规范化的、操作性强的基本服务流程，提升书城员工的服务意识和整体形象，重视线上服务体验，从优化线上小程序及订阅号的整体布局做起，为读者提供清晰的、有分类的资讯内容，使不同类型的读者均能找到归属感；在增值服务方面，提供更有惊喜的礼品定制服务，提升书城的文化品位，有计划、有步骤地向不同客户推介书城品牌，着力挖掘大客户资源的商业变现能力。

（三）建立专业选书团队，细化图书选品

未来，中心书城在寻求跨界合作与提升服务的同时，也将进一步做精"书业"这一核心主业，外聘各领域名家学者为读者选书荐书，凸显权威性、引领性。此外，中心书城将在内部培育一支真正强有力的荐书队伍，力争在每个图书类别中至少培育或聘请一位非常专业、出色的荐书领头人，真正使日常荐书的专业性有质的飞跃，实现精细化图书选品，进而打好阅读服务根基，为市民读者提供多元化的、有水准的、有特色的"个人书单"，为外部合作单位提供专业的、有品位的、高端的"定制书单"。

（四）着力打造"气质式美陈"，提升书城品位

当下，书城不再只是一个传统意义上的卖场，功能不仅仅停留在销售

商品上，而更应成为一个美学生活的空间，展示美学概念，引领全新的消费风尚，成为一个真正与市民生活息息相关的体验场所，让市民获得更多幸福感与体验感。未来，中心书城将紧抓空间价值，联合专业机构、艺术团体着力布置美观、多元的"气质式"卖场美陈，提高大书城应有的浓厚人文气息，以工匠精神去装扮每一个角落、每一个空间，告别新华书店式陈列，优化简单造型堆码，作主题场景美陈，作书与非书的创意美陈，提升书城的优雅感、品质感和专业性，使深圳书城与美好生活画上等号，让读者真正觉得被用心对待。

深圳书城中心城的坚守，是与这座城市永恒的阅读之约，她一如既往地守望着无数读者的阅读之梦。2021年，全面升级改造后的中心书城将以崭新面貌再次出发，为深圳市民读者提供更具现代美感的多元化阅读空间、更具高附加值的文化空间和更具智能体验的服务空间，用"更新"延续人文根脉，用"升级"承载精神希冀，全力开启行业大书城发展的新时代。

杨茜，深圳书城中心城实业有限公司总经理

附 录

深圳全民阅读发展报告 2021

2020年深圳全民阅读大事记

深圳市全民阅读研究与推广中心

1月

1月4日,由龙岗区委宣传部、龙岗区文化广电旅游体育局主办,龙岗区图书馆承办的"龙岗大讲堂"专家讲座分会场"海洋生物的设计和创作",在布吉街道木棉湾社区党群服务中心举行。该项目以人文历史、科普教育、经济民生等市民普遍关注的话题为主,在龙岗区各街道开展具有针对性、连续性、系统性的讲座活动,全年举办活动50场,参与市民达4463人次。

1月10日,由深圳市南山区企业发展服务中心主办,深圳市书城文化投资控股有限公司承办的"领航读书会"项目开幕。该项目以"主题化"与"深阅读"为亮点,主题涉及"经典、热点、权威"三个板块,每两周开展一次与书友共读一本书,共举办26场,积累书友600余人。

1月13日,由龙岗区文化广电旅游体育局主办,龙岗区图书馆承办的"遇见·阅读"儿童阅读引导活动在龙城街道徽王府管理处举行。该项目全年举办品牌活动51场,参与人次达4975人次。该活动是专为儿童与青少年开设的认识与利用图书馆的品牌活动,将"遇见"图书馆与"阅读"推广紧密结合,让小读者在活动中认识图书馆、了解图书馆。

1月16日,深圳市阅读联合会一届八次会长办公会和一届九次理事会在深圳书城中心城南区多功能厅召开。深圳市阅读联合会会长尹昌龙、副会长单位及理事单位代表等近30人参加会议。一届八次会长办公会审议并通过了关于新增深圳市福田区莲花山文学院等10家单位为会员单位的提议。一届九次理事会审议并通过了《深圳市阅读联合会2019年工作总结暨2020年工作计划》和《深圳市阅读联合会2019年财务收支情况报告》，与会领导为荣获"2019年全民阅读推广活动优秀组织奖及优秀项目奖"的20家单位颁发了奖牌。

1月17日，深圳第二图书馆项目桩基工程开机仪式在龙华区项目现场举行，市建筑工署署长乔恒利出席并宣布深圳美术馆新馆和深圳第二图书馆项目桩基工程开工。

1月17日，人民网舆情数据中心发布《2019年政务指数·微博影响力报告》，深圳图书馆新浪官方微博连续第三年被评为"全国十大图书馆微博"。

1月至3月，由龙岗区文化广电旅游体育局主办，龙岗区图书馆承办的"圕·展览"："龙舞贺新年——非物质文化遗产之龙舞展"在龙岗区图书馆三楼展览厅展出。该项目全年共举办展览23场，参与市民达16万余人次。

1月，友谊书城荣获由深圳市商业联合会、深圳市老字号协会、深圳报业集团等单位联合颁发的第十届"深圳老字号"品牌荣誉；旗下覔书店（坚基店）在中国书刊发行业协会举办的"2019新时代杯·中国书店年度致敬盛典"活动中获评"2019年度最美书店"。

1月，深圳少年儿童图书馆开通了"读联体"数字阅读平台，面向青少年儿童群体，提供有声绘本、国学经典、益智启蒙、历史名著等方面的视频音频资源近百万册（集），满足青少年儿童的阅读学习需求。该平台将各种类型的资源列入统一界面，进行统一检索。在疫情期间推出免验证免登录的举措，方便市民"宅"家阅读电子图书，提高了电子资源使用率。

2月

2月8日，由龙岗区图书馆主办，龙岗区品书学社承办的"2020乐读龙岗——全民阅读提升计划"在"龙岗读书会"微信公众号举行第一场线上活动。该项目全年举办"书生时代""创作大阅读""绘本直播秀""书与电影""线上主题书展"等系列子活动共130场，参与市民达49336人次。

3月

3月14日，深圳图书馆"数字阅读馆"小程序平台开通上线，以"智慧化""个性化"为主要特点，整合9家数据库数字资源，集成"深图视听""深图记忆""深图书单"等自建资源，拥有超30余万种资源，其中电子图书近8万册、期刊3万期、各类听书资源近19万集。截至12月底，平台访问量达143.2万人次，资源总访问量达790万篇次。

3月18日，由龙岗区委宣传部、龙岗区文化广电旅游体育局主办，深圳书城龙岗城实业有限公司承办的"书香龙岗 阅读之区"短视频荐书Battle赛，在深圳书城龙岗城微信公众号线上开启。截至5月该活动共收到了70余个荐书短视频作品，推荐了106本各类型的书籍，并在5名专家评委的评审下选出了9个获奖视频并登上了学习强国。

3月20日至4月23日，深圳图书馆首次与喜马拉雅有声书App、海恒智能跨界联合推出面向读者的"王牌讲书人"线上讲书活动，采用线上提交讲书作品、听讲书投票的形式，共收到 488 份讲书作品及 2300 多次点赞与分享，最终评选出最佳人气奖 3 名、王牌讲书人 20 名、明星讲书人 30 名，并邀约其中优秀的讲书人成为深图声音志愿者。

3 月 27 日，深圳全民写作计划组委会组织开展的"居民社区记忆采访"活动在园岭图书馆正式启动。活动重点采访了 50 余位社区居民在深圳生活的奋斗故事，编撰了 12 万字的社区非虚构纪实文本《深圳社区记忆——园岭叙事》。该书由深圳报业集团出版社出版，并列入其品牌"我们深圳"系列丛书，于 2020 年 8 月正式上市。为深圳社区留下值得记忆的城市故事，献礼深圳改革开放 40 周年。

4 月

4 月 23 日，由深圳市新闻出版局策划，深圳市宣传文化基金联合中国建设银行深圳分行共同举办的"惠读书"活动向市民送出 10 万张"惠读书"定额现金券，该券可在深圳各大书城、书店书吧使用。深圳是首个专门针对阅读发放现金消费券的城市，累计接待消费使用文惠券 65856 张，抵扣购书金额 255.8 万元。

4 月 23 日，第 25 个"世界读书日"暨第 5 个"深圳未成年人读书日"首次采取线上远程连线的方式启动。由市委主会场连线深圳出版集团、深圳报业集团、深圳图书馆、腾讯大厦等分会场的方式举行启动仪式。启动仪式上播放了"文化创新发展 2020 全民阅读成绩单"视频。深圳出版集团以"相约云上，阅见春天"为主题组织策划 35 项阅读文化活动；深圳报业集团与喜马拉雅公司联合承办"全民听书周"；深圳图书馆应对疫情创新深圳"图书馆之城"系列活动暨粤鄂澳"共读半小时"活动；本土企业腾讯公司首次加入深圳的全民阅读方阵，策划"世界读书日：明星和作家邀你遨游阅读世界"活动。时任市委常委、宣传部部长李小甘宣布深圳市庆祝世界读书日系列活动在"云端"启动。吴以环副市长在仪式中为深圳市参与抗击疫情的医护人员及其家属赠送"安心读书卡"。

4月23日,《深圳全民阅读发展报告2020》新书首发。该系列丛书自2016年4月发布以来,已出版至第5本。本书通过整合行业的前沿经验和智慧成果,在阅读活动、阅读设施、阅读平台、阅读研究等方面不断探索、持续优化,推动深圳迈进更为广阔的全民阅读发展道路,为深圳打造与先行示范区发展活力与文化魅力相匹配的书香城市贡献力量。

4月23日,由龙岗区委宣传部、龙岗区文化广电旅游体育局主办,龙岗区图书馆承办的"龙岗大讲堂"专家讲座"读书好处多"在龙岗区图书馆官网和微信平台首播。该活动邀请深圳大学教授王庆国、哈尔滨工业大学(深圳)副教授袁丁、深圳市天文台天文部部长梅林、深圳大学传播学院副院长王建磊、深圳大学副教授彭华新、哈尔滨工业大学(深圳)教授王威、深圳市委党校教授徐晓迪等专家学者主讲,全年共举办品牌活动18场,参与市民达13290人次。

4月23日,由深圳市阅读联合会、深圳市美术家协会美术教育委员会、深圳童艺趣文化科技有限公司发起,深圳少年儿童图书馆与童绘(深圳)文化传播有限公司承办的2020深圳儿童绘本创作大赛正式启动。活动面向海内外3岁至15岁少年儿童,征集主题为"我和我的朋友"的多形式绘画作品,经过131天的作品征集,共收到2151件绘本,近25000幅作品,经过多轮评选226位小朋友获得评委会大奖、金奖、银奖、铜奖及最佳故事奖。本活动鼓励以孩子的视角用绘本的形式展现城市的风貌,旨在充分展示少年儿童的想象力和创造力。

4月23日,由深圳市文化广电旅游体育局、武汉市文化和旅游局、澳门特别行政区政府文化局、澳门特别行政区政府教育暨青年局主办，广东图书馆学会阅读推广委员会、湖北省图书馆学会阅读推广委员会、深圳图书情报学会阅读推广委员会、广东省立中山图书馆、湖北省图书馆、深圳图书馆、武汉图书馆、澳门公共图书馆等承办的2020年粤鄂澳"共读半小时"活动启动，首次联动湖北，设立"1+4+N"多会场阅读模式，三地近150家图书馆、超过430个共读点参与其中。深圳图书馆设置的线上共读总会场由多位文化名人与社会各界人士代表以共读的方式"走过"春夏秋冬，并同步以AR技术实现线上共读，通过新华社、网易云、今日头条等进行直播，在线观看超过53万人次。

4月23日，深圳图书馆联合中国图书馆学会阅读推广委员会发布"2020南书房家庭经典阅读书目（30种）"。该书目是深圳图书馆的一项长期计划，定于每年"世界读书日"发布，旨在向广大读者推荐适合当今中国家庭阅读与收藏的经典著作。

4月23日，深圳少年儿童图书馆开展"4·23世界读书日""阅读，伴我成长"创作比赛（深圳赛区学生组）活动，本次活动全程均为线上进行。最终全市55所中小学参与活动，初小组、高小组、初中组、高中组参赛作品共7033件，并评选出各奖项于7月至9月期间开展线上、线下两处展览。

4月23日，由光明区文化广电旅游体育局主办、光明区公共文化艺术发展中心承办的光明区图书馆"4·23世界读书日"——云上聚，"罩"样读活动通过线上直播的形式开展。活动通过读者阅读视频分享，光明区阅读推广人自白、解读光明区图书馆阅读指数报告、作家访谈和全区连线共读5个节目，与读者共读好书，活动共3000人参加，获得1.1万点赞量。

4月27日，深圳书城中心城对北区进行全封闭改造，南区正常营业，北区将新增"'趣阅岛'童书馆""精品馆"与"学习馆"等三大新板块，充分满足市民的阅读购书需求。

4月，宝安区图书馆开展以"我愿"为主题的线上共读活动，呼吁市民于4月23日打开书本，品味书香。本次活动中，宝安区图书馆联动10个共读点，涵盖基层图书馆、企业、工业园、写字楼、书店等，采用线上、线下联动共读，线上直播、读者群语音、线下共读同步，近350人参与线下共读，线上近1400人参与。共读活动与"阅动心灵 传递温暖"爱心捐书活动同时举行，为贫困地区的孩子插上阅读的翅膀，引导更多读者养成"好读书，读好书"的习惯，传递阅读的温度和厚度。

5月

5月12日，深圳少年儿童图书馆举办深圳少年儿童图书馆"三五规划"记者招待会。会议就未来五年深圳少儿阅读的趋势与方向展开展望与规划，探讨如何将好书送到孩子手中，让孩子们在阅读中建立自己的趣味世界与价值取向。

5月15日，深圳少年儿童图书馆胡戬同志在广东省教育厅、中共广东省委宣传部、广东省精神文明建设委员会办公室联合组织开展的广东省"书香校园"建设系列活动中，被评为"2019年广东省'点灯人'校园阅读推广人"。

5月26日，深圳图书馆启动"云上图书馆·码上阅读"进社区活动，全市首批110余台城市街区自助图书馆开通电子图书扫码阅读服务功能，读者扫码即可免费阅读自助图书馆服务机上"QQ阅读""超星"等电子书库的10余万种电子图书。

5月26日，深圳图书馆推出智能听书机借阅送到家服务，为盲人机构的视障人士办理鹏城励读证，并将激活的智能听书机借到证上，通过快递将20台机器分别送到罗湖区爱珍理疗馆和于洪波盲人医疗所的视障读者手中。

5月30日，深圳图书馆发布2019"少儿智慧银行"阅读数据报告及全市60名"智慧星"名单。数据显示：2019年全年"图书馆之城"统一服务平台注册少儿读者达到14.5万人；新增少儿读者证6万余张，同比增长76.41%；少儿读者外借册次为227.5万，同比增长33.2%；少儿读者的人均外借量为29.87册，是成人读者的1.2倍。

5月至11月，宝安区总工会主办"职工书屋"建设活动，在区已建成的规模企业支持新建30个阅读条件相对完善、可定期向职工开放的"职工书屋"，为广大基层职工提供和创造方便实用的读书场所和学习条件，不断深化"创建学习型组织、争做知识型职工"活动，全面提高全区职工队伍整体素质。

6月

6月1日，由深圳读书月组委会办公室、深圳出版集团主办，深圳市弘文艺术有限公司、深圳市国睿教育管理有限公司承办的"弘扬传统文化"系列活动正式启动。该系列活动分为"2020中国传统节日书画节活动"和"2020中国传统节日书信节"。该活动共历时6个月，共征集作品3650幅，范围覆盖深圳、佛山、香港，共27家书画机构参与作品选送，经过专家老师专业评审最后角逐出一等奖43人，二等奖111人，三等奖158人。

6月1日，深圳少年儿童图书馆开通人脸识别服务，读者通过录入人像照片，开通人脸识别权限，即可抛开实体读者证、"刷脸"入馆享受借书、还书、参与阅读活动等多项服务。少儿馆人脸识别服务已经全面向深圳"常青藤"联盟中小学校开放，以学校为单位集体办理的学生读者，可以免交押金，享受借阅服务。

6月1日，大鹏新区群团工作部、新区妇工委联合葵涌办事处建设全市首个街区海洋儿童友好图书馆，馆内设有8个功能区。新区群团工作部捐赠近5万元购买海洋主题书籍，更好地让少年儿童了解海洋、关注海洋、建设海洋。

6月7日，由深圳出版集团主办，深圳书城中心城承办的全新栏目——"名家私人书单"首期活动正式开展。该项目全年共举办5期，参与者近两万人次。该活动邀请到了哈佛大学博士、深圳大学特聘教授、中国海外利益研究院学术主导丁学良，北京大学中文系教授李杨，国家一级编剧杨争光等嘉宾，与读者分享这些年他们读过的好书。

6月12日，由龙岗区文化广电旅游体育局主办，龙岗区图书馆承办的"家庭教育论坛·周五课堂"在龙岗区图书馆官网和微信平台首播。该项目全年举办品牌活动24场，参与市民达17920人次。该活动邀请教育专家主持并授课，讲述家庭教育中的常见问题和案例，让更多的市民群众接受优秀的家庭教育理念，掌握更高效的教育方法，建立良好的亲子联结。

6月12日，福田区图书馆推出"图书馆奇妙夜"活动。该活动通过有机结合文化、阅读、娱乐等众多不同领域的内容，举办脱口秀、咖啡生活美学等形式多样的文化活动丰富市民夜间生活。活动采取预约制，每场限制60人，推出后场场预约爆满。

6月13日，由南山区委宣传部、招商局蛇口工业区控股股份有限公司主办，深圳报业集团出版社、蛇口消息报社承办的"致敬改革先锋——

《袁庚传奇》新书发布会"在深圳人才公园求贤阁举办。南山区委常委、宣传部部长廖子彬，招商蛇口党委副书记、常务副总经理刘伟，深圳报业集团副总编辑、深圳报业集团出版社社长胡洪侠等领导嘉宾出席活动。本书真实、客观地记录了袁庚敢想敢干、披荆斩棘的人生历程，以宏观的视野再现时代变迁。

6月13日，深圳市社会科学院主办的2020年度"深圳市民文化大讲坛"开讲，全年共举办42场讲座，现场参与的观众累计近100万人次。据悉，该活动已连续举办十六年。

6月16日，海天出版社长篇报告文学《为什么是深圳》入选中宣部2020年主题出版重点出版物。

6月18日，悠·图书馆（东湖街道）对外试开放。

6月23日，"共享图书"项目在深圳市龙华区外国语学校正式启动。该项目由龙华区妇女儿童工作委员会与深圳少年儿童图书馆牵头举办，联合工商银行、人人阅、读联体、阅读榜等社会力量参与，打造"无证借阅、人脸识别，精准投放，方便快捷"少年儿童图书馆服务平台。

6月，宝安区妇女儿童服务中心主办的向日葵亲子读书会系列活动在宝安区妇女儿童服务中心和部分社区陆续开展，该系列活动将亲子阅读课程化、体系化，通过亲子阅读提升孩子的阅读能力和家长的育儿水平，全年累计开展80场，参与市民达到3500人次。

7月

7月1日，罗湖区图书馆闭馆搬迁。

7月10日至26日，由福田区文化广电旅游体育局主办，福田区图书馆、本来书店承办的"让阅读回归本来·喵游记——2020穿'阅'历史主题书展"在深业上城举行,参与市民达 14000 余人。该活动把"漫画说历史"读物《如果历史是一群喵》《画猫》中的角色场景搬到深业上城,同时以小课堂、互动打卡的形式讲述多个时期的历史故事,还原历史桥段,为读者奉上一场兼具文化魅力与趣味性"沉浸式体验"的历史穿"阅"之旅。

7 月 11 日,由深圳出版集团主办,深圳书城中心城承办的全新栏目"阅读 ING——名家荐新书"首场活动在深圳书城中心城举办。该活动邀请了当代著名作家麦家,深圳出版集团党委书记、董事长尹昌龙,青年作家魏小河做客阅读 ING 栏目,同时举办"阅读 ING"海天出版社专场——讲深圳故事。该品牌活动全年共计开展 4 期,参与市民近 1.5 万人次。

7 月 31 日,由福田区委区政府、福田区工业和信息化局主办,福田区城市管理和综合执法局、福田区莲花街道支持,深圳书城中心城承办的"湾区之 Yeah 乐在福田"中心书城分会场"夏日夜读市集"系列活动在深圳书城中心城启动。福田区委常委、宣传部部长高大伟,深圳出版集团党委书记、董事长尹昌龙等主承办单位相关领导出席并启动。活动围绕"夏日夜读,以书筑梦"的主题,集合了品牌特色书展、图书唯品汇、夏日换书节、夏日音乐 Show、亲子朗读大赛、Mini 文创区、夏日户外运动课等多个活动元素,是全国首个"夜读市集",为读者提供了一场充满立体感的文化综合之旅,活动持续 1 个月,总参与市民达 5 万人次。

7 月,《为什么是深圳》《深圳先行示范丛书·科技创新卷》《向深圳学习》《中国传统村落文化抢救与研究·文化区系列》等四个项目获 2020 年省委宣传部主题出版重点出版物资助。

7 月,在 2020 年中国图书馆学会学术论文和业务案例征集活动(中国图书馆年会征集)中,"深圳图书馆家庭阅读服务创新实践""弘扬优秀文化 传承文明经典——深圳图书馆'人文讲坛'项目创新实践与发展"

两个案例分别入选一等和三等案例名单。

8月

8月21日,献礼深圳——《袁庚传奇》(纪念版)首发式暨深圳报业集团出版社庆祝深圳经济特区建立四十周年书展开幕式在深圳特区报业大厦一楼大堂举行。书展持续举办至8月底。

8月23日,深圳讲书会首场活动"原创漫画家幽·灵双胞胎姐姐《快把我哥带走4》"在深圳书城龙华城举办,给读者们带来了更多爆笑暖心的兄妹日常。全年共开展讲书会9场,分别邀请到了时潇含、李尚龙、郝爽、方希、白茶、香帅、"馒头大师"张玮、尹昌龙、顾青等作家和学者在深圳六大书城进行分享对谈。

8月23日,2020年中宣部重点主题出版物《向深圳学习》新书首发式暨主题分享会在深圳书城中心城南区大台阶举行。深圳市委宣传部副部长刘文斌,《向深圳学习》主编、美国学者马立安、译者王立弟、深圳出版集团党委书记、董事长尹昌龙等领导嘉宾出席分享会。该书由傅高义作序、西方多位学者合著,是一本在西方视角下看"深圳奇迹"的全新作品,也是海天出版社向深圳经济特区建立40周年献礼的重点图书之一。

8月26日,由深圳读书月组委会办公室主办,深圳市作家协会、《特区文学》杂志社全力支持,深圳市弘文艺术有限公司、深圳市国睿教育管理有限公司共同承办,多家机构联合协办的"中国传统文化手绘相传2020中国传统节日书信节"启动,参赛学生覆盖全市126所学校及14个作文培训机构,收集作品4600余份,共718人晋级现场作文决赛。

8月28日,深圳对口援建广西都安瑶族自治县隆麻村图书馆开馆。隆麻村是国务院扶贫办挂牌督战的"极度贫困村"。隆麻村图书馆由广东省深圳市群众文化学会、深圳市文化创意类社会组织联合党委牵头的"深圳市文化创意类社会组织扶贫联盟"和深圳少儿图书馆共同援建。本次援助为当地孩子带去了近5197册精挑细选的图书和5台崭新的阅读一体机，启用了全国第一个农村图书馆共享系统，实现了阅读大数据跟踪、云阅读等功能，用科技扶贫，让山村孩子和深圳孩子共享同样的图书资源。

8月28日，由海天出版社推出的献礼特区四十年主题图书《为什么是深圳》在深圳书城中心城首发。深圳市副市长吴以环、深圳市委副秘书长曾相莱、市委宣传部二级巡视员韩望喜出席新书首发式，并为新书揭幕。该书以宏大的视野为我们展开一幅深圳的历史画卷，全景式记录深圳从1980年到2020年40年里波澜壮阔的发展历程。

8月起，深圳市社会科学院陆续出版《深圳蓝皮书2020》（文化、经济、社会、法治），为深圳相关领域权威的年度发展报告。

9月

9月1日，由市委老干部局主办，深圳市书城文化投资控股有限公司承办的"疫情、全球化与创新转型"主题读书会在深圳市老干部活动中心长青书房举办，线下近50人参加，线上观看达49万人次。该项目主题分为"国学、保健、品鉴、悦读"四个板块，形式涉及京剧书法、医学保健等。幸福长青荟项目2020年全年举办活动17场，现场参与市民近600人，线上观看人数近150万。

9月8日至30日，深圳图书馆举办"不忘初心再先行，牢记使命当示范——庆祝深圳经济特区建立40周年主题图书展"，展出优秀馆藏图书近600册，重点包括"深圳改革创新丛书""深圳学派建设丛书""中国道路的深圳样本""深圳创新发展2020书系"等系列丛书，展现深圳经济特区建立40年取得的成就。

9月13日,在广东十大贫困县之一河源市紫金县的凤安镇佛岭小学中,深圳、河源两地共同组织建设的图书馆开馆。该馆由河源市文化广电旅游体育局指导,河源市图书馆、深圳少年儿童图书馆、深圳市谐和医调中心承建,人人阅、阅读榜、读联体等提供技术支持。该图书馆100平方米共5000多册图书,同时启用了深圳少年儿童图书馆研发的"人人阅共享图书系统"和"阅读一体机",收录了与深圳少年儿童图书馆联网的各种儿童们喜欢的电子书、有声书、动漫视频、教学视频、全国名师讲堂等内容。

9月15日,深圳图书馆牵头编制的深圳市地方标准《公共图书馆统一服务业务统计数据规范》(编号:DB4403/T 78-2020)由深圳市市场监督管理局批准发布,于10月1日起正式实施。该标准作为指导公共图书馆统一服务业务统计工作的重要依据,规范了公共图书馆各项业务统计项目、数据含义、数据描述形式、数据来源等,将为支撑公共图书馆全面、准确、有效开展各项业务统计提供保障。

9月16日,第二十一届深圳读书月组委会举行全体委员会议,审议总体方案和部分重点活动方案,并对做好本届读书月工作进行动员和部署。市委常委、宣传部部长、读书月组委会主任王强指出,本届读书月的举办要紧扣主题主线,站位上更"高";传递城市温度,关怀上要更"暖";提升工作质量,活动上要更"精";扩大品牌影响,宣传上要更"亮";确保文化安全,把关上要更"严",以创新形式增强读书月的渗透力和辐射力,为城市交上一份优秀的"书香答卷"。副市长吴以环表示,今年读书月应强化"双区驱动"元素,进一步加强市民参与度、国际化程度,并以读书月为契机宣传深圳、宣传改革开放。会上,"读书让生活更

加多彩 阅读让城市更有温度"被定为第二十一届深圳读书月的年度主题。

9月23日，悠·图书馆（南湖街道渔邨社区）对外试开放。

9月23日，在中国图书馆学会阅读推广委员会召开的2019年全民阅读称号评审会，深圳图书馆"青少年创客成长培养计划"项目获评2019年阅读推广优秀项目。

9月26日至30日，深圳报业集团出版社参与第二十七届北京国际图书博览会网上展会，本次云书展的展览平台为电脑端和手机端，面向普通读者。其中，深圳报业集团出版社参与了本届北京国际图书博览会广东展团在广州同步举办的线下书展，展位面积180平方米。通过本届线上线下图书博览会，进一步推动出版社庆祝深圳经济特区建立40周年主题图书"走出去"，让读者了解深圳40年的建设历程与成就。

9月至12月，由深圳华夏星光影业有限公司承办的"影show书香"公益电影放映活动于华夏星光国际影城南山书城店举行。该活动全年共计放映26场，活动覆盖影城周边社区居民、中小学学生、深圳大学学生等观影群体，共计吸引逾800人次参与，收到影评投稿十余篇。

9月起，大鹏新区群团工作部、新区妇工委联合新区文化广电旅游体育局，在新区人流量较大的"妇女微家"特色阵地、民宿等旅游投放9个家风润万家流动书屋，供市民免费自由取阅书籍，倡导多读书、读好书、善读书。

9月，深圳书城南山城品牌活动"文明阅读小义工"参加由南山团区委主办，南山区义工联承办的2020年新时代文明实践志愿服务项目大赛——优秀示范项目（理论政策宣传与文明创建），荣获三等奖。

9月，受疫情影响，由深圳市新闻出版局主办，深圳市阅读联合会总承办的2020年阅读推广人下基层公益活动（以下简称"下基层活动"）

推迟至9月启动。28名公益阅读推广人在全市8个区的街道图书馆、社区党群服务中心、社区书吧、来深建设者子女聚集学校等35个基层阅读点开展100场公益阅读推广活动，活动吸引6000余人次参与，影响广泛。

9月至11月，由宝安区委宣传部、宝安区教育局、宝安区松岗街道党工委、办事处、深圳市朗诵艺术家协会主办，宝安区教育科学研究院、宝安区松岗街道宣传工作部、宝安区松岗街道党建服务中心承办的宝安区第九届阳光少年诗文朗诵大赛，在全区范围内中小学开展"阳光少年"诗文朗诵大赛。大赛历时3个多月，共有130所学校的3000多名学生参与。大赛前开展"名师进校园"朗诵艺术分享会，共6场，900余名师生参与。

10月

10月9日，深圳读书月组委会办公室和腾讯看点举办的"一瞬即永恒"微小说大赛正式开始向广大作者征集关于"一瞬即永恒"的相关作品。该活动邀请了周国平、邓一光、池莉、尹昌龙、魏小河、朱岳等文化学者、文学主编、青年书评人担任大赛评委。最后"老猫书屋"的《大梦千年 何人识君》、"醉与风花雪月"的《永恒的灯塔》和"好莱坞追踪"的《卡农，瞬间与永恒》分别斩获一、二、三等奖，并与另外27名获奖者获得10万元奖金和作家签名书。

10月12日，由龙岗区文化广电旅游体育局、深圳市阅读联合会主办，龙岗区图书馆承办的"榕树头书场"传统评书活动在龙岗区图书馆学术报告厅举行，并于10月16日在网站和微信平台首播。该项目全年举办品牌活动10场，参与市民达19005人次。该品牌活动邀请了著名评书大师刘兰芳的弟子、深圳市曲艺家协会主席刘昭定期为龙岗市民演绎精彩评书，讲说历史朝代更迭、英雄征战和侠义故事。

10月22日,由南山区委宣传部主办,深圳市书城文化投资控股有限公司承办的"品读南山·南头古城篇"全民阅读推广活动在南头古城拉开帷幕。该活动采用摄影展、走读、朗诵、名家对谈等立体阅读方式,使全民感受南头古城近1700年的历史,体悟蕴藏在这座古城里的千年文化记忆与城市发展脉络。现场吸引近200名游客驻足观看开幕式全程,千余名游客参与活动十余家媒体报道。

10月24日,深圳读书月小程序正式上线。该小程序是集新闻资讯、书目推荐、预约报名、活动打卡、直播互动、票券申领等多元功能于一体的线上平台,可累积"阅读积分",兑换"阅读好礼",截至12月底,累计活跃用户数达12.02万,页面总访问次数突破120万。其中,最高单日页面访问次数为21.37万。

10月28日,第二十一届深圳读书月新闻发布会在市民中心举行。会上,《深圳读书月发展规划(2021—2030)》正式发布。《规划》委托深圳市全民阅读研究与推广中心研究编写,课题组由市委宣传部、文化广电旅游体育局、社科院、深圳大学、深圳图书馆、深圳出版集团等单位研究人员共同组成,内容包括导言、总体要求、发展目标、工作任务和保障措施等五个部分,顺应全民阅读推广工作的"五个转变",坚持"六大基本原则",提出明确的发展目标和指标,着力打造"七大工程",明确了发展路径和工作任务,为深圳读书月的未来发展谋篇布局、绘制蓝图。

10月28日,升级改造后的深圳书城中心城北区正式对外营业,颇受深圳市民读者喜爱,开业后首个周末单日客流量达两万人次。

10月30日,"第二十一届深圳读书月推荐书目"正式发布。"特别推荐书目"(1种)、"藏书与阅读推荐书目"(30种)、"优秀中学生读物"(10种)和"优秀小学生读物"(10种)四个类别构成,共计51种。

《习近平谈治国理政》第三卷列为"特别推荐书目",《向深圳学习——中国改革开放时期从经济特区到模范城市的试验》《剧变:人类社会与国家危机的转折点》《溢出:中国制造未来史》等51种图书入选。

10月,由深圳市妇女联合会推荐的深圳市南山区韩岩家庭获评第十五届广东"十大优秀书香之家"荣誉称号。

10月,由深圳市教育局、深圳读书月组委会办公室、深圳少年儿童图书馆和深圳市阅读联合会联合主办,深圳晚报社承办的"看见城市的光——2020最美校园图书馆"评选活动正式启动。活动经过初评、网络评选、实地走访、专家评审会选出"年度最美校园图书馆""年度校园阅读点灯人""年度校园阅读之星""年度校园阅读活动"获奖者各10名,展现了深圳校园浓厚的阅读氛围,进一步吸引社会对校园阅读的关注。

10月至11月,深圳华夏星光影业有限公司积极参与第二十一届深圳读书月,举办"第三届经典名著改编电影作品诵读系列活动——共读经典 唤醒童心"活动、优秀儿童电影公益展映活动、"抖音影评作品大赛"等主题活动,活动覆盖深圳市南山、龙岗、宝安、龙华四区,共计举办活动22场,吸引逾1500人次参与。

10月,深圳市社会科学院出版"深圳经济特区建立40周年改革创新研究特辑"(丛书共10本),该特辑被列入全市庆祝经济特区建立40周年重点项目,获得2020年度中国社会科学出版社年度优秀图书评选"特别贡献奖"。

10月,福田区图书馆"绘本剧嘉年华(深圳·福田)"项目被中国图书馆学会评为2019年阅读推广优秀项目。

11月

11月2日起,由深圳读书月组委会办公室主办,深圳市龙岗区新华书店有限公司和各相关学校承办的"全民阅读进校园系列活动"在龙岗区、坪山区和大鹏新区11所中小学校共举办11场活动,包括现场作文大赛、朗读比赛、演讲比赛等,活动历时1个月,参与人数达13700人次。

11月3日,第二十一届深圳读书月在深圳市民中心正式启动。深圳市委常委、常务副市长刘庆生,深圳市副市长吴以环等领导与深圳读书月组委会总顾问李小甘,中信出版集团董事长王斌,著名作家、茅盾文学奖、法国文学与艺术骑士勋章获得者刘震云等嘉宾出席启动仪式。启动仪式由中央电视台《读书》栏目主持人李潘主持。本届读书月以"读书让生活更加多彩,阅读让城市更有温度"为年度主题,共组织策划阅读文化活动290项,包括52项重点主题活动与238项一般主题活动,旨在营造"书香满城"的浓厚氛围。52项重点主题活动分为十大板块,即四个"特别"(特别策划、特别联动、特别关注、特别推荐),两个"一"(一周一主题、一区一品牌),和四个"新"(阅读新主张、阅读新希望、阅读新生代、阅读新浪潮)。

11月3日,"阅读让城市更有温度"特区40年历程回顾展在市民中心B区展厅开幕。该展览在深圳经济特区建立40周年这一重要节点,以阅读作为线索,重温了40年来深圳打造"爱阅之城"的历史足迹,并面向市民征集了温暖难忘的阅读记忆,直观感受这座城市独特的人文温度。展览持续至11月8日。

11月3日,第二十一届深圳读书月主宾社——中信出版集团系列活动正式启动。本次活动以深圳六大书城为核心,围绕"人类进化论""商业新想象""未来投资家""文艺生活家""大咖谈育儿""世界好奇之旅""寻找中国美学基因"七大内容方向，开展了三十余场主题讲座活动，涵盖大咖演讲、市集、闪会场、摇滚之夜等一系列线上线下活动，高潮迭起，持续了整个11月份。并获得本届深圳读书月"最具影响力活动"荣誉。

11月3日，由深圳读书月组委会、深圳出版集团主办，深圳晚报社、深圳喜马拉雅承办的"阅读声林"数字化推广计划正式启动。该计划是由喜马拉雅精选10000本有声书，打造数字阅读大礼包，包含深圳读书月专题推荐、豆瓣高分佳作倾情推荐、诺贝尔文学奖得主经典名作等八大部分。

11月4日，由龙岗区委宣传部、深圳读书月组委会办公室主办，龙岗区教育局、龙岗区文化广电旅游体育局、各街道党工委办事处协办，深圳书城龙岗城承办的第二十一届深圳读书月龙岗区启动仪式暨"诗韵客乡 阅动龙岗"2020年龙岗区诗词创作大赛在深圳书城龙岗城举行。龙岗区委常委、宣传部部长尚博英，龙岗区人民政府副区长黄惠波等领导与深圳读书月组委会办公室主任、深圳出版集团党委书记、董事长尹昌龙等嘉宾出席了启动仪式。本届读书月龙岗区共组织了30余项、375余场活动。

11月5日，深圳书城中心城的品牌文化活动——沙沙讲故事荣获由深圳市建设学习型城市联席会议办公室、深圳市全民终身学习活动周领导小组办公室颁发的"终身学习品牌项目"。

11月5日，第二十一届深圳读书月盐田区启动仪式在盐田区海景公园广场举办。在启动仪式上，区委书记、区长向读者代表赠书，并邀请了来自基层读者代表、教师读者代表、图书行业代表和新冠肺炎抗疫代表分享了各自的读书心得，激发大家的阅读共鸣热情。场外整个街区现场设置了15个展位，其中有沙头角国家级非遗传统项目"鱼灯舞"、盐田省级非遗传统项目"疍家婚俗"的展示、中英街"版画"等传统项目制作宣传等。现场还设置了VR观书和电单车运动充电等新颖体验展区,用VR技术将传统文化知识场景化,用运动点亮身体的互动游戏等方式,让参与群众除了"脑筋动起来",更要"身体动起来"。活动上还布置了"学习强国""深圳四十年,共筑中国梦""读书月推荐专区""'盐'选荐书"等四大主题书展,让每一位参加活动的群众都参与阅读、享受阅读,形成爱阅之风。

11月6日,"迟子建:生命如歌 烟火漫卷"开启"佳沃蓝莓·2020深圳读书论坛"第一场。本届论坛邀请9位嘉宾登台论道,包括迟子建、康辉、马伯庸、刘心武、江南、刘震云等文学名家和社会名人。压轴场"在历史的天空下"邀请了国务院参事王京生、樊希安,中央文史研究馆馆员、北京大学博雅讲席教授陈平原,开展了一场关于"阅读与城市"的高端对话。活动参与市民近万人,人民网、新浪网、深圳卫视、《深圳特区报》等各大知名媒体和网站大篇幅进行报道,累计约50余篇。论坛继续发挥文化名家品质分享凝聚力,促进了城市高端文化建设和学术文化交流,并兼顾普及与拓宽市民文化视野,是深圳读书月最具品牌影响力的活动项目之一。

11月6日,由光明区委宣传部、光明区文化广电旅游体育局主办,光明区公共文化艺术发展中心、深圳出版集团承办的光明区图书馆第二十一届深圳读书月光明区图书馆系列活动启动暨明心园书吧开放仪式在明心园书吧户外开展。光明区人大常委会主任周荣生、政协主席李世清、副区长陈佩群,深圳出版集团党委委员张俊皞等相关领导共同参加了此次活动。现场,区领导为活动寄语,并进行了光明区读书月揭幕暨明心园书吧开放启动仪式。

11月7日起,明新大课堂之"与艺术同在:西方艺术史里的故事""城市策展+策展城市""无所不在的哲思:一个建筑师的案例"在坪山图书馆六楼大家书房开展,分别由坪山文化智库专家樊林、张宇星、王辉老师授课,共开展4场活动。每场活动约40名学员参与,并同时开展课程同步线上选修,直播总人气峰值56000,弹幕182条。

11月7日,由龙华区委宣传部、龙华区文化广电旅游体育局主办的"阅读在身边 诗意满龙华"龙华区第二届诗词大会总决赛在深圳书城龙华城举行。本届诗词大会报名人数达300多人,经过初赛海选、赛前培训,共有6个组合选手和6位个人选手入围决赛。决赛以组合赛、个人赛和擂主争霸赛的形式,通过默契问答、限时抢答、有问必答、飞花令等环节角逐冠军,本次大赛采取线上照片直播和视频直播的方式同步进行,视频点击量13万人次,观众浏览量15万人次。

11月8日,深圳读书月首届"深港共读,双城同感"活动发布会于深圳市福田区深业上城L1层大厅举办。该活动由深圳读书月组委会办公室、深圳市阅读联合会主办,香港出版总会有限公司、香港图书文具业商会、香港文化创意产业发展基金会协办,深圳出版集团、香港联合出版集团、中华商务贸易公司国际图书中心、本来书店承办,在本来书店、深圳书城中心城、深圳书城罗湖城,及香港商务印书馆、香港三联书店、香港中华书局全港超过20家书店举行。活动共举办8场线下主题活动,参与人数约9000人,线上线下总动员人数约50000人。其中,活动以文学联通大湾区读者心灵,活动获评"第二十一届深圳读书月最具创意活动奖"。

11月8日,宝安区委宣传部主办、深圳书城宝安城实业有限公司承办的第二十一届深圳读书月宝安区启动仪式在深圳书城宝安城举行。宝安区委常委、区政府党组成员、宣传部部长周学良，深圳出版集团党委副书记、董事、总经理唐汉隆等领导出席启动仪式，中央电视台《新闻联播》主持人康辉作为特邀重量级嘉宾参加了本次启动仪式。本届读书月结合宝安本土特色，以名家领读、名人评读、读者品读为主要形式，精心组织策划了66项系列主题活动，努力让阅读与市民生活紧密相连、随手可及。启动仪式上，宝安区"阳光少年"诗文朗诵比赛优秀团队带来了精彩的诗文朗诵，来自基层读者代表、宝安区本土作家代表上台分享了各自的阅读故事。

11月8日，第二十一届深圳读书月坪山区系列活动暨首届"坪山自然博物图书奖"评选启动仪式在坪山区文化聚落会议中心开展。坪山区委常委、宣传部部长吴筠，区委宣传部、区文化广电旅游体育局、各街道办事处相关负责人，区高层次人才、企业家、深圳技术大学学校师生等代表出席开幕式。启动仪式后，读书月首场重磅活动"与周国平共读一本书：认识论趣谈"在坪山文化聚落线上线下同步开展。现场共有300多名读者参与。

11月8日，第八届深圳大学生文化节"阅读之星"活动初赛于深圳书城南山城进行。第八届深圳大学生文化节作为深圳读书月重点主题活动之一，历时半个月，包括朗诵比赛、舞蹈展演及戏剧展演等，进一步推进了将大学校园文化引出校园，面向大众，以持续打造长期的文化交流发展平台的目标。深圳各高校学生参与达1000余人次。

11月8日和28日，深圳华夏星光影业有限公司于华夏星光国际影城南山书城店分别举办了文学纪录片《掬水月在手》映后主创分享会及"诗意南山·古风大赏"《掬水月在手》嘉宾分享会。主创分享会邀请了该片导演陈传兴、出品人廖美立、北京大学文学博士尹昌龙及文化学者胡野秋、深圳大学教授徐晋如一同出席嘉宾分享会。两场活动探讨了电影与文学的关系、古典诗歌在当下中国的传承发展等议题,表达了对叶嘉莹先生的敬仰之情。

11月9日,"青年好读书"阅读演说会暨第二十一届深圳读书月"青年读书周"启动仪式成功举行,活动由团市委、市读书月组委会办公室联合主办,得到了中国联通深圳分公司和深圳市朗诵艺术家协会的大力支持。活动覆盖人群约6000人次。本次"青年读书周"分为1场市级主场活动"青年好读书"阅读演说会和各区团委牵头开展的10场特色活动。并且在30家星巴克咖啡馆上线"青年好读书"阅读角,开启独属青年的阅读之旅。

11月9日,由广东省总工会、深圳市总工会联合主办的"粤读点亮人生"2020年广东省职工书屋建设暨书香企业学习宣传活动成果发布仪式举行。活动现场发布了深圳市总工会"暖工悦读计划",推出"劳模书单"、组建"暖工读书会"、打造"暖工有声图书馆"、开展"读书成才TED演讲"、评选"深圳十大书香企业"和"深圳十大读书成才职工"五大主题活动,开展了一系列形式多样、线上线下相结合的职工读书文化活动,参与职工人数超过10万。

11月10日,悠·图书馆(东湖街道)、悠·图书馆(翠宁社区)和悠·图书馆(新秀社区)正式对外开放。

11月11日,由深圳读书月组委会办公室、深圳出版集团有限公司主办,深圳市阅读联合会、南山区委宣传部、深圳书城新华书业连锁总部有限公司承办的第二十一届深圳读书月"年度十大文学好书"评选揭晓礼在南山文化馆举行。来自全国的20余位教育界、文学评论界、阅读推广界、媒体阅读栏目等专家,现场投票产生了年度十大文学好书,分别是:《我的二本学生》《晚熟的人》《暂坐》《森林沉默》《凛冬将至：电视剧笔记》《范用存牍》《朱鹮的遗言》《陀思妥耶夫斯基：非凡的年代》《证言》《马可瓦尔多》，其中《晚熟的人》获评成为"年度推荐"——大众最喜爱的一本图书"。现场还揭晓了年度特别致敬图书：《为什么是深圳》；年度致敬译者：彭伦；年度致敬作者：马识途；年度致敬出版人：臧永清；年度致敬出版机构：上海人民出版社等奖项。2020"年度十大文学好书"深耕文学精品，放眼当代兼具思想性和市场性的原创作品，一经发布即吸引各主流媒体争相报道，推出报道约30篇。

11月11日，为满足大众的阅读需求，提高闲置图书的利用率，南山图书馆整合社会资源，实施智能书库模式，启动并开始"南图预借"项目公测。所有持深圳图书馆之城读者证的读者可通过南山图书馆官网和微信公众号预借该馆30万册精心挑选的中文图书，享受图书免费快递到家服务，为读者提供便捷的图书馆服务。此项目采用智能仓储、穿梭车、AGV机器人技术实现图书的高密度存储和高效率分拣，将长期无法正常借阅的图书资源真正盘活。

11月11日，第二十一届深圳读书月"献礼深圳经济特区建立40周年"5项特别策划之一的重点主题活动——"四十年，奋斗在特区"深圳读书月华联演讲秀，在深圳图书馆五楼报告厅举行。美国人类学家马立安、文化学者胡野秋、历史学者孙霄、登山探险家张梁、科幻作家王诺诺等5位嘉宾，每人用20分钟的高质量脱口秀，带领读者深度"阅读"并重新发现深圳这座城市。该演讲秀包括1场线下活动，12个演讲视频。通过腾讯微视等线上平台持续热播，总曝光量超过千万次，总播放量超过百万次。该活动具有重新定义"阅读"、传播方式创新、演讲者面孔创新三个新特点，并把新型知识分享真人秀引入深圳，给深圳人创造了一种全新的社交生活方式。

11月12日,由深圳读书月组委会办公室、深圳出版集团、深圳市地铁集团有限公司主办,深圳地铁运营集团有限公司、深圳书城罗湖城实业有限公司、深圳图书馆、罗湖区图书馆承办,华侨城集团(花橙旅游)协办的第二十一届深圳读书月罗湖区系列阅读活动暨"地铁阅读季"启动仪式在深圳书城罗湖城一楼北广场隆重举行。今年罗湖区读书月活动有"地铁阅读季""罗图悦借""书游记"研学系列等多项精彩的阅读文化活动,走进了地铁、社区、校园、企业、自然。

11月12日晚,"大家书房"会客厅在坪山图书馆六楼大家书房开展,由华东师范大学中文系研究员、上海市文史研究馆馆员、《现代中文学刊》主编陈子善老师以"从郁达夫与鲁迅的通信说起"为主题,回顾二人从19世纪20年代开始的至深交情。当天活动线下100名读者参与,哔哩哔哩"坪山图书馆"直播间观看总人气峰值25000,弹幕208条。

11月13日,由广东省作协和深圳市委宣传部指导、深圳市文学艺术界联合会主办、深圳市作家协会承办的第二十一届深圳读书月重点主题活动——第七届深圳文学季(2020)在深圳书城中心城正式启动,《深圳报告③——深圳经济特区建立40周年前沿记录》新书发布会、第二届大湾区杯(深圳)网络文学大赛颁奖暨第三届大赛启动仪式以及第七批深圳重点文学作品扶持签约仪式等文学活动也同时举行。中国作家协会党组成员、书记处书记胡邦胜,广东省作协党组成员、专职副主席兼秘书长苏毅,深圳市委宣传部常务副部长陈金海,广东省文联副主席、深圳市文联党组书记、主席李瑞琦,中国作协全委、澳门基金会主席吴志良,深圳读书月组委会办公室主任、深圳出版集团党委书记、董事长尹昌龙,深圳市文联党组成员、专职副主席张忠亮等领导、嘉宾,以及粤港澳大湾区文学界、教育界人士参加了活动。本届深圳文学季通过市区联动举办系列文化活动，推动深圳文学创作、鉴赏、普及和推广，助力深圳建设原创文学高地和书香社会。

11月13日，由深圳图书馆联合源流运动和深圳亚洲铜广告传播有限公司主办的2020"华夏意匠"中华文明系列展览之"纸的文明"，在图书馆二楼大厅开幕。深圳出版集团党委书记、董事长、深圳读书月组委会办公室主任尹昌龙，故宫博物院研究馆员王光尧，广州美术学院教授覃大立，文化学者邓康延，深圳图书馆副馆长肖容梅，源流行动代表马青龙等出席开幕式并致辞。18日，中国国家博物馆党委书记、副馆长单威一行在市文化广电旅游体育局党组成员、副局长吴志伟等人陪同下参观展览并给予活动高度肯定。

11月13日，由南山区委宣传部和南山区出版发行行业协会共同举办的"阅见南山·我们为什么要做企业家"系列主题活动开幕，活动采取"立体阅读"形式，以"走读企业（企业交流）+读书会（对话、讲座、沙龙等）+展览体验（企业家书展）+互动分享（企业家荐书）+线上听书（书籍解读）"等多元阅读的方式，聚焦南山区出版行业知名企业，引领共读企业管理优秀图书，使阅读过程更加多彩、阅读体验更加丰富，阅读内涵更加贴近城区实际。

11月14日，由深圳读书月组委会办公室、读者出版传媒股份有限公司、深圳出版集团主办，读者（深圳）传媒有限公司等承办的读书月重点主题活动——"因为《读者》，所以读者——《读者》经典诗歌朗诵会"在深圳书城中心城举行。该活动从8月启幕以来获得了近十万读者的关注，并由谢冕、尹昌龙、丁时照、邓一光、邓康延等五位名家评委评选出"读者"四十首经典诗歌并在现场进行朗诵，让现场"读者"通过语言表演艺术再次感受读书之美。

11月14日,由深圳读书月组委会办公室、福田区委宣传部、福田区公共文化体育发展中心共同主办,深圳市少年宫、深圳市爱诗家文化传播有限公司联合承办的"第二届少年诗词达人大赛"颁奖典礼暨少年诗词朗诵会在深圳市少年宫三楼音乐厅举行,国务院参事王京生作为特邀嘉宾莅临现场。该活动通过在全市范围内广泛招募少年诗词爱好者,以比赛的形式,鼓励参赛者在比赛中互相切磋交流,旨在引领青少年热爱古诗词学习,从诗词古韵中感受古人的智慧与情怀,体味中华传统文化的魅力。

11月18日,深圳图书馆受澳门特别行政区政府文化局公共图书馆管理厅邀请,与其联合举办的"书籍的史前史"展览在澳门何东图书馆中庭花园举行开幕式,深圳市文化广电旅游体育局党组成员、二级巡视员张杰,澳门特别行政区政府文化局公共图书馆管理厅厅长吕志鹏,中央人民政府驻澳门特别行政区联络办公室宣传文化部副处长邓乐,深圳市文化广电旅游体育局公共文化处处长聂昌友,深圳图书馆党委书记、馆长张岩,副馆长肖容梅作为主礼嘉宾为展览揭幕。展览共展出70余幅图片并配以文字,讲述纸张产生之前,分布在世界各地的古文明以不同的书写方式进行记录。该展览在澳门何东图书馆、氹仔图书馆、石排湾图书馆同时展出,展期持续至12月31日,总参观人次达9.8万。

11月18日,市政协举行了"书香政协"第一期委员读书活动总结会议暨第二期委员读书活动启动仪式,总结汲取第一期委员读书活动的工作经验,正式启动第二期委员读书活动。市政协主席林洁出席活动。按照全国政协提出的"开展读书活动、建设书香政协"要求,7月30日,市政协开展启动"书香政协"第一期委员读书活动,积极推动委员多读书、读好书、善读书。3个月来，取得了阶段性成效，形成了建设学习型政协的良好开局。按照相关方案，从即日起至2021年1月，市政协启动第二期委员读书活动，进一步推动委员崇尚学习多读书、勤思深悟读好书、学用相长善读书。

11月19日，由中国儿童文学研究会指导，深圳市阅读联合会、深圳市美术家协会美术教育委员会、深圳童艺趣文化科技有限公司联合主办，深圳少年儿童图书馆、童绘（深圳）文化传播有限公司共同承办的2020深圳儿童绘本创作大赛结果出炉，本次比赛共收到2151件绘本，近25000幅作品，450件优秀作品入围2020深圳儿童绘本创作大赛终选。经过多轮评选226位小朋友获得金奖、银奖、铜奖及最佳故事奖。

11月20日，深汕特别合作区举办"一区一品牌"飞阅深汕："朗诵之星，闪亮未来"朗诵大赛圆满结束。这是深圳市深汕特别合作区首次加入参与深圳读书月这一文化盛事，并在"一区一品牌"重点活动中展现深圳第"10+1"区的风采。此次朗诵大赛吸引了来自全区四镇23所学校、38支参赛队伍的260余名中小学生踊跃参与，进一步活跃校园文化，让深汕合作区的少年们成为阅读先行者，为提升全区阅读环境、推进全区文化建设注入新动力。

11月20日，南山区委宣传部和深圳十方融海科技有限公司共同推出"飞扬南山"听书公益活动，结合当今碎片化阅读的发展趋势，由线上平台"荔枝微课"对《为什么是深圳》等5本解读深圳成功密码的书以"拆书"方式解说，同时精选10本人生励志成长、职场实用技能的书，把原著的中心思想和精华结合当代事例，用深入浅出的语言表达，由专业的播音人朗读，通过多个平台在线分享。读者可以以扫描二维码的形式在线免费收听。

11月20日,作为深圳读书月系列活动之一,团市委青年发展说第四期暨"青年好读书"朗读演说会在深圳联通大厦举行,活动由深圳团市委、深圳读书月组委会联合主办,中国联通深圳分公司和深圳市朗诵艺术家协会协办。朗读演说会以"青年好读书"为主题,邀请到来自市朗诵艺术家协会的朗读者和优秀青年演说人朗读好书,分享阅读之美。

11月20日,第二十一届深圳读书月重点主题活动——第七届广场换书大会×阅读生活节在华强北华强广场举行,3天15场换书活动,9大主题空间,5场分享会,2场工作坊,丰富演艺活动轮番上演,极致体现"书是生活"概念。为期3天的活动吸引将近10000人参与,换书册次将近5000册次。

11月21日,第二届"最美朗读者"现场展演暨表彰活动在深圳书城龙华城顺利举行。该活动收到了龙华区教育系统师生、职工和家长的近300份作品,经视频评选、现场复赛,最终16名"最美朗读者"脱颖而出。本次展演以"声动龙华 遇见美好"为主题,通过"遇见温暖的亲情""遇见积极的引路人""遇见世界的龙华""遇见最好的未来"等四幕剧目,以声传情,用好声音带领观众重拾精神世界的宽广与厚重。

11月21日,2020深圳读书月"年度十大童书"终评会在深圳书城中心城举办。市委宣传部副部长、市新闻出版局局长王楚宏,市妇联副主席彭迎九,福田区委常委、宣传部部长高大伟,深圳读书月组委会办公室主任、深圳出版集团党委书记、董事长尹昌龙等领导嘉宾,以及全国20余家出版社代表、评委代表、民间阅读组织代表,学生代表,市民代表等500余人出席并参加了"年度十大童书"颁奖典礼。终评会主席海飞感叹:"'年度十大童书'评选活动有活力、专业又接地气和深圳的城市气质非常契合,今年最大的参评感受是国内原创作品越来越好。"入选"年度十大童书"的作品有：《与仓鼠一起穿越时空》《雨滴项链》《姜二嫚的诗》《建座瓷窑送给你》《山中》《一条大河》《爸爸，为什么？》《用两百万年斗蚊子》《读懂经济》《五千年良渚王国》。

11月26日，由深圳市阅读联合会组织召开的2020年深圳市民间阅读机构业务交流会在福田区图书馆顺利举行。会议传达了中宣部《关于促进全民阅读工作的意见》的文件精神，解读了"全民阅读推广计划"资助项目申报相关流程及要求，帮助会员及时了解了国家相关政策，以及政府专项资金申报注意事项。

11月26日，第二十一届深圳读书月辩论赛总决赛在深圳书城中心城北区台阶拉开帷幕。经过初赛、半决赛和决赛的激烈角逐，最终北京大学深圳研究生院学生辩论队夺得冠军。

11月27日，由龙岗区委宣传部、龙岗区文化广电旅游体育局、深圳出版集团有限公司主办，深圳书城龙岗城实业有限公司承办的2020南国书香节第二届深圳书展龙岗分会场的启动仪式暨"青少年健康成长中心"揭牌仪式，在深圳书城龙岗城举行。国务院参事樊希安，深圳出版集团党委副书记、副总经理曹宇，龙岗区委宣传部副部长陈振良，龙岗区文化广电旅游体育局副局长张有菊，龙岗区团区委副书记周宏等领导嘉宾出席了此次活动。

11月27日，以"赋词新时代——致敬辛弃疾"为主题的第十四届"诗歌人间"朗诵会在胡桃里音乐酒馆中心城店举行。朗诵会还邀请了韩东、杨键、毛焰等10位诗人参加。朗诵分为"我的光阴""我的山河""我的空间"三个独立篇章，每个篇章都兼具"诗"与"歌"的特色。

11月27日，2020南国书香节暨第二届深圳书展分会场开幕式以及深圳职业经理人论坛启动仪式在深圳书城南山城顺利举行。南山分会场设立了"书香深圳,喜阅南山——百种精品好书主题展""诗词环绕的日子——2021创意台历展等出版物主题展""首届深圳职业经理人论坛""第三届深圳绘本节""书香行系列活动(书香进校园、进企业)""名家见面会"六大主题系列活动。此外,新项目"文创新品发布平台"也将在展期中上线,活动既面向广大市民,又关注了专业群体。

11月27日,24小时书吧重新开业,吸引了众多年轻读者前往打卡。在空间设计上,书吧新增了"旋转书架""静思区""阅读客厅""档案卡座""户外花园"等场景,构建了阅读生活的多元性,使阅读的姿态千变万化、活力灵动。除了看书,读者还能在此参加新型文化沙龙,融入精致的时尚社交活动。在深圳,24小时书吧是人们坚持阅读的缩影,是享受诗意盎然、和谐雅致的沃土。

11月27日,由光明区委宣传部指导、光明区文化广电旅游体育局主办、光明区公共文化艺术发展中心承办的"星阅光明·图书馆之夜"——寻宝奇遇记活动在光明区图书馆举行。活动打造兼具艺术性和童话风格的"阅读主题",激发读者的童书想象,让到场的孩子及其家庭可以收获惊喜和乐趣,活动反应热烈。活动针对5至9岁的孩子开展益智类亲子阅读活动,根据全年借阅量、志愿者服务时长、才艺等选出30个家庭参与。

11月27日,2020第六届"晨星杯"中国原创科幻作品大赛颁奖典礼在深圳市南山实验剧场举行。市政协办公厅副主任张庆祝先生、市科协驻会副主席张治平先生、中国科幻泰斗王晋康老师、中国科普作家协会副理事长吴岩老师等嘉宾出席了颁奖仪式。此次征稿历时半年,多项科幻文学奖终于尘埃落定,多名风格迥异的优秀科幻原创作家斩获大奖。

11月27日,第二十一届深圳读书月总结分享会暨第二届深圳书展开幕式在中心书城举行。中国出版协会常务副理事长邬书林,韬奋基金会理事长、中国出版协会副理事长聂震宁，深圳市委常委、宣传部部长王强出席活动。本届读书月围绕"读书让生活更加多彩，阅读让城市更有温度"的年度主题共组织开展阅读文化活动290项，共吸引近1000万人次参与，打造了一场全民参与的文化盛宴。其中，中信出版集团作为主宾出版社组织开展年度观念剧院式演讲，吸引近3000万网友，获评"最具影响力活动"；深圳读书月小程序集多元功能于一体，获评"最具人气活动"；"深港共读，双城同感"深港青年阅读交流活动获评"最具创意活动"。

11月27日至12月6日，由市委宣传部（市新闻出版局）主办，深圳读书月组委会办公室、福田区委区政府、深圳出版集团有限公司承办的2020南国书香节暨第二届深圳书展在深圳书城中心城北区及外广场举行。本届书展设置中心书城及外广场1个主会场、5个书城分会场及3个书吧分会场。全国500家优质出版机构约20万种新书精品参展，刘震云、沈石溪、蒋方舟、伍美珍、刘同等多位名家开展活动，共吸引482985人次热情参与，推动全网阅读量突破1.96亿人次，实现图书销售笔数102112单、销售码洋2018.6万元，促成深圳市委宣传部发放的文惠券使用36232张、抵扣购书金额136.3万元，这成为今年全国持续时间最长、模式最新、销量最高的城市书展。

11月27日，升级改造后的深圳书城中心城作为本届书展的主会场，共计开展了30余场文化活动，刘震云、沈石溪、刘同、汪朗等一众名家大咖开坛设讲。中心城还举办了"庆祝深圳经济特区建立40周年""福田区建区30周年""年度十大好书""年度十大童书"等多个主题书展，让深圳读者第一时间遇见优质好书。书展现场直接欣赏、参与的读者逾20万人次。

11月28日，由宝安区新桥街道党建服务中心（文体中心）主办、深圳市书城文化投资控股有限公司承办的第二十一届深圳读书月新桥街道第二届"新桥新梦"主题活动在新桥街道新桥文化艺术中心大剧院举办。该活动包含名家讲坛、征文比赛、朗诵大赛暨新桥阅读推广大使选拔赛、儿童绘本展、道在瓦甓作品展等10场活动，吸引了近3000名市民参与，致力将阅读推广到广大市民群众中去。

11月28日，第二十一届深圳读书月重点主题活动——2020"睦邻文学奖"颁奖典礼暨深派瓷艺大赏活动在深圳书城中心城户外广场顺利举办。活动对22名优秀写作者进行了表彰，奖掖本土题材的文学作品，引入深圳老字号斯达高·深派瓷艺大赏，象征着深圳物质文明和精神文明建设的双丰收。

11月28日，2020"大鹏自然童书奖"在大鹏新区大鹏所城北广场举办颁奖活动，活动包含颁奖典礼、自然童书展、自然童书打卡互动和自然童书优享市集。颁奖典礼上除了为获奖者颁发奖杯和证书外，还举行了"自然童书捐赠"仪式。本次自然童书展现场展示50本优秀的自然童书，吸引许多公众市民驻足翻阅。并于当天和29日，分别举办两场2020"大鹏自然童书奖"主题讲座，分别邀请到了"华文原创奖"获奖作品《动物来信（4册）》的作者常立、手绘师王天宇和"致敬译者奖"得主彭懿老师为市民讲解"大鹏自然童书奖"图画书，激发了小朋友们翻译阅读自然童书的兴趣，拉近人与自然生物的距离。

11月28日至29日，第四届"阅在深秋"公共读书活动在深圳图书馆水幕广场举行。活动由深圳图书情报学会和深圳图书馆主办，深圳大学城图书馆、各区图书馆、光明区公共文化艺术发展中心、深圳市委党校图书馆等14家公共馆与高校馆联合承办，围绕"知识服务""分众阅读""特色馆藏""公共空间""深圳记忆"等关键词，打造了14个阅读区域。本届活动参与单位新增深圳市委党校图书馆，举办时长翻倍，参与图书馆数量和活动规模创历届之最，累计吸引近140万名读者参与，其中现场参与人数约6万，读特App直播观看人次近4万，新浪官方微博相关博文阅读总数达125万。

11月29日，由深圳出版集团主办，海天出版社、深圳书城龙岗城承办的活动，"一曲献给深圳拓荒牛的高亢战歌——长篇小说《鹏程飞歌》新书主题分享会"在深圳书城龙岗城举行。本次活动中，《鹏程飞歌》的作者，国务院参事、著名出版家樊希安莅临现场，并接受颁发的"深圳书城龙岗城'青少年健康成长中心'专家委员会高级顾问"聘书。

11月29日，由盐田区委宣传部、盐田区文化广电旅游体育局、深圳读书月组委会办公室、深圳晚报社主办，盐田区图书馆、盐田区海洋文化研究会承办的第十四届海洋文化论坛开幕式在盐田区文化艺术中心举行。第十四届海洋文化论坛系列活动涵盖第十四届海洋文化论坛、"一带一路"图书馆联盟座谈、粤港澳海上丝绸之路古代海图展等。

11月29日，"深圳文学40年研讨会暨《深圳文献·深圳人著作目录》（文学卷）新书发布会"在深圳图书馆举行。市文化广电旅游体育局党组成员、二级巡视员张杰，市文联党组成员、专职副主席张忠亮，市委宣传部出版和电影处处长谯进华等领导共同为新书揭幕。该书共计收录949位深圳著作人的3615部文学作品。

11月29日，深圳"图书馆之城"少儿智慧银行快闪活动在深圳图书馆举办，由我为"少儿智慧银行"代言、年度"阅读星"积分奖励和风采展示三部分组成，旨在使少儿读者体验阅读积分存取乐趣，进一步激发阅读兴趣。"少儿智慧银行"项目自2015年5月推出，截至2019年底累计用户达14.5万名，致力于培养未成年人阅读好习惯。

11月，由深圳读书月组委会办公室和深圳出版集团主办，深圳六大书城承办的"四十载波澜壮阔 新征程催人奋进——庆祝深圳经济特区建立40周年"主题书展开展。书展在深圳出版集团旗下的六大书城集中展示精品主题出版物，全面反映深圳城市发展实践创造的伟大奇迹，展示中国改革开放的磅礴伟力和中国特色社会主义的光明前景。

11月，深圳市新华书店有限公司首创阅读品牌"少年阅知行"进入深圳中小学校园并成功举办"少年阅知行——阅读墨香书法大赛"活动。活动成功走进深圳中小学校园，覆盖动员南山区、龙华区中小学学生，动员师生近5000人。

11月，第十六届中国（深圳）国际文化产业博览交易会（云上文博会）圆满举办，首次以"云上文博会"形式举行，创新搭建云开幕、云展厅、云招商、云签约、云大数据等"五朵云"平台，将参展内容搬到云端。展示"中国文化产业第一展"与互联网技术的创新融合。

12月

12月1日，深圳书展小程序上线，集资讯阅览、直播互动、下单购买、打卡分享等多元功能于一体，开辟图书选购与活动参与的线上书展空间，促进平台104万码洋销售。

12月3日，在中国盲文图书馆面向全国视障读者开展的"心手相牵 共抗疫情"视障读者诵读比赛中，深圳图书馆组织选送的读者参赛获得优良成绩，深圳图书馆获"优秀组织奖"。

12月4日，由深圳读书月组委会办公室、深圳广电集团主办，深圳电台飞扬971承办的"敢立潮头唱大风"——第二十一届深圳读书月经典诗文朗诵会在深圳广电集团1800平方米演播厅举行。朗诵会并设立了南头街道南头古城南门广场、深汕特别合作区管委会悦和楼一栋1楼简阅书吧、深圳书城龙华城负一楼JG（金阁）艺术空间，以及深圳书城龙岗城4楼大台阶活动区4个分会场，进行活动转播。丁建华、瞿弦和、姚锡娟、康庄等国内朗诵名家、著名词作家蒋开儒和"大国工匠"陆建新等深圳各界人士同台朗诵。"序：潮声起""第一篇章：浪淘沙""第二篇章：风雷动""第三篇章：望海潮""尾声：风再起时"5个篇章风格鲜明。本届诗文朗诵会以重新演绎刘广宁经典配音电影《大篷车》《苔丝》片段的方式纪念这位电影译制片背后的"永远的公主"。

12月4日，中国数据智能应用峰会暨2020第十届数据智能应用典范金铃奖颁奖盛典在线上举办。盐田区智慧图书馆平台获评2020年度数据智能应用典范金铃奖。

12月5日，深圳图书馆举办"人的历史，全球的历史"高峰对话——"深圳学人·南书房夜话"第八季特别策划活动，邀请北京大学人文讲席教授李伯重、北京大学博雅特聘教授赵世瑜、南开大学中国社会史研究中心教授常建华、武汉大学"珞珈杰出学者"特聘教授陈锋、厦门大学历史系教授郑振满、中山大学历史学系教授刘志伟及深圳大学历史系教授张小也等七位明清史专家就"人的历史""全球的历史"进行阐发对话。活动采取线下线上同时进行的形式，线上直播观众累计达56.8万人次。这也是南书房2020年10月升级改造，更新设施、优化布局后举办的首场活动。南书房于2013年11月开放，是深圳图书馆打造的集阅读、活动与展示功能于一体的城市经典阅读空间，至今举办经典阅读、学术沙龙等活动1500余场。

12月5日，深圳书城宝安城承办的2020年"十大劳动者文学好书榜·诗歌榜"颁奖活动在深圳书城宝安城华夏星光影院举行。最终评选出了"十大劳动者文学好书诗歌榜"10部作品,花城出版社荣获"2020劳动者文学年度致敬出版社",本次评选在延续了前两届活动的基础上突破创新,首次以诗歌为核心对杰出劳动者文学作品进行评选表彰,评审团强大权威,汇集了来自中国作家协会、中国诗歌学会等众多国内知名作家、学者。

12月5日,由深圳读书月组委会办公室、深圳出版集团主办,深圳市教育学会、香港教育评议会、香港优质图书馆网络、澳门中华教育会、深圳市益文图书进出口有限公司承办,华影传媒有限公司协办的2020深港澳中小学生读书随笔大赛颁奖典礼在深圳书城中心城举行。本次活动今年是第十三届举办,旨在鼓励中小学生"分享阅读、快乐写作",推动深港澳文化交流,促进深港澳三地学生在中文阅读写作中涵养同宗同族的文化认同起到了积极作用。

12月6日,由深圳读书月组委会办公室主办,三叶草故事家族、深圳报业教育传媒集团、儿童绘本原创基地、启发、果麦、二十一世纪共同承办的第四届华语原创绘本论坛在深圳特区报业会堂举行,同步进行线上直播。本次论坛主题为"童心照古今——中国传统文化的传承与创新",邀请国内知名原创绘本创作者、出版者、教育者以及阅读推广人,探索在新时代背景下,中国原创绘本的时代性与儿童观演进路径。

12月7日,深圳图书情报学会第七次会员代表大会暨第三届深圳"图书馆之城"发展论坛在深圳图书馆报告厅召开。市科学技术协会副主席张治平,市文化广电旅游体育局党组成员、二级巡视员张杰,公共文化处处长聂昌友,中国人民大学信息资源管理学院教授、博士生导师周晓英,市、区及各高校图书馆馆长,以及来自全市各系统图书馆的118名会员代表参会。会议邀请中国人民大学信息资源管理学院教授、博士生导师周晓英作"健康服务——开启公共图书馆服务新领域"专题报告,并由 5 位"图书馆故事"征集活动获奖者分享作品。

12 月 12 日,深圳市南山区科学技术协会颁发深圳书城南山城"优秀科普教育基地"荣誉称号。

12 月 12 日,第 61 期"深圳教育论坛"在福田区荔园外国语小学天骄校区举行,本次论坛由市教育局主办,市教育科学研究院承办,论坛以"阅读——深圳教育的文化自觉"为主题,邀请民进中央副主席、十三届全国政协常委,副秘书长,全民阅读形象代言人,新教育实验发起人朱永新,著名出版家、作家聂震宁,北京师范大学教育学部副教授、北京市教委校园阅读促进项目负责人杜霞,中国当代著名学者、作家、哲学研究者周国平等多位名家分享读书与教师成长之间的天然联系,聚焦阅读对教师专业成长的重要性,探讨落实推动教师阅读以引领学生阅读的路径,邀请教育界、文化界专家学者,通过线上线下联动的方式开展主题讲座、进行深度交流。

12 月 12 日,由深圳市教育局指导,深圳市文化广电旅游体育局、深圳读书月组委会办公室主办,深圳少年儿童图书馆承办,深圳市教育科学研究院、深圳哆哆星文化传播有限公司协办的第十一届"名著新编短剧大赛"决赛暨颁奖典礼在深圳少年儿童图书馆举行。该活动向少年儿童传播经典名著并鼓励改编创新,让更多的少年儿童主动去阅读名著、解读名著、演绎名著,让他们的创意和想象能够在舞台上得以绽放。最后共有 11 支中小学队伍在决赛获得奖项。

12 月 13 日,深圳图书馆在南书房举行第六届"思维之星"深圳大学生思辨大赛半决赛和决赛,市文化广电旅游体育局党组成员、二级巡视员张杰,市人大常委会办公厅副主任杨建,深圳读书月组委会办公室专职副主任、深圳出版集团党委委员、副总经理丘干,人民网广东公司总经理吕绍刚,深圳市科技创新战略研究中心副主任、深创赛深港澳高校预选赛区的策划者和运营者陈蓉,深圳图书馆党委书记、馆长张岩担任评委。经过角逐,北京大学深圳研究生院代表队获得冠军,深圳大学代表队、哈尔滨工业大学(深圳)代表队分获亚军和季军。本届大赛线上线下参与达40余万人次,其中总决赛单场观看人次高达8.11万。

12月14日,国家卫生健康委员会和全国老龄工作委员会下发《关于表彰2020年全国"敬老文明号"和全国"敬老爱老助老模范人物"的决定》文件,深圳图书馆首次获评2020年全国"敬老文明号",同时也是广东省内唯一一个获评的图书馆。

12月16日,第二十一届深圳读书月"扶志扶智"赠书献爱心捐赠仪式在深圳书城中心城北区台阶成功举办。深圳市委宣传部副部长王楚宏,市扶贫协作和合作交流办公室副主任刘大平,深圳出版集团党委书记、董事长尹昌龙等主办单位领导向捐赠单位与受赠方代表颁发了证书。本届赠书献爱心活动所募集的爱心图书,将在市扶贫协作和合作交流办公室的支持下输送到赣州寻乌、河源、汕尾、昭通、百色,以及新疆、西藏、海南等地。深圳对口帮扶地区的30多个农家书屋和中小学校纳入受赠范围,将接收到来自深圳的书香关怀。

12月20日,深圳图书馆通过新浪微博、微信公众号、抖音号、视频号联合推出"漫卷诗书喜欲狂"线上"跨年狂欢夜"活动。活动历时11天,包括线上"留言许愿"活动、"爱阅读爱深图"铁粉福利大放送、跨年狂欢夜抽奖活动、迎接深圳图书馆2021年"第一缕阳光"直播等活动。活动期间,深圳图书馆新浪官方微博连续8天荣登全国政务微博文化榜榜首。

12月22日，深圳市阅读联合会组织会员单位代表和深圳市作家赴南京开展2020南京·深圳城际阅读交流系列活动。活动签署了两城战略合作框架协议，进一步激发"文学之都"与"阅读之城"的各自优势，在文化发展领域推动了双城交流，深化了两地合作。

12月23日，第七届"深圳十大佳著"（虚构与诗歌类）颁奖盛典在深圳书城中心城北区台阶举行。邓一光中短篇小说集《坐着坐着天就黑了》、吴君长篇小说《万福》、陈再见长篇小说《出花园记》、刘洋长篇小说《火星孤儿》（科幻）、郝周长篇小说《牛背上的白鹭鸟》（童书）、孙文波叙事长诗《长途汽车上的笔记》、林棹长篇小说《流溪》、安小橙长篇小说《机器人豆二》（童书）、姜二嫚诗集《姜二嫚的诗》、笑嫣语诗集《临窗的事物》十部虚构与诗歌类作品获评第七届深圳十大佳著。

12月26日，深圳图书馆创客空间升级改造后正式向读者开放。新空间聚焦创新教育，配置缝纫机、智能套件、3D打印机、图形工作站、交互式一体教学屏等专业设备设施，在"小小造物家""编程小达人""我爱机器人""创艺工作坊"等系列品牌项目基础上，新增3D建模、编程套件组装与电子缝纫等新课程，持续丰富与拓展创客服务项目。创客空间于2016年4月创设，是深圳图书馆打造的集学习、探索及开拓思维于一体的创意阅读空间，至今共开展各类创客活动400余场。

12月27日，2020"我最喜爱的童书"阅读推广活动进入票选结果发布环节，在图书馆、出版社、学校代表和数十万网友的见证下，现场揭晓2020"我最喜爱的童书"榜单。活动举办至今已是第七届，经过近4个月海选及组织筹备工作，今年共有33家图书馆、国内238所学校参与，总计选票1004284张，30本童书入围2020"我最喜爱的童书"提名。最终，18本童书分获儿童文学、图画书、知识性读物三大类别金、银、铜奖。

12月27日,"坪山自然博物图书奖"在坪山区图书馆8楼举行了颁奖典礼,本次活动采取线下颁奖线上直播的方式,现场揭晓了2020首届"坪山自然博物图书奖"之五大奖项——"博物出版工作者致敬奖""年度最美博物图书""青年原创大奖""年度思想大奖""禾雀花自然博物好书共读奖"。除了颁奖外,现场还有特邀嘉宾朗读获奖作品优美选段。自然博物图书展还展示了评选出的30本优秀自然博物图书,吸引观众翻阅,约有150余人到场参与了颁奖活动。

12月28日,深圳市福田区艺文儿童文学院暨深圳市福田区儿童图书馆香蜜分馆开馆仪式在香蜜公园举办。活动由福田区委宣传部、福田区文化广电旅游体育局主办,福田区图书馆、深圳市福田区艺文儿童文学院承办。市文联党组书记、主席李瑞琦,深圳出版集团党委书记、董事长尹昌龙,福田区委常委、宣传部部长高大伟,著名童话作家、福田区文化顾问、深圳市福田区艺文儿童文学院院长周艺文,著名儿童文学作家、上海大学教授、世界华文创意写作协会副会长谭旭东等领导与嘉宾出席了本次活动。此外,中国作家协会书记处书记、著名作家邱华栋,湖南省作家协会主席、著名作家王跃文等领导和嘉宾发来贺词视频。该馆首创"儿童图书馆"与"儿童文学院"融合发展模式,聚集全国儿童文学优秀人才,打造儿童文学事业高地。

12月31日,深圳书城中心城24小时书吧作为深圳唯一录制点,参与了央视新闻网跨年直播节目《年轮2020》的录制。节目中,24小时书吧读者满场的场景出现在屏幕上,成为让深圳人感同身受并骄傲自豪的画面。直播中,主持人白岩松对观众说:"深圳近乎是全国阅读推广最好的城市,可以不加之一。在深圳,12月31日晚上近11点出现这样的阅读场景不足为怪。心沉静下来,和最喜欢的人一起读一本好书,何尝不是告别这一年的最佳方式。"

12月31日,深圳图书馆牵头编制的深圳市团体标准《24小时自助图书馆通用服务要求》经深圳市深圳标准促进会审查通过并发布实施。本标准是图书馆行业首个全自助网络服务规范,对国内外图书馆界创新自助服务和网络化服务有较大的指导和借鉴意义。

12月,由广东图书馆学会未成年人图书馆服务专业委员会主办,深圳市阅读推广人协会、深圳少年儿童图书馆、福田区图书馆承办的第三期广东省少儿阅读推广人培训班已圆满结束。该培训班于今年7月开班,共有200人参加了培训,活动报名人数比上年增加约85%。通过专家授课、学习心得交流、阅读推广实践等课程环节,历经近半年的学习实践,经过评定与考核,共有54名学员获得"广东省少儿阅读推广人初级资格证",107名学员获"第三期广东省少儿阅读推广人培训班结业证"。

12月,根据《深圳市中小学图书馆"常青藤"行动计划(2014—2020年)》文件总体部署,积极发展学校加盟"常青藤"计划项目,新增深圳市前海小学、深圳市宝安区崛起双语实验学校、洪湖小学等学校等。截至12月,共有146所学校加盟"常青藤"项目。积极开展基层业务辅导,参与麓城外国语小学、园丁小学、洪湖小学等学校图书馆升级改造项目。截至12月,共计36.3万册图书用于"常青藤"加盟学校流通;同时,今年完成了四所学校6000多名师生的办证录入工作,保证师生在校借阅服务。

1月至12月,宝安区图书馆开展品牌读者活动——"宝图星期讲座",以"聆听、分享、传承"为活动宗旨,致力于提升城市品位,丰富城市人文底蕴,为广大市民建立与文化名人、学者零距离对话、交流与切磋的平台。该活动自2004年3月开讲至今,累计举办讲座1100场次,参与人数近 40 万人次。

2020 年，市妇联持续打造读书月重点主题活动"阳光童年——知识关爱留守流动儿童"项目，共计开展活动 8 场，服务 500 人次。自项目启动以来，开展各类服务活动 88 场次，捐赠儿童日用品 8 批、文具 500 件，募集爱心图书 3000 册，建立两间爱心阅读室，并通过推送宣传和信息咨询，实际服务 8600 多人次。

2020 年，市妇联持续推动"阅芽计划"落地实施，截至年底，"阅芽包"实际发放超过 13.5 万个，"爱阅公益"微信公众号粉丝超 20 万，至今已培养 120 名专业儿童早期阅读推广人，为深圳市民开展逾 1341 场亲子读书会及家长讲座，服务家长和儿童 6.3 万人次。

2020 年，深圳捐赠换书中心共 9370 人次参与图书交换和捐赠，其中换入图书总计 35455 册，换出图书 14653 册，捐入图书 8304 册，共对外捐赠 12 批次，捐赠总数达 22629 册。自 2012 年 11 月中心成立以来，截至 2020 年底，共有 8.6 万人次捐赠交换图书 44.5 万余册；累计援助捐建新疆、湖南、广西等地"公益书屋"89 家，捐赠图书共 119 次、17.8 万册。

深圳市深汕特别合作区创办《望鹏山》杂志。《望鹏山》是由深圳市深汕特别合作区党政办主管，深圳市深汕特别合作区《望鹏山》编辑部主办的一本综合性杂志。杂志面向深汕特别合作区、深圳市、广东省乃至全国的作者，以及热爱深汕两地、热爱生活的文艺爱好者征稿。征集抒写建设深汕合作区"特别新城"新时代、新生活的发展步伐，反映深汕合作区美好变化的文章。2020 年已出版正刊 4 期、特刊 3 期，共 7 期。

2020 年，深圳图书馆、深圳书城中心城实业有限公司顺利通过第六届全国文明单位复查，成功保留全国文明单位荣誉称号。深圳读书月组委会办公室经复查确认继续保留广东省文明单位荣誉称号。

2020年,深圳书城罗湖城实业有限公司获评2018—2020年度"广东省文明单位"。

后记

《深圳全民阅读发展报告 2021》由深圳市全民阅读研究与推广中心策划，围绕"读书让生活更加多彩 阅读让城市更有温度"主题，旨在展现特区建立 40 年来因热爱读书而受人尊重的城市精神，以及后疫情时代通过阅读关怀个人、引领成长的文化生态。本书汇集 2020 年深圳全民阅读的推广成果、先进经验、发展研判等，从特稿、总报告、阅读综合研究、"深圳读书月"研究、"图书馆之城"研究、数字阅读研究、阅读活动研究、阅读空间研究等八个板块探讨全民阅读实践和经验。

《深圳全民阅读发展报告》自 2016 年首次出版，至今已是第六本。这部以城市为单元的阅读行业报告得到国务院参事室、中国出版协会、香港商务印书馆、中信出版集团、中共深圳市委宣传部、政协深圳市委员会、深圳市社科院、深圳大学、深圳图书馆、深圳市阅读联合会、《晶报》等单位的大力支持。中国出版协会常务副理事长邬书林、国务院参事王京生和深圳市委常委、宣传部部长王强于百忙之中为本书撰写特稿，让我们备受鼓舞，在此特向他们表示感谢。

2020 年是不平凡的一年，受新冠肺炎疫情影响，人们的生活发生了很多变化。作家卡夫卡曾说，"书，必须是劈开我们内心冰封大海的斧子"。书香战"疫"、阅读疗愈，后疫情时代更让人感受到阅读给予人生的精神力量和对生活的慰藉功能。新时代、新征程，全民阅读已连续八年写入国务院政府工作报告，体现了党和国家对全民阅读的高度重视，而深圳作为唯一一个全球全民阅读典范城市，责无旁贷担当着示范引领的新使命。深圳经济特区建立 40 周年，开展全民阅读活动二十年，持续不断的探索实践、理论积累、研究推广无不彰显着这个城市推广全民阅读的决心和毅力。在国家"十四五"规划的开局之年，希望本书的出版能为深圳建设中国特色社会主义先行示范区和创建社会主义现代化强国的城市范例、为建设"书香中国"献出绵薄之力。

深圳市全民阅读研究与推广中心

2021 年 4 月